Curso completo de

Guitarra acústica

Método moderno de técnica y teoría aplicada

Miguel Antonio Martínez Cuellar

A mis padres y hermanos quienes siempre me han apoyado, a mi esposa e hijos por ser la inspiración y el motor de mi vida.

Contenido

Curso completo de guitarra acústica

Introducción

Durante más de 15 años como docente he venido diseñando planes académicos para instituciones de enseñanza musical y para mis propios estudiantes, a los cuales agradezco la confianza y la oportunidad que me han dado para perfeccionar este material. He notado con el tiempo y la experiencia que un aprendizaje bien guiado, con metas y objetivos claros, logra en la gran mayoría de los casos, resultados que muchas veces superan las expectativas de los propios estudiantes.

Viendo esta necesidad decidí plasmar en un texto con ayudas de tipo auditiva, visual y tecnológico el programa académico que he enseñado ya a miles de estudiantes, un programa académico que ha sido probado en diferentes escuelas de música, que ha sido mejorado constantemente y que ha mostrado sus frutos en personas de diferentes edades y con diferentes expectativas de aprendizaje hacia el instrumento.

El siguiente libro no es solo una guía para el principiante, también es un libro de consulta para el estudiante experimentado que busca ampliar sus conocimientos y reforzar lo que ya ha aprendido.

En este libro, el estudiante encontrará los contenidos teóricos y los ejercicios de técnica. Podrá descargar los audios de cada uno de los ejercicios y con esto logrará una mayor comprensión de las diferentes actividades y recursos.

Este curso consta de sesenta lecciones que lo llevarán paso a paso por el mundo del aprendizaje musical. También debe entenderse como un programa académico, al terminarlo el estudiante habrá recibido la misma formación que toma un estudiante regular de música a nivel profesional.

Espero este curso sea completamente de su agrado, que le ayude a disfrutar más su instrumento y que haga de su aprendizaje musical una experiencia inolvidable.

Recuerde que el aprendizaje es un proceso que toma tiempo, por eso se recomienda que este libro sea desarrollado a ritmo de una lección por semana.

Antes de comenzar

Partes de la guitarra eléctrica

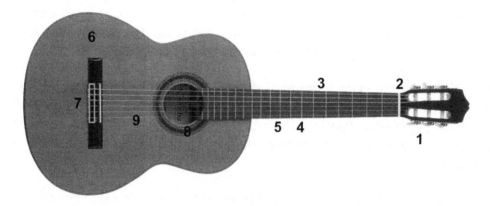

1. El clavijero: como su nombre lo indica, es la parte de la guitarra en la que se encuentran las clavijas, estas sirven para afinar el instrumento y existen diferentes sistemas en cuanto a su diseño y posición. Algunas vienen con seguros para evitar que las cuerdas se suelten, se fabrican en diferentes materiales, siendo el acero el más común debido a su resistencia a la tensión y a la humedad.

2. Puente superior: usualmente se fabrica en plástico, aunque en algunas guitarras se encuentra en materiales como el hueso; su función es ayudar a mantener las cuerdas separadas una de la otra y en una posición fija.

3. El mástil o brazo: es la parte de la guitarra en la que se encuentran los trastes, este se fabrica con diferentes tipos de madera siendo la caoba, el cedro, el pino y el arce las alternativas más comunes; usualmente, viene con una capa delgada de palo de rosa o ébano. Es común encontrar en algunos modelos de guitarra que el mástil viene construido con dos o más partes de madera unidas, esto se hace para manejar mejor la tensión producida por las cuerdas.

Dependiendo del tipo de guitarra, el brazo o mástil puede venir unido al cuerpo de forma encajada como sucede en las guitarras acústicas normales o atornillada como sucede en las guitarras Taylor.

4. El alma: las guitarras acústicas con cuerdas de metal tienen insertado dentro del brazo un tornillo conocido normalmente como alma, este se ajusta con una llave Bristol, usualmente, la apertura se encuentra en la parte inferior del clavijero junto al puente superior. El objetivo del alma es nivelar la tensión del instrumento, esto se debe revisar cada vez que se realiza un cambio de cuerdas.

El alma es necesaria para que el brazo del instrumento se mantenga debidamente balanceado, sin ella con el tiempo perderá su forma y se curvara haciendo más difícil la interpretación.

5. Trastes: cada una de las líneas que se encuentran en el brazo es un traste, dependiendo de la guitarra la cantidad de estos promedia entre 17 y 20. Los trastes permiten la interpretación afinada de las notas en el instrumento, usualmente, se fabrican en acero, algunas guitarras vienen con trastes en níquel, este material tiene una menor durabilidad, pero su sonido es dulce; los trastes en este material son comunes en las guitarras clásicas.

6. Cuerpo: dependiendo de la guitarra este puede ser grueso o delgado, el tamaño del cuerpo afecta la sonoridad del instrumento, las guitarras de cuerpo grande suelen enfatizar las frecuencias bajas, mientras que las de cuerpo delgado acentúan las frecuencias agudas. Es común encontrar diferentes tipos de madera para su construcción, desde cedro hasta pino alemán, esta última es considerada la mejor madera para construir instrumentos; cada madera tiene su tono y genera un sonido particular.

7. Puente: dependiendo de la guitarra puede ser en hueso o en plástico, viene soportado por una pieza de madera que usualmente es en palo de rosa. Su función es la de retener las cuerdas y mantenerlas alineadas.

8. Cuerdas: el instrumento maneja 6 cuerdas, en todos los instrumentos de cuerda estas se numeran tomando como primera la más delgada.

Las cuerdas metálicas usualmente se fabrican en acero, sin embargo, se consiguen en bronce y en níquel; cada tipo de cuerda tiene una sonoridad característica, siendo el acero la opción más brillante y el bronce la más opaca. Las cuerdas en acero tienen también una alta durabilidad, mientras que las cuerdas en níquel se desgastan más rápido pero ayudan a la duración de los trastes. Las cuerdas de guitarra clásica se fabrican en nailon y vienen con un recubrimiento en bronce.

9. Boca: sirve para proyectar el sonido del instrumento. En algunas guitarras se maneja un círculo y en otras un ovalo, la forma de la apertura puede afectar el sonido, es decir, la manera como este se proyecta.

Afinación de la guitarra

Una de las características más importantes de la guitarra es su capacidad para adecuarse a diferentes tipos de afinación. La guitarra, por lo general, maneja una afinación que se conoce como estándar; sin embargo, es común encontrar una serie de afinaciones que van desde bajar de tono todas las cuerdas hasta la búsqueda de sonoridades completamente innovadoras.

Para encontrar afinaciones alternativas y sus aplicaciones basta con escuchar música de The Rolling Stones, su guitarrista, Keith Richards, siempre se ha caracterizado por el uso de este recurso. Algunos otros, como el caso de Joe Satriani o Steve Vai, han venido implementando afinaciones alternativas desde hace muchos años.

Para la afinación del instrumento es recomendable usar un afinador de tipo electrónico, en especial, si se es principiante, la razón es que el oído aún no está acostumbrado a la sonoridad del instrumento y es probable que cueste demasiado realizar una afinación correcta, esto sin contar la posibilidad de romper una cuerda. A continuación, se explicará el procedimiento para afinar una guitarra.

Afinación usando un afinador electrónico

Los afinadores electrónicos son herramientas que usan la frecuencia de la cuerda para lograr su afinación, existen dos tipos de afinador, cada uno con sus respectivas posibilidades. A continuación, se verá el funcionamiento de cada uno.

Diatónico: este afinador está diseñado para la guitarra o el bajo. Normalmente permite lograr la afinación de cada una de las cuerdas, tiene programada la afinación estándar de una guitarra convencional.

Cromático: está diseñado para cualquier tipo de instrumento, permite lograr la afinación de cualquier nota en cualquier cuerda. Como se verá más adelante, la afinación de la guitarra puede tener muchas variantes según el estilo musical o el guitarrista.

Controles convencionales que se encuentran en un afinador

- *On off:* encendido y apagado.
- *Calib:* muchos afinadores vienen programados de fábrica con la frecuencia "440", esta indica la frecuencia que se está tomando como referencia; "440" es la frecuencia tradicional que se usa la mayoría de las veces para la afinación del instrumento. Algunas bandas prefieren usar frecuencias de referencia más bajas como 432 o 436, en ese caso, se usa el *"calib"* del afinador para cambiar la nota de referencia.
- Auto/manual: este control permite que el afinador identifique automáticamente la cuerda que se está afinando, también da la opción de operarse manual.
- *Input:* si la guitarra es electroacústica se puede conectar al afinador para lograr una mayor precisión.

En los afinadores electrónicos, los nombres de las cuerdas vienen en inglés organizadas de la siguiente forma:

1. E   2. B   3. G   4. D   5. A   6. E

Recuerde que, en todos los instrumentos de cuerda, la primera es la más delgada.

Para realizar la afinación se debe ir tensando o aflojando cada cuerda hasta lograr la frecuencia deseada. En los afinadores electrónicos, usualmente, viene un indicador que muestra si la cuerda está baja o alta.

Cuerda baja   *Cuerda afinada*   *Cuerda alta*

Cómo afinar la guitarra con el oído

Afinar una guitarra con el oído es algo sencillo, se requiere una nota de referencia para comenzar. En ese caso, un diapasón es la herramienta ideal, se debe buscar uno que tenga la frecuencia 440, que dé la nota A.

- Con esta nota de referencia se procede a afinar la cuerda cinco, esta debe estar pisada en el traste doce. Se tensa o afloja la cuerda con su respectiva clavija hasta lograr la nota deseada.
- Para afinar la sexta cuerda se le pisa en el traste cinco, debe dar la misma nota de la cuerda cinco al aire. Se tensa o afloja según sea necesario.
- Para afinar la cuerda cuatro se pisa la cuerda cinco en el traste cinco, debe dar la misma nota. Se tensa o afloja la cuerda según sea necesario.
- Para afinar la cuerda tres se pisa la cuerda cuatro en el traste cinco, debe dar la misma nota. Se tensa o afloja según sea necesario.
- Para afinar la cuerda dos se pisa la cuerda tres en el traste cuatro, debe dar la misma nota. Se tensa o afloja según sea necesario.
- Para afinar la cuerda uno se pisa la cuerda dos en el traste cinco, debe dar la misma nota. Se tensa o afloja según sea necesario.

La siguiente es otra forma de afinar la guitarra con el oído una vez se tiene la quinta cuerda afinada con el diapasón:

- Para afinar la sexta cuerda se pisa en el traste doce y se pisa la quinta en el traste siete, se busca que dé la misma nota. Se tensa o afloja según sea necesario.
- Para afinar la cuarta cuerda se pisa en el traste siete y se pisa la quinta en el traste doce, se busca que dé la misma nota, Se tensa o afloja la cuerda según sea necesario.
- Para afinar la tercera cuerda se pisa en el traste siete y se pisa la cuarta en el traste doce, se busca que dé la misma nota. Se tensa o afloja la cuerda según sea necesario.
- Para afinar la segunda cuerda se pisa en el traste ocho y se pisa la tercera en el traste doce, se busca que dé la misma nota. Se tensa o afloja la cuerda según sea necesario.
- Para afinar la primera cuerda se pisa en el traste siete, se pisa la segunda en el traste doce buscando que dé la misma nota. Se tensa o afloja según sea necesario.

Con esto se consigue que la guitarra quede afinada de forma convencional, sin embargo, la guitarra da muchas posibilidades en cuanto a la afinación, se puede afinar cada cuerda con notas diferentes a las comunes y de esta manera conseguir sonoridades nuevas.

Una de las cosas que hacen de la guitarra "todo un universo por explorar" es la posibilidad de cambiar la afinación del instrumento. Tenga en cuenta que cada cuerda puede subirse hasta dos tonos (cuerdas gruesas) y un tono en las (cuerdas delgadas); cada cuerda también puede bajarse hasta dos tonos.

Existen algunas afinaciones alternativas que se pueden encontrar en diferentes canciones.

A continuación, se muestran cuatro posibilidades:

Afinación estándar

Cuerda 1: Mi   /   E
Cuerda 2: Si   /   B
Cuerda 3: Sol /   G
Cuerda 4: Re   /   D
Cuerda 5: La   /   A
Cuerda 6: Mi   /   E

Afinación *drop* D

Cuerda 1: Mi   /   E
Cuerda 2: Si   /   B
Cuerda 3: Sol /   G
Cuerda 4: Re   /   D
Cuerda 5: La   /   A
Cuerda 6: Re   /   D

Afinación *open* G

Cuerda 1: Re   /   D
Cuerda 2: Si   /   B
Cuerda 3: Sol /   G
Cuerda 4: Re   /   D
Cuerda 5: Sol /   G
Cuerda 6: Re   /   D

Afinación *open* D

Cuerda 1: Re   /   D
Cuerda 2: La   /   A
Cuerda 3: Fa#/   F#
Cuerda 4: Re   /   D
Cuerda 5: La   /   A
Cuerda 6: Re   /   D

Afinación *low* C

Cuerda 1: Re   /   D
Cuerda 2: La   /   A
Cuerda 3: Sol /   G
Cuerda 4: Re   /   D
Cuerda 5: Sol /   G
Cuerda 6: Do   /   C

La grafía musical

La música como cualquier lenguaje tiene sus símbolos, estos se usan para identificar patrones de ritmo, sonidos o técnicas para el instrumento. El objetivo principal de la grafía musical es permitir al intérprete abordar una canción así este no la conozca, también es permitir la interpretación de una pieza musical así no se tenga un registro auditivo de la misma.

Existen diferentes sistemas de grafía musical, unos más complejos que otros, por lo general, tienen diferentes usos y por eso es importante su conocimiento.

Del dominio que se logre de los diferentes sistemas que cubren la grafía musical, depende en gran medida el conocimiento general de la música y el avance que se logre sobre el instrumento.

1. El cifrado americano:

En Latinoamérica se usan los siguientes nombres para las notas musicales:

Do   Re   Mi   Fa   Sol   La   Si

El inglés se ha convertido en la lengua universal y en la música esto no es una excepción, a diferencia del sistema latinoamericano que toma como nota inicial la nota "Do", el sistema americano toma como nota inicial "La", la cual se nombra con la letra "A", los nombres de las demás notas se dan siguiendo el orden del abecedario:

A   B   C   D   E   F   G

Si se mezclan los dos lenguajes el resultado es el siguiente:

Do C Re D Mi E Fa F Sol G La A Si B

El uso más común que tiene el cifrado americano es sobre la letra de la canción o pieza musical, donde se escriben los acordes que van realizando el acompañamiento. También es normal encontrar este cifrado sobre las tablaturas para indicar la armonía implícita de la sección como se observa en el siguiente ejemplo:

Es de vital importancia manejar el cifrado americano, puesto que aun la música de autores de habla hispana como Alejandro Sanz, Diego Torres, Shakira o Juanes puede encontrarse en este lenguaje.

Para efectos de aprendizaje en este libro, el cifrado siempre aparecerá en sistema americano.

2. El Sistema numérico:

Este sistema es común en Latinoamérica, es práctico para escribir frases cortas o sencillas, pero tiene como falencia la falta de relación con el ritmo y por esto es necesario escuchar la pieza musical en cuestión para lograr interpretarlo correctamente. Adicionalmente, las frases demasiado largas no son cómodas de leer.

En el sistema numérico aparecen dos números:

23

El primer número (2) indica la cuerda que se debe tocar.
El segundo número (3) indica el traste que se debe tocar.

31

El primer número (3) indica la cuerda que se debe tocar.
El segundo número (10) indica el traste que se debe tocar.

Frase de ejemplo:

21, 23, 25, 30, 32, 40, 50, 61, 63, 52, 40, 30, 21, 23, 25, 17, 110, 112, 210.

3. La tablatura:

Sin lugar a duda la tablatura es el sistema más popular que existe, puesto que, es intuitivo y fácil de interpretar. Adicionalmente, es muy agradable a la vista lo que facilita su lectura.

En la tablatura se encuentran seis líneas, una para cada cuerda de la guitarra. La primera cuerda aparece en la parte superior, la sexta cuerda aparece en la parte inferior.

En este sistema los números representan los trastes; si los números aparecen uno tras otro las notas se deben interpretar en secuencia. Cuando las notas aparecen una sobre la otra, de forma vertical, se deben tocar simultáneamente, esto es común en los acordes.

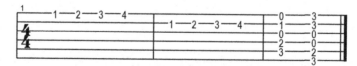

Según la técnica y estilo aparecerán muchos símbolos adicionales sobre la tablatura, estos se irán estudiando gradualmente. Los más comunes se encuentran en uno de los anexos al final de este libro.

La gran falencia de la tablatura como sistema gráfico consiste en que no da la forma de interpretar el ritmo, por esta razón, es común encontrarla con apoyo de grafía rítmica o en algunos casos acompañada en la parte superior de un pentagrama con grafía convencional, de esta forma se pueden extraer las notas de la tablatura y el ritmo del pentagrama.

4. Cifrado de acordes

El sistema gráfico que se usa para los acordes se utiliza para mostrar la digitación correcta de estos en la guitarra, usualmente funciona como complemento a la tablatura o al cifrado. A diferencia de otros sistemas, con este no es posible escribir una pieza musical completa y solo funciona como referencia.

En este sistema musical nuevamente se encuentran seis líneas, una para cada cuerda; en este caso, aparecen dibujados los trastes, esto indica en qué cuerda y en qué traste va cada dedo. A diferencia de la tablatura, en el sistema de acordes los números representan los dedos.

Este sistema se encuentra de dos formas, puede aparecer de forma vertical o de forma horizontal.

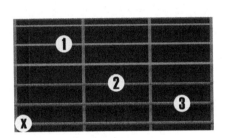 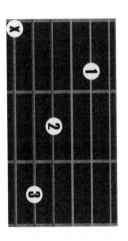 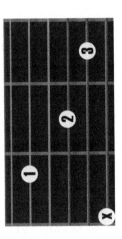

Este sistema se trabajará durante todo el curso en su versión horizontal que es la de uso común.

5. Grafía rítmica

La grafía rítmica contiene los símbolos usados para indicar la duración relativa de cada sonido; algunos símbolos indican sonidos largos, otros indican sonidos cortos, pero su duración es relativa al pulso o *tempo* de la pieza musical.

Actualmente, el pulso de una pieza musical se determina con la siguiente sigla "BPM"

Beats	Golpes
Per	Por
Minute	Minuto

Usualmente se encuentra la sigla BPM acompañada de un número, este indica la cantidad de golpes que deben ejecutarse en el lapso de un minuto. A menor el número el pulso será lento, a mayor el número el pulso será rápido.

BPM = 60   "Pulso lento"
BPM = 160   "Pulso rápido"

Una vez determinado el pulso se pueden usar símbolos de la grafía rítmica para indicar cuántos pulsos debe durar un sonido, los símbolos que se usan actualmente son:

Redonda: su duración es de 4 pulsos.

Blanca: su duración es de 2 pulsos.

Negra: su duración es de 1 pulso.

Corchea: su duración es de 1/2 pulso.

Semicorchea: su duración es de 1/4 de pulso.

6. Pentagrama

Sin duda alguna el pentagrama es el sistema más completo para la grafía musical, de todos los sistemas, este indica el sonido exacto que se debe interpretar, el ritmo, la escala en la que se encuentra la pieza y la métrica o compás.

El pentagrama es el único sistema musical que permite interpretar una pieza musical sin haberla escuchado anteriormente; sin embargo, su aprendizaje puede tomar tiempo, puesto que se deben estudiar tres elementos por separado.

Estos son:

Ubicación de las notas en el pentagrama: según la clave que se esté usando las notas quedarán distribuidas dentro del pentagrama. Esto indica qué sonido exacto se debe ejecutar.

Ritmo: el segundo elemento permite saber la duración exacta de cada sonido.

Ubicación de las notas en la guitarra: junto con el estudio del ritmo, la ubicación de las notas en el instrumento es el paso más complejo. Como se verá en lecciones posteriores es algo de elevada importancia que debe tener prioridad, puesto que realmente hará una diferencia en el aprendizaje musical.

Durante el curso se irán desarrollando estos elementos con la finalidad de lograr la comprensión de la lectoescritura musical.

A continuación, se encuentra un ejemplo de una partitura para guitarra:

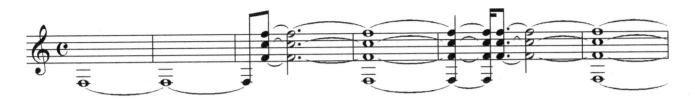

Conceptos básicos

La posición del instrumento

Posicionar bien el instrumento es algo que evitará dolores musculares y con el tiempo hará del aprendizaje algo más sencillo. Este es uno de los aspectos que más se debe revisar al momento de comenzar, pues muchos estudiantes tienen serios problemas físicos y de ejecución que se solucionan fácilmente haciendo correcciones en la posición del instrumento frente al cuerpo.

Muchos estudiantes de guitarra tienen problemas cuando al intentar tocar, no pueden ver los trastes, la mano derecha no toca las cuerdas correctas o presentan dolores en la muñeca de la mano izquierda, esto se debe a que la posición del instrumento puede estar errada, por lo general, esto sucede cuando se coloca la guitarra sobre la pierna derecha. A continuación, se verá como es la posición correcta del instrumento.

En la guitarra acústica se maneja una posición básica, que es sentado con la guitarra sobre la pierna izquierda, esta es la posición tradicional o clásica del instrumento. Asimismo, la guitarra puede tocarse estando de pie con la ayuda de una correa especial.

Sentado: en esta posición, la guitarra debe colocarse en la pierna izquierda, el clavijero debe estar a la altura del hombro.

Esta posición suele cansar un poco la pierna izquierda, puesto que se intenta de forma instintiva levantarla para buscar comodidad. En este caso, es recomendado usar un posa pie.

Posa pie

De pie: en caso que se presente la oportunidad de tocar de pie, la guitarra debe colocarse aproximadamente a la altura del ombligo y el clavijero debe estar a la altura del hombro. La posición de la guitarra no debe variar mucho en relación a la posición cuando se está sentado.

Ahora se procederá a revisar la posición de cada una de las manos. Es indispensable revisarlas continuamente, puesto que el adquirir errores en este punto dificulta la interpretación del instrumento.

Mano izquierda: esta mano debe quedar libre, sin algún tipo de apoyo o soporte en el brazo, ya que esto limita el movimiento. El pulgar debe ir recto, más o menos hacia la mitad de la mano.

El punto más importante en cuanto a la posición de esta mano es la posición del pulgar pues sobre este recae gran parte de la ejecución, razón por la cual se debe buscar que siempre se encuentre recto y centrado. Debe funcionar como un punto de apoyo que permite la movilidad.

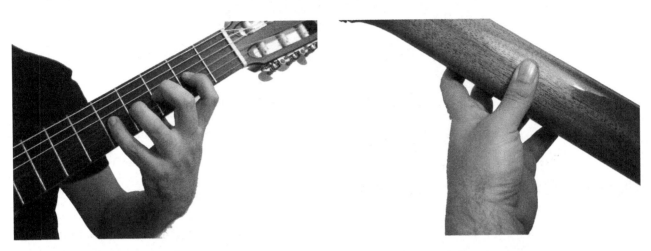

El pulgar tiene un efecto directo sobre los dedos de la mano izquierda, si se posiciona de forma incorrecta no se podrá lograr lo que se ve en la foto; el tercer dedo posiblemente no logrará llegar al tercer traste de forma cómoda y el cuarto dedo o meñique difícilmente llegará a su traste, entonces, la mano perderá movilidad y los dedos no tendrán independencia.

Mano derecha: esta mano maneja dos posiciones básicas, mientras se encuentra haciendo ritmo va libre, sin ningún tipo de apoyo; en este caso, por lo general, se van a tocar varias cuerdas de forma simultánea, por lo que se necesita mantener la mano libre para conseguir velocidad en la ejecución.

El trabajo de ritmo puede hacerse con las uñas de los dedos cuando se ataca en dirección descendente y con la uña del pulgar cuando se ataca en dirección ascendente.

Cuando se interpretan melodías, el pulgar de la mano derecha se apoya sobre la sexta cuerda o sobre el final del diapasón, este apoyo nunca debe realizarse desde la parte superior de la guitarra, puesto que se estará muy lejos de las cuerdas.

Así, favorecerá a la mano obtener referencias de espacio que permitirán ejecutar sin equivocaciones de cuerda; De modo que, siempre se conseguirá acertar la nota correcta.

Ejercicios básicos para la mano derecha

En esta lección se van a aprender una serie de ejercicios que tienen como finalidad enseñar la posición correcta del instrumento, estos ejercicios deben realizarse lentamente, se recomienda usar las pistas de práctica en *tempos* de 50 a 70.

Ejercicio 1

Apoyando el pulgar sobre la sexta cuerda o al final del diapasón se va a tocar cada cuerda 4 veces, comenzando desde la primera y en orden hasta llegar a la sexta, se deben usar ataques alternados con los dedos de la mano derecha "índice, medio, índice, medio".

Con este ejercicio se busca "enseñarle" a la mano la posición de las cuerdas.

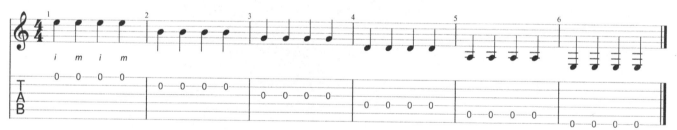

Ejercicio 2

Apoyando el pulgar sobre la sexta cuerda se va a tocar:

La primera cuerda dos veces, luego la segunda dos veces.
La primera cuerda dos veces, luego la tercera dos veces.
La primera cuerda dos veces, luego la cuarta dos veces.
La primera cuerda dos veces, luego la quinta dos veces.
La primera cuerda dos veces, luego la sexta dos veces.
La primera cuerda dos veces, luego la quinta dos veces, etc.

Con este ejercicio se busca que la mano domine las distancias entre las cuerdas y se acostumbre a realizar saltos.

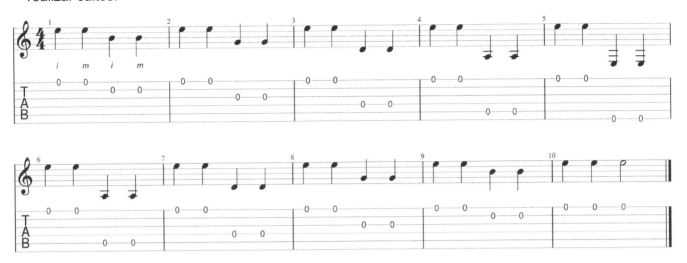

Ejercicios básicos para la mano izquierda

Ejercicio 3

Este es un ejercicio comúnmente conocido como la araña. Deben usarse los cuatro dedos de la mano, uno para cada traste; adicionalmente, no se deben levantar hasta cambiar de cuerda.

Cuando se realiza el ejercicio de esta forma, la posición de la mano izquierda se corrige, es casi imposible lograr una correcta ejecución de la práctica en las cuerdas graves si se tiene una mala posición en el instrumento. Particularmente ayuda a corregir la posición del pulgar de la mano izquierda.

Se puede usar este ejercicio como calentamiento. Además, es útil si se hace avanzando un traste cada vez que se han cubierto las seis cuerdas, con esto se puede llegar hasta el traste doce y recorrer toda la guitarra.

Ejercicio 4

Se va a realizar una variación al ejercicio anterior, lo más importante de su desarrollo es usar los cuatro dedos de la mano izquierda. En esta variación se mantendrán los dedos de la mano izquierda sin levantar, solo cuando sea posible.

Es posible realizar más variaciones a este ejercicio combinando los dedos, no necesariamente se requiere iniciar con el dedo uno. Además de ello, se pueden combinar de 24 formas en total. A continuación, se muestran las diferentes posibilidades de ejecución de dedos:

1, 2, 3, 4	2, 1, 3, 4	3, 1 ,2 ,4	4 ,1 ,2 ,3
1, 2, 4, 3	2, 1 ,4 ,3	3, 1 ,4 ,2	4 ,1 ,3 ,2
1, 3, 2, 4	2 ,3 ,1 ,4	3, 2, 1, 4	4 ,2 ,1 ,3
1, 3 ,4 ,2	2, 3, 4, 1	3 ,2 ,4 ,1	4, 2, 3, 1
1 ,4 ,2 ,3	2, 4, 3, 1	3, 4, 1, 2	4, 3, 1, 2
1 ,4 ,3 ,2	2, 4 ,1 ,3	3, 4, 2, 1	4 ,3 ,2 ,1

Ubicación de las notas en la guitarra

Uno de los conceptos más importantes a la hora de aprender un instrumento musical es saber dónde se encuentran las notas o por lo menos tener idea de cómo ubicarlas. En la guitarra, debido a la tablatura, muchos guitarristas dejan esto de lado lo cual constituye un gran error, pues aprender la ubicación de las notas permitirá no solo ejecutar mejor el instrumento, sino también interpretar la misma pieza musical de diferentes formas, ayudará a encontrar las digitaciones que más se ajusten a la interpretación de cada guitarrista, permitirá comprender fácilmente el lenguaje musical y si lo que se busca es llegar a realizar solos de guitarra, la ubicación de las notas se convierte en algo imperativo que debe ser resuelto a la mayor brevedad.

Para ubicar las notas en la guitarra se debe adquirir un primer concepto, la diferencia entre tono y medio tono y cómo se aplica a la guitarra.

Tonos y medios tonos

En la música, las distancias entre las notas se miden por medio de tonos. Cuando se usan las notas en su estado natural se encuentra que entre algunas aparece un tono completo y entre otras únicamente medio, esto es algo que se profundizará en la siguiente lección.

En la guitarra cada traste equivale a medio tono, y como se puede observar en el siguiente gráfico, entre casi todas las notas existe un tono, únicamente entre las notas E – F y B – C se encuentra una distancia de medio tono.

C   D   **E____F**   G   A   **B____C**

Vale la pena resaltar que esta organización de tonos y medios tonos viene desde la antigua Grecia, cuando se hicieron los primeros avances en teoría musical, esto ya hace varios cientos de años.

El primer paso para ubicar las notas en el instrumento es reconocer que al tocar una cuerda al aire esta da una nota y desde esta se debe comenzar, si se mantienen las distancias de tonos y medios tonos se verá que las notas van apareciendo una a una, ya sea de forma consecutiva o a un traste de diferencia.

Algo que se debe tener presente es que la nota con la que se inicia al tocar la cuerda al aire debe repetirse al llegar al traste doce, igualmente, la nota que se encuentra en el traste uno es la misma que se encontrará en el traste trece y así de forma sucesiva. A continuación, se va a realizar el procedimiento de ubicación cuerda por cuerda:

La sexta cuerda al aire (sin pisar) da un E.
De E a F la distancia es de medio tono, la nota F se encontrará en el primer traste.
De F a G la distancia es de un tono, la nota G se encontrará en el tercer traste.
De G a A la distancia es de un tono, la nota A se encontrará en el quinto traste.
De A a B la distancia es de un tono, la nota B se encontrará en el séptimo traste.
De B a C la distancia es de medio tono, la nota C se encontrará en el octavo traste.

De C a D la distancia es de un tono, la nota D se encontrará en el décimo traste.

De D a E la distancia es de un tono, la nota E se encontrará en el doceavo traste.

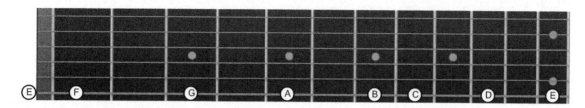

La quinta cuerda al aire (sin pisar) da un A.

De A a B la distancia es de un tono, la nota B se encontrará en el segundo traste.

De B a C la distancia es de medio tono, la nota C se encontrará en el tercer traste.

De C a D la distancia es de un tono, la nota D se encontrará en el quinto traste.

De D a E la distancia es de un tono, la nota E se encontrará en el séptimo traste.

De E a F la distancia es de medio tono, la nota F se encontrará en el octavo traste.

De F a G la distancia es de un tono, la nota G se encontrará en el décimo traste.

De G a A la distancia es de un tono, la nota A se encontrará en el doceavo traste.

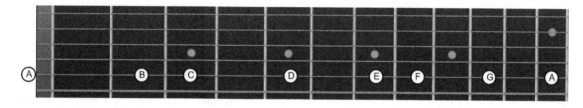

La cuarta cuerda al aire (sin pisar) da un D.

De D a E la distancia es de un tono, la nota E se encontrará en el segundo traste.

De E a F la distancia es de medio tono, la nota F se encontrará en el tercer traste.

De F a G la distancia es de un tono, la nota G se encontrará en el quinto traste.

De G a A la distancia es de un tono, la nota A se encontrará en el séptimo traste.

De A a B la distancia es de un tono, la nota B se encontrará en el noveno traste.

De B a C la distancia es de medio tono, la nota C se encontrará en el décimo traste.

De C a D la distancia es de un tono, la nota D se encontrará en el doceavo traste.

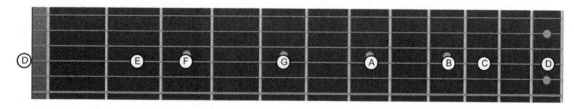

La tercera cuerda al aire (sin pisar) da un G.

De G a A la distancia es de un tono, la nota A se encontrará en el segundo traste.

De A a B la distancia es de un tono, la nota B se encontrará en el cuarto traste.

De B a C la distancia es de medio tono, la nota C se encontrará en el quinto traste.

De C a D la distancia es de un tono, la nota D se encontrará en el séptimo traste.

De D a E la distancia es de un tono, la nota E se encontrará en el noveno traste.

De E a F la distancia es de medio tono, la nota F se encontrará en el décimo traste.

De F a G la distancia es de un tono, la nota G se encontrará en el doceavo traste.

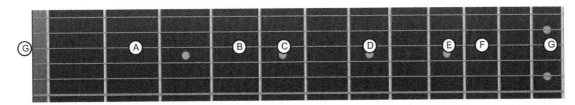

La segunda cuerda al aire (sin pisar) da un B.

De B a C la distancia es de medio tono, la nota C se encontrará en el primer traste.

De C a D la distancia es de un tono, la nota D se encontrará en el tercer traste.

De D a E la distancia es de un tono, la nota E se encontrará en el quinto traste.

De E a F la distancia es de medio tono, la nota F se encontrará en el sexto traste.

De F a G la distancia es de un tono, la nota G se encontrará en el octavo traste.

De G a A la distancia es de un tono, la nota A se encontrará en el décimo traste.

De A a B la distancia es de un tono, la nota B se encontrará en el doceavo traste.

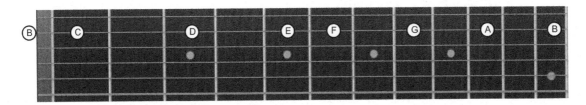

La primera cuerda al aire (sin pisar) da un E.

De E a F la distancia es de medio tono, la nota F se encontrará en el primer traste.

De F a G la distancia es de un tono, la nota G se encontrará en el tercer traste.

De G a A la distancia es de un tono, la nota A se encontrará en el quinto traste.

De A a B la distancia es de un tono, la nota B se encontrará en el séptimo traste.

De B a C la distancia es de medio tono, la nota C se encontrará en el octavo traste.

De C a D la distancia es de un tono, la nota D se encontrará en el décimo traste.

De D a E la distancia es de un tono, la nota E se encontrará en el doceavo traste.

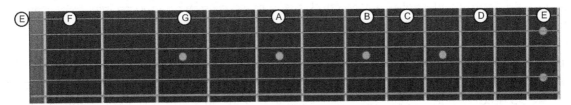

La grafía rítmica clásica

En música se usan diferentes símbolos para expresar la duración de un sonido. Esta duración es relativa en tiempo y depende del *tempo* sobre el que se esté ejecutando cada nota. Para comprender mejor este concepto primero se debe definir el concepto *tempo*.

Tempo: velocidad a la que se ejecuta una pieza musical. Esta puede expresarse de varias formas, siendo las más habituales la grafía clásica y la moderna expresada en BPM.

BPM: "*beats per minute*" o golpes por minuto. El valor numérico que acompaña esta sigla se refiere a la cantidad de golpes que se ejecutan en un espacio de 60 segundos, si el número es bajo como, por ejemplo, 40, se tiene una pieza musical lenta, puesto que la velocidad se da a 40 golpes por minuto, esto es menos de un golpe por segundo.

Si el *tempo* es rápido, por ejemplo 180, se tiene un *tempo* en el cual se ejecutan tres golpes por segundo, para un total de 180 en el transcurso de un minuto.

Hoy día la sigla BPM es la forma más común para expresar el *tempo* de una pieza musical. Por lo general, aparece en la primera página de la partitura hacia la parte superior.

Anteriormente se usaba la grafía clásica, esta es un poco ambigua debido a que no da valores exactos, sino que da valores aproximados. Los siguientes son los términos más comunes:

Lento: lento (40 - 60 bpm).
Adagio: lento y majestuoso (66 - 76 bpm).
Andante: al paso, tranquilo, un poco vivaz (76 - 108 bpm).
Moderato: moderado (80 - 108 bpm).
Allegro: animado y rápido (110 - 168 bpm).
Presto: muy rápido (168 - 200 bpm).
Prestissimo: muy rápido (más de 200 bpm).

Esta grafía aun se usa en las partituras de compositores clásicos.

Ahora que ya está definido *tempo* se puede iniciar el aprendizaje de la grafía rítmica. Los ejemplos que se verán a continuación permiten entender mejor este concepto, normalmente se usan los siguientes símbolos para indicar la duración de una nota:

Los acordes de primera posición

En esta lección se comenzará el aprendizaje de los acordes de primera posición. Estos son acordes que se interpretan sobre los primeros tres trastes de la guitarra y usan cuerdas al aire (sin pisar). Además, constituyen el fundamento del acompañamiento en la guitarra y aun cuando existen muchos tipos de acordes diferentes, estos son los que más se usan cuando se inicia el aprendizaje del instrumento.

Al trabajar estos acordes es importante posicionar de forma correcta los dedos y realizar el cambio de un acorde a otro con la mayor fluidez posible, evitando espacios mientras se realiza el cambio. Para esto se recomienda trabajar con tempos lentos, entre 50 y 70 BPM, interpretando cada acorde cuatro veces antes de realizar el movimiento de un acorde a otro.

Se comenzará el aprendizaje de los acordes de primera posición estudiando los acordes de E y A en su forma mayor.

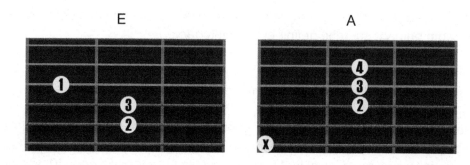

En los siguientes ejercicios se van a realizar cambios entre los acordes de E y A, se deben ejecutar tal y como se indica en cada caso.

Ahora que ya está definido el concepto *tempo* y se conocen algunos acordes, se puede iniciar la aplicación de la grafía rítmica. Los ejercicios que se verán a continuación permiten entender mejor este concepto. Normalmente se usan los siguientes símbolos para indicar la duración de una nota:

Ejercicio 5

Redonda: este símbolo indica que la nota dura cuatro tiempos.

En este ejercicio se va a cambiar de acorde cada cuatro tiempos, como se está trabajando en redondas se debe tocar cada acorde una vez antes de realizar el cambio.

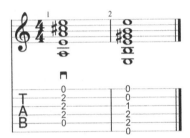

Ejercicio 6

Blanca: este símbolo indica que la nota debe durar dos tiempos.

En este ejercicio se va a cambiar de acorde cada cuatro tiempos, como se está trabajando en blancas se debe tocar cada acorde dos veces antes de realizar el cambio.

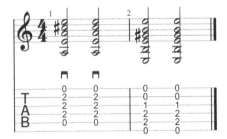

Ejercicio 7

Negra: este símbolo indica que la nota dura un tiempo.

En este ejercicio se va a cambiar de acorde cada cuatro tiempos, como se está trabajando en negras se debe tocar cada acorde cuatro veces antes de realizar el cambio.

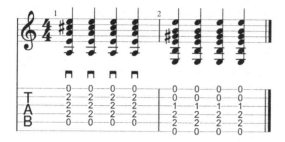

Ejercicio 8

Corchea: este símbolo indica que la nota debe durar medio tiempo.

En este ejercicio se va a cambiar de acorde cada cuatro tiempos, como se está trabajando en corcheas se debe tocar cada acorde ocho veces antes de realizar el cambio.

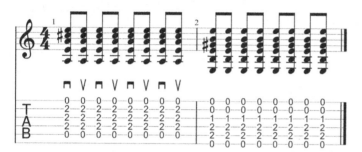

Las alteraciones

En la lección anterior se habló acerca de los tonos y los medios tonos, también acerca de cómo se puede usar este concepto para ubicar las notas en el instrumento y se realizó el procedimiento cuerda por cuerda.

Como se pudo observar, al ubicar las notas quedan algunos espacios en blanco, un sitio entre una nota y otra al cual no se le puso nombre, este espacio se usa para las notas con alteración.

Una alteración es un símbolo que se coloca al lado izquierdo de una nota, indica una modificación en el sonido, ya sea que este aumente o disminuya en medio tono. A continuación, se explican los dos símbolos usados comúnmente:

Sostenido "#": este símbolo se usa tanto en las armaduras de clave como dentro del compás. Puede usarse para cualquier nota y su efecto hace que esta deba subir su afinación medio tono, cuando se usa esta alteración la nota cambia de nombre, por ejemplo, si se usa sobre la nota C esta pasa a ser C#, "Do sostenido".

Bemol "b": este símbolo se usa dentro de las armaduras o dentro de los compases, puede afectar cualquier nota de la escala y su efecto hace que esta nota deba bajar su afinación en medio tono, al igual que con el sostenido, la nota afectada cambia su nombre; por ejemplo, si se usa sobre la nota A esta pasará a ser Ab, "La bemol".

El uso de las alteraciones va a afectar a todas las notas que se encuentren dentro del compás siempre y cuando estén a la misma altura, cuando se pasa de un compás a otro sucede un borrón y cuenta nueva, en donde si se desea que la nota siga alterada se debe indicar nuevamente.

En este primer ejemplo, la nota F# que aparece en la primera negra afecta todas las notas del compás que estén a la misma altura.

En este ejemplo, al llegar al segundo compás si se desea que la nota sea C# debe indicarse nuevamente.

Si dentro de un mismo compás se necesita una nota alterada y luego esa misma nota en estado natural, se usa una tercera alteración. Existe una alteración que anula tanto sostenidos como bemoles, llevando las notas a su estado natural; a esta alteración se le conoce como becuadro.

En este ejemplo se ve cómo por medio del becuadro la segunda nota deja de estar alterada y retorna a su estado natural.

Ahora, usando las alteraciones se puede llenar el diagrama de ubicación usando los espacios que anteriormente estaban disponibles.

La enarmonía

Como se puede observar en el diagrama, los espacios que anteriormente estaban en blanco ahora tienen dos nombres, uno con sostenido y otro con bemol. A este principio se le conoce como enarmonía y consiste en que un mismo sonido puede tener nombres diferentes.

Según este principio, y aun cuando no está especificado en el diagrama, es posible llegar a encontrar notas como B#, Cb, E# o Fb.

Su uso se abordará más adelante en este curso cuando se inicie la teoría de escalas. Se verá que algunas usan sostenidos y otras bemoles en su construcción, según esto se tendrá que usar uno de los dos nombres para las notas alteradas.

Nuevos acordes de primera posición

A continuación, aparecen las digitaciones para los acordes de D y G.

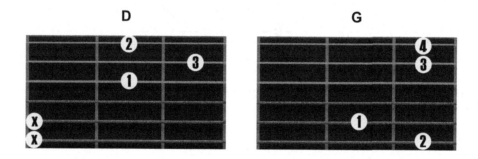

Ejercicios para esta lección

En los ejercicios de esta lección se va a continuar el trabajo de acordes de primera posición. El objetivo será aprender a realizar cambios reduciendo el tiempo y espacio entre acordes.

Para los siguientes ejercicios se debe interpretar TODO el ritmo sobre cada acorde, se recomienda trabajar en el cambio entre acordes antes de comenzar con el patrón de ritmo. Una buena forma de hacerlo es tocar en redondas, blancas y negras, tal y como se realizó en la lección anterior.

Ejercicio 9

En este primer ejercicio se tiene una combinación básica de negras y corcheas, inicialmente, se tendrá que tocar dos negras y luego cuatro corcheas. Todo el patrón debe realizarse para cada acorde.

Se puede trabajar el cambio entre acordes antes de aplicar el ritmo usando redondas a 60 BPM.

Secuencia de acordes: G D

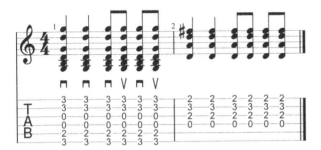

Ejercicio 10

En este segundo ejercicio se tiene una combinación de negras y corcheas, en este caso, se van alternado, negra, corcheas, negra, corcheas. Todo el patrón debe realizarse para cada acorde.

Para trabajar el cambio entre acordes antes de aplicar el ritmo se pueden ubicar notas en común entre las posiciones, estas pueden servir como puntos de referencia.

Secuencia de acordes: A E

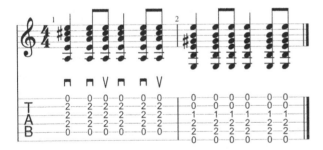

Ejercicio 11

En este tercer ejercicio se tiene una combinación de negras y corcheas, en este caso, se van alternando, negra, corcheas, corcheas y negra, dejando el grupo de corcheas al centro. Todo el patrón debe realizarse para cada acorde.

Este es uno de los cambios de acorde más sencillo, por esa razón, se puede usar para practicar cambios a *tempos* rápidos.

Secuencia de acordes: D A

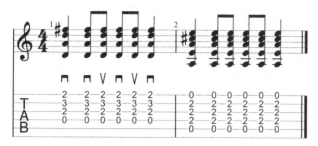

Ejercicio 12

En este cuarto ejercicio se tiene una combinación de negras y corcheas, en este caso, se van alternando, corcheas, negra, negra y corcheas. Todo el patrón debe realizarse para cada acorde.

Cuando el patrón de ritmo usa la última corchea del compás es posible ejecutar las cuerdas al aire; de esta forma, se da un poco de tiempo a la mano izquierda para realizar el cambio de posición.

Secuencia de acordes: D E

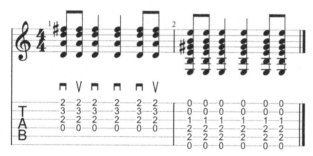

Taller de ritmo

Junto con la ubicación de las notas en el instrumento, el manejo del ritmo es uno de los fundamentos de la correcta interpretación de la guitarra. Durante esta lección se hará una corta profundización que permite comprender mejor este elemento.

Esta lección busca resumir en patrones sencillos lo que se puede considerar como el fundamento del ritmo en la guitarra. Consiste en 16 patrones los cuales se deben estudiar de forma independiente y luego, combinados para generar patrones complejos.

El siguiente taller ayuda al dominio del aspecto rítmico en la música, se va a trabajar sobre patrones de cuatro corcheas, las cuales se deben interpretar con el siguiente orden de ataques en la mano derecha.

Primera corchea:	ataque hacia abajo.
Segunda corchea:	ataque hacia arriba.
Tercera corchea:	ataque hacia abajo.
Cuarta corchea:	ataque hacia arriba.

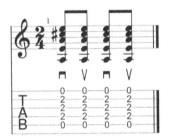

Es importante mantener la dirección de los ataques y buscar la continuidad de movimiento en la mano derecha, aun cuando existan notas que no suenan es indispensable realizar el movimiento completo, pues es la continuidad o fluidez de movimiento lo que eventualmente llevará al dominio del ritmo.

Ahora se van a interpretar los siguientes 15 ejercicios, todos los ejemplos de esta lección se realizan usando el acorde de A.

Para esta lección cada ejercicio se repite cuatro veces en el *track* de práctica.

Ejercicio 13

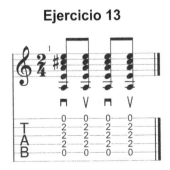

Ejercicio 14

Ejercicio 15

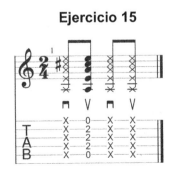

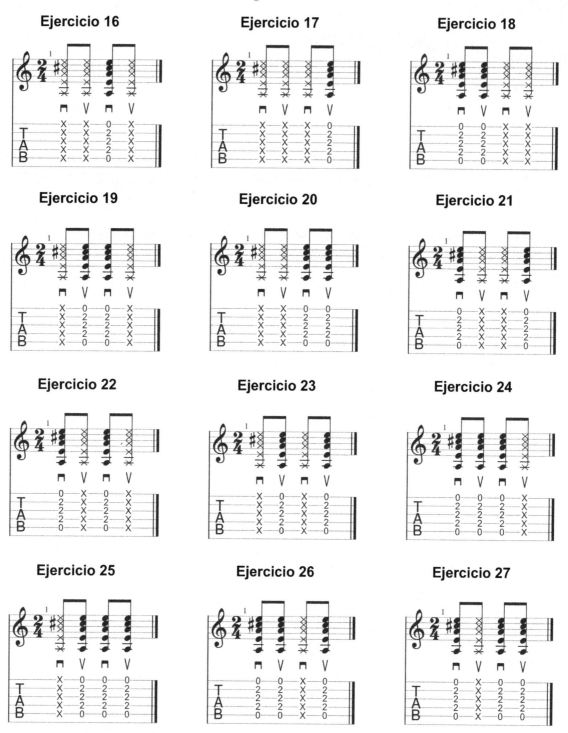

Una vez lograda la correcta interpretación de los 15 patrones de ritmo se puede proceder a la realización de combinaciones creando nuevas alternativas, usualmente, es así como se encuentran en las canciones del repertorio popular.

También con el tiempo es posible transcribir bajo este sistema los ritmos de las canciones que se desea interpretar, Todo consiste en ver cómo se alternan los ataques en mano derecha e identificar qué notas se encuentran activas y cuáles están apagadas.

A continuación, se ven algunos ejemplos de lo que se puede lograr combinando los patrones estudiados en esta lección.

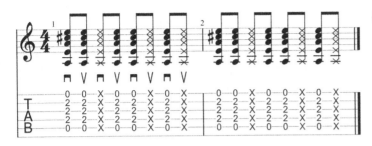

Combinación entre los ejercicios 26 y 22

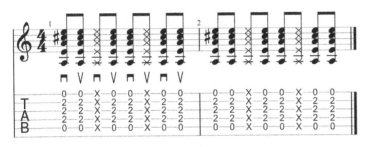

Combinación entre los ejercicios 26 y 27

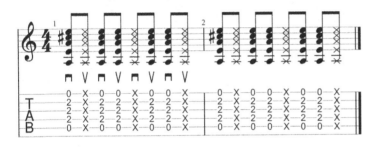

Combinación entre los ejercicios 27 y 19

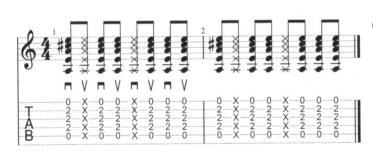

Combinación entre los ejercicios 27 y 25

El compás

Cuando se desea interpretar una pieza musical es importante reconocer en qué compás o métrica se encuentra. El compás dentro de la música se encarga de dividir los sonidos en espacios de igual duración, esto no solo sirve para organizar las partituras, también sirve para darle un sentido a la música en general.

Siempre que se trabaja una pieza musical se van a encontrar una serie de tiempos, algunos fuertes, otros débiles. Por lo general, el primer tiempo de cada compás es el más fuerte y el que indica que el ciclo vuelve a comenzar.

Se pueden encontrar ciclos cortos de dos tiempos o ciclos largos hasta de doce, los más comunes suelen ser los de dos, tres y cuatro. En esta lección se va a estudiar cada uno de estos compases, para esto resulta útil adquirir algunos conceptos:

Armadura: se encuentra al inicio de una partitura musical y tiene como objetivo indicar para qué tipo de instrumento está escrita la pieza, esto por medio de la clave; también la escala en la que se encuentra, esto según la cantidad de alteraciones presentes y, por último, el compás de la pieza musical.

Cuando se observa el inicio de una partitura musical se va a encontrar un número fraccionario en la armadura, este número indica el compás de la pieza musical que se va a interpretar. Los fraccionarios más comunes son 2/4, 3/4 y 4/4, este último a veces se remplaza por la letra "C".

      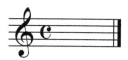

El número fraccionario indica dos cosas: el número de arriba "el numerador" indica cuántas unidades de tiempo se requieren en el compás; el número de abajo, "el denominador" indica qué unidad de tiempo se debe usar.

Unidad de tiempo: es la nota que equivale a un tiempo. Según el compás esta puede ser blanca, negra, corchea o incluso la semicorchea, todas estas variables aparecen para facilitar la escritura musical. A continuación, se muestra el número que representa cada una de las notas:

Redonda	=	1
Blanca	=	2
Negra	=	4
Corchea	=	8
Semicorchea	=	16

La grafía musical siempre es relativa, se puede asignar la figura que representa un tiempo o un pulso dentro de una pieza musical, esto se hace para facilitar la escritura y la lectura del pentagrama. En algunos casos se encontrará que el sistema métrico o compás no tiene el número 4 en el denominador, sino que puede llegar a tener el número 2. Esto indica que "un tiempo" es representado por una blanca.

En otros casos, el sistema métrico estará en octavos "8", esto indica que "un tiempo" es representado por una corchea. Según lo anterior, se debe hacer la equivalencia correspondiente para tener notas que cubran dos, cuatro o medio tiempo.

Aunque no es muy común, es posible encontrar compases de 16, esto indica que la nota que representa un tiempo es la semicorchea.

A continuación, se usa un ejemplo de una frase musical escrita en los diferentes sistemas. Se debe tener presente que todas las frases van a sonar exactamente igual, lo único que cambia es la escritura; como se verá, en algunos casos la escritura se simplifica y en otros se complica, es por esta razón que se pueden usar los diferentes sistemas métricos.

En la escritura con denominador 2, la blanca representa un tiempo, la negra medio y las corcheas ¼ de tiempo.

En la escritura con denominador 4, la negra representa un tiempo, la corchea medio y la semicorchea ¼ de tiempo.

En la escritura con denominador 8, la corchea representa un tiempo, la semicorchea medio y la fusa ¼ de tiempo.

En la escritura con denominador 16, la semicorchea representa un tiempo, la fusa medio y la semi fusa ¼ de tiempo.

Es importante recalcar que la frase del ejemplo anterior suena igual en todos los sistemas de escritura. El compás afecta el sonido de una pieza musical cuando se altera o cambia el numerador durante el desarrollo de la misma y no el denominador.

Para efectos pedagógicos en este libro se van a trabajar los compases escritos con denominador en 4 y se verán las tres subdivisiones principales. Vale la pena recordar que el ritmo es uno de los aspectos musicales más abiertos a la experimentación, razón por la cual el límite en este aspecto siempre lo pone el compositor.

En un compás, el numerador indica la cantidad de tiempos disponibles antes de dividir y comenzar uno nuevo, los denominadores más comunes son 2, 3 y 4, también es posible encontrar denominadores en 5, 7, 9 y 12; sin embargo, estos por lo general constituyen combinaciones de los compases principales.

El compás de 2/4

Este compás se usa mucho en la música marcial, (es muy común encontrarlo en los himnos nacionales); indica que se tienen dos tiempos antes de dividir para comenzar un nuevo compás, en este espacio se pueden escribir dos negras o cualquier combinación de notas que sume dos tiempos, esto puede observarse en el siguiente ejemplo:

Cuando se trabaja un compás de 2/4 se pueden escribir en el dos negras o su equivalencia. La sumatoria total de valores de las notas que se encuentran en el compás nunca debe ser inferior o superar dos tiempos (dos negras).

El compás de 3/4

Este compás es característico del vals y de las rancheras, en él caben tres negras o su equivalencia. Como se verá en el siguiente ejemplo, se pueden combinar cuantas notas se considere, siempre que la sumatoria total de valores de las notas que se encuentran en el compás nunca sea inferior o superior a tres tiempos (tres negras).

Algunos ejemplos de canciones en 3/4:
The only exception (Paramore).
Té para tres (Soda Stereo).
The Islander (Nightwish).
Blood Brothers (Iron Maiden).
Iris (Goo Goo Dolls).
Seven impossible days (Mr. Big).
You have to hide your love away (The Beatles).

El compás de 4/4

Este es el compás más común de todos, podría decirse que la música comercial casi en un 70% se encuentra en esta métrica, en este compás caben cuatro negras o su equivalencia. La sumatoria total de valores de las notas que se encuentran en el compás nunca debe ser inferior o superior a cuatro tiempos (cuatro negras).

Existen algunas excepciones en las que los sistemas anteriores no son válidos: temas como *Take 5* se encuentran en una métrica de 5/4; temas como *Money* de Pink Floyd, *Pusshing Forward Back* de Temple Of The Dog o *Them Bones* de Alice in chains se encuentran es sistemas de 7/4. Estos son ejemplos claros de lo mucho que se puede lograr al experimentar con el ritmo.

Nuevos acordes de primera posición

C

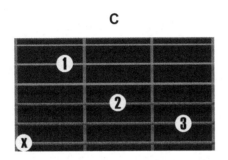

F

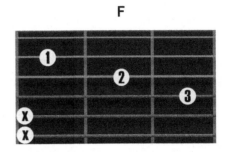

Nota: a partir de esta lección los ejercicios vienen en grafía normal y en la grafía del taller de ritmo.

Ejercicio 28

En este primer ejercicio se realizarán cambios entre los acordes de C y F, está construido en compás de 2/4 y muestra una combinación entre negras y corcheas.

Se deben evitar los espacios entre los acordes cuando se hace el cambio.

Secuencia de acordes: C F

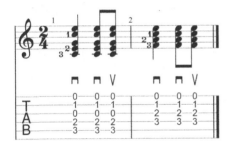

Ejercicio 29

Este segundo ejercicio está construido en compás de 2/4 y muestra la inversión del ejercicio anterior combinando negras y corcheas.

Se deben evitar los espacios entre los acordes cuando se hace el cambio.

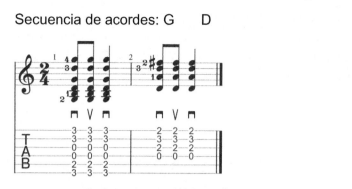Secuencia de acordes: G   D

Ejercicio 30

Este tercer ejercicio está construido en compás de 3/4, muestra combinaciones entre negras y corcheas. Se debe tener cuidado con el cambio de acordes realizándolo siempre sobre el primer tiempo.

En este tipo de sistema resulta útil contar los tres tiempos mientras se interpreta, pues, es común, que al inicio por instinto se busque agregar un tiempo de más.

Secuencia de acordes: C G

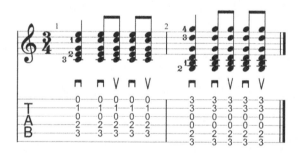

Ejercicio 31

Este cuarto ejercicio está construido en compás de 3/4, muestra combinaciones entre negras y corcheas, en este caso, intercaladas. Se debe tener cuidado con el cambio de acordes, puesto que es fácil confundir la última negra del compás con la primera del siguiente.

Se deben evitar los espacios al momento del cambio entre acordes, así como las pausas.

Secuencia de acordes: F G

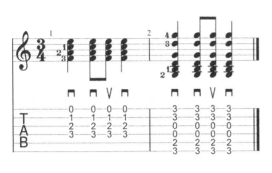

Ejercicio 32

Este quinto ejercicio está construido en compás de 4/4, muestra combinaciones entre negras y corcheas. Se debe tener cuidado con el cambio de acordes y vigilar la dirección de los ataques de la mano derecha.

Siempre resulta útil no realizar pausas en la mano derecha y que la mano izquierda logre "alcanzar" la otra, no importa si al inicio los acordes no quedan del todo bien posicionados, puesto que se estará ganando agilidad y sobre todo fluidez en los movimientos.

Secuencia de acordes: C D

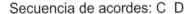

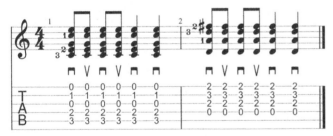

Los símbolos de repetición

Dentro de la grafía musical es común la repetición de secciones o fragmentos en una pieza, para indicar qué debe repetirse, cuántas veces y de qué forma se manejan unos símbolos especiales: algunos indican que debe repetirse un pequeño fragmento, otros que se debe iniciar la pieza nuevamente, otros hacen saltar partes dentro de una partitura y otros indican que se debe ir al final. Los siguientes son los símbolos de repetición más comunes:

Barras de repetición: funcionan como un paréntesis, encierran un número de compases en una partitura, número que puede variar entre uno o tantos compases como los que tenga la pieza musical. La sección que encierran debe repetirse una vez, si se debe repetir más se indica en la parte superior del compás.

Este símbolo consiste en una doble línea en donde la línea exterior es más gruesa y viene con dos puntos en la parte central.

Las casillas de repetición: es posible repetir la misma sección varias veces, pero qué sucede si se desea que en cada repetición el final sea diferente, es aquí donde entran a funcionar las casillas de repetición.

Estas casillas son un complemento a las barras de repetición y permiten cambiar los últimos compases de cada repetición cuantas veces sea necesario, no existe un límite en cuanto a la cantidad de compases que pueden abarcar, se pueden encontrar partituras donde la casilla puede ser una página completa de la partitura o casos donde abarca apenas un compás.

En este ejemplo se deben tocar:

Compases 1 y 2,
Luego, 1, 2 y 3,
Luego, 1, 2 y 4,
Luego, 1,2 y 5 dos veces,
Finalmente, compases 1, 2 y 6.

Así como se pueden encontrar símbolos para secciones específicas de compases, se van a encontrar algunos que llevan a diferentes partes de la partitura; por ejemplo, al inicio, al final o a una sección en especial como el coro o verso de la canción. A continuación, se verá el funcionamiento de estos símbolos.

Da capo: el símbolo Da capo se representa de la siguiente forma: D.C.

Este símbolo puede aparecer en cualquier parte de la partitura e indica que se debe volver al inicio, que la pieza vuelve a comenzar. Es un término italiano que significa "a la cabeza".

Coda: este símbolo se representa de la siguiente forma:

Este símbolo puede aparecer en cualquier parte de la partitura que se esté interpretando, su función es la de enviar al intérprete al final de la pieza musical.

Cuando se habla de final se refiere a la última sección, puede ser el último coro, el último minuto o si se trata de una sinfonía puede constituir los últimos 5 minutos de una pieza musical. En realidad no tiene un límite en cuanto al espacio que puede abarcar.

Coda es una palabra italiana que se traduce como "cola".

Segno: este símbolo se representa de la siguiente forma:

Este símbolo puede aparecer en cualquier parte de una partitura, lleva a sitios específicos, puede regresar a un coro, un verso o cualquier parte, también puede mover al intérprete hacia adelante. Es común encontrarlo después de un *Da capo* para saltar secciones que no se quieran repetir.

A diferencia de los símbolos anteriores, este puede encontrarse varias veces en una partitura, la primera vez aparecerá solo, la segunda aparece dos veces una al lado de la otra y así sucesivamente.

Repetición del compás anterior: este símbolo se representa de la siguiente forma: %.

Este símbolo indica que se debe repetir lo que aparece en el compás anterior, es común encontrarlo en los cifrados de acordes, se usa para evitar escribir la misma nota varias veces:

| C | C | C | C |

Se escribe de la siguiente forma:

| C | % | % | % |

El siguiente ejemplo muestra la aplicación de estos símbolos:

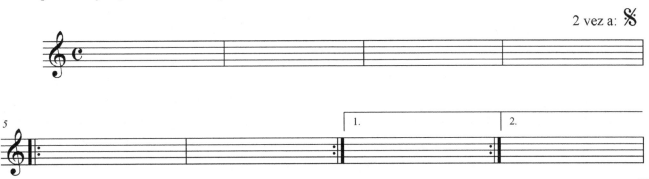

2 vez a:

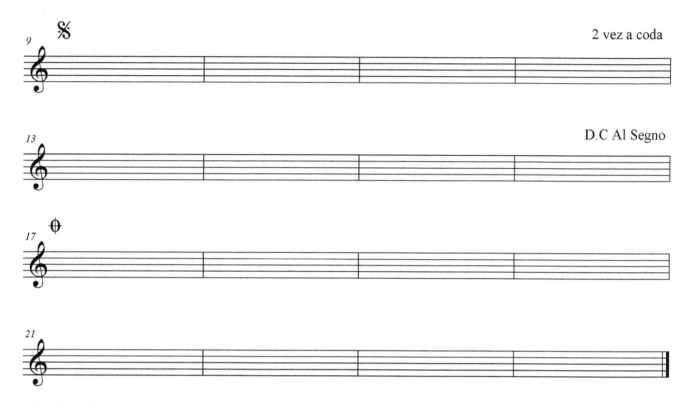

Explicación de lectura del ejemplo anterior:

Leer los compases 1 al 4.
Repetir los compases 5 y 6.
Compases 5, 6 y 7.
Compases 5, 6 y 8.
Leer los compases 9 a 16.
El signo D.C. manda al inicio de la partitura y se leen los compases 1 a 4, El *segno* envía al compás 9 y se lee hasta el 12.
El signo coda envía al final de la partitura; se leen los compases 17 a 24.

Este ejemplo sin los símbolos de repetición fácilmente puede ocupar tres páginas.

La sincopa

Es una acentuación de tipo rítmico, sl ser usada se enfatizan notas que se encuentran en tiempos débiles; de esta forma, se consigue la ruptura de la linealidad dentro de la música.

La sincopa se caracteriza por colocar notas en medio de los pulsos principales, lo que se conoce como contratiempo, una forma común de encontrarlas es tener una nota rodeada por dos notas de un valor inferior. A continuación, se pueden ver algunos ejemplos:

Los ejercicios de esta lección incluyen sincopas, se va a continuar con el estudio de los acordes de primera posición, en este caso, los acordes de tipo menor:

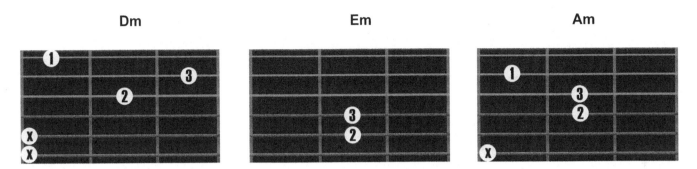

Ejercicio 33

En este primer ejercicio se tiene una sincopa ubicada al principio del compás acompañada de dos negras, está construido sobre un compás de 4/4. Es importante vigilar los ataques de la mano derecha.

Se deben evitar los espacios entre acordes cuando se hace el cambio, este siempre debe realizarse al iniciar el compás.

Secuencia de acordes: Am   G

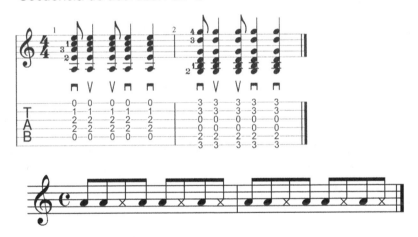

Ejercicio 34

En este segundo ejercicio se tiene una sincopa ubicada al principio del compás acompañada de una negra y de dos corcheas, está construido sobre un compás de 4/4. Es importante vigilar los ataques de la mano derecha.

Este ejercicio constituye una variación del ejercicio anterior, como se mencionó en otra lección es posible tocar la última corchea al aire para facilitar el cambio.

Secuencia de acordes: Em   D

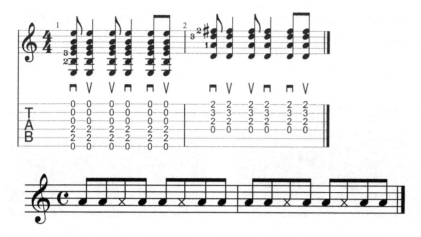

Ejercicio 35

En este tercer ejercicio se tiene una sincopa ubicada en la segunda parte del compás acompañada de una negra, está construido sobre un compás de 3/4. Se deben vigilar los ataques de nuestra mano derecha.

En los compases ternarios resulta útil contar los tiempos mientras se interpreta, de esta forma, se evita añadir uno de más para buscar los cuatro.

Secuencia de acordes: C Am

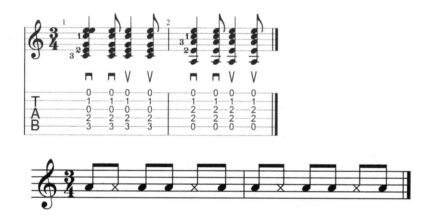

Este ejercicio se presta para confusiones, puesto que la sincopa se encuentra sobre los tiempos débiles del compás realizando acentuaciones; la dirección de los ataques de la mano derecha es algo que puede ayudar a mantener la fluidez y a conseguir una mayor musicalidad en el ejercicio.

Ejercicio 36

En este cuarto ejercicio se tiene una sincopa ubicada en la primera parte del compás acompañada de dos corcheas, está construido sobre un compás de 3/4, como se ha discutido anteriormente, es útil mantener la fluidez de movimientos en la mano derecha.

Se deben evitar los espacios entre acordes al momento de hacer el cambio, este siempre debe realizarse al iniciar el compás.

Secuencia de acordes: Am Dm

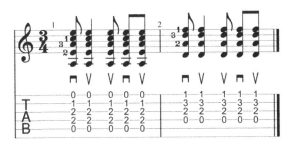

La ligadura de prolongación

Con las notas que se tienen actualmente se pueden lograr una gran variedad de combinaciones y de ritmos; sin embargo, qué sucede cuando la duración de las notas disponibles no es suficiente para lograr lo deseado.

En la música existen dos símbolos que aumentan la duración de las notas, de esta forma ayudan a conseguir duraciones irregulares; se podrán encontrar notas que duren tres tiempos, tiempo y medio o cualquier combinación que se esté buscando.

Al primer símbolo a estudiar se le conoce como ligadura de prolongación, este símbolo suma el valor de las notas convirtiéndolas en una sola. A continuación, se exponen algunos ejemplos:

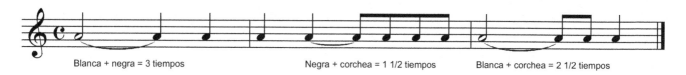

Un uso muy frecuente de la ligadura de prolongación es cuando se debe pasar de un compás a otro. Es común encontrar notas ligadas entre compases:

Muchas veces se presentan confusiones, puesto que existe otro tipo de ligadura, cuando esta abarca una gran cantidad de notas y estas son diferentes las unas de las otras se tiene una ligadura de fraseo, esta indica que no se debe dejar espacio entre las notas, que todo debe sonar "ligado"; también se usa para indicar a los cantantes donde deben respirar. A continuación, se encuentra un ejemplo de una ligadura de fraseo:

En los ejercicios de esta lección se continuará el estudio del ritmo realizando patrones que incluyan ligaduras. Resulta útil interpretar el ritmo SIN la ligadura antes de proceder a implementarla, de esta forma se podrá identificar la diferencia que existe entre los dos patrones de ritmo.

Ejercicio 37

En este ejercicio se tiene una sincopa ubicada en la parte interna del compás, se crea al tener las dos corcheas ligadas, está construido sobre un compás de 4/4. Es importante vigilar los ataques de la mano derecha y, en este caso, se recomienda tocar el ejercicio sin la ligadura antes de proceder a la aplicación de este recurso.

Se deben evitar los espacios entre acordes cuando se haga el cambio, pues este siempre debe hacerse cuando se vuelva a iniciar el compás.

Secuencia de acordes: E Am

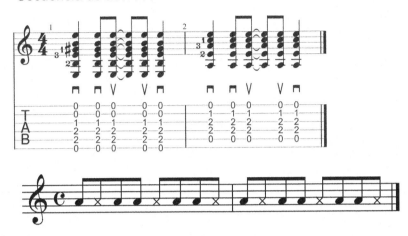

Ejercicio 38

En este ejercicio se vuelve a encontrar una sincopa ubicada en la parte interna del compás, que se crea al tener las dos corcheas ligadas, está construido sobre un compás de 4/4. Nuevamente se recomienda tocar el ejercicio sin la ligadura antes de proceder a la aplicación de este recurso.

Se deben evitar los espacios entre acordes cuando se haga el cambio, ya que este siempre debe hacerse cuando se vuelva a iniciar el compás.

Secuencia de acordes: E A

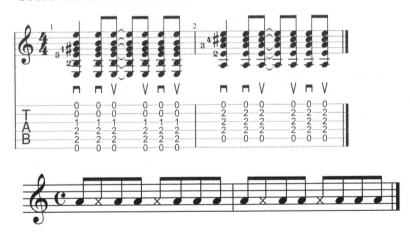

Ejercicio 39

En este ejercicio se tiene una ligadura de negra y corchea. Se debe prestar atención al ataque ascendente que se realizará en la corchea después de la ligadura.

Se deben evitar los espacios entre acordes cuando se haga el cambio. Este siempre debe hacerse cuando se vuelva a iniciar el compás.

Secuencia de acordes: D G

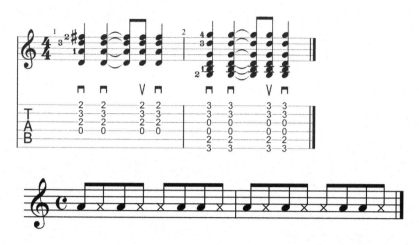

Ejercicio 40

En este ejercicio se tiene una ligadura de negra y corchea. Se debe prestar atención al ataque ascendente que se realizará después de la ligadura.

Secuencia de acordes: Dm   A

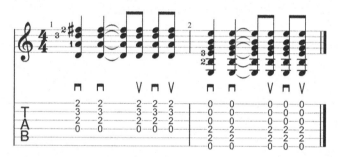

El puntillo

Así como la ligadura ayuda a unir las notas, existe un segundo símbolo que permite prolongar su duración, el puntillo es un símbolo que aumenta la duración de una nota sumando la mitad de su valor. Con esto se pueden conseguir notas con duraciones de tres tiempos o tiempo y medio escribiendo únicamente una nota.

La siguiente tabla muestra cómo se afectan las duraciones de las notas cuando se usa puntillo.

Tabla de valores con puntillo

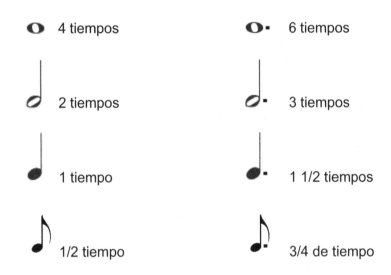

Cuándo se debe usar una ligadura o un puntillo

Aunque los dos símbolos ayudan a aumentar el valor de una nota existen situaciones en donde es preferible usar uno u otro, la situación más común se presenta en los compases de 4/4. Para facilitar la lectura de una pieza musical siempre se recomienda que exista una nota en los tiempos uno y tres, los tiempos fuertes del compás. A continuación, se encuentran algunos ejemplos:

Se ve que en algunos casos es preferible usar ligaduras o puntillos para lograr la escritura correcta de una pieza musical. Muchas veces se tendrán que ligar corcheas para conseguir duraciones equivalentes a una negra; sin embargo, es la ligadura la que ayuda a conseguir la escritura correcta del ritmo.

A continuación, se encuentran algunos ejemplos donde se compara un ejercicio escrito de forma correcta con uno que no lo está:

Incorrecto   Correcto   Incorrecto   Correcto   Incorrecto   Correcto

En los siguientes ejercicios se verán algunos patrones de ritmo donde se implementen los puntillos; adicionalmente, se comenzarán a interpretar secuencias de acordes más largas usando cuatro acordes diferentes.

Ejercicio 41

En este ejercicio se tiene una figura muy común, la negra con puntillo la cual usualmente va acompañada de una corchea.

En este caso, se debe vigilar el ataque ascendente que se realiza después de la negra con puntillo, también se debe buscar un movimiento fluido en la mano derecha.

Secuencia de acordes: G Em Am D

Ejercicio 42

En este ejercicio se tiene una variación del anterior, en este caso se aplican corcheas.

Secuencia de acordes: C Am Dm G

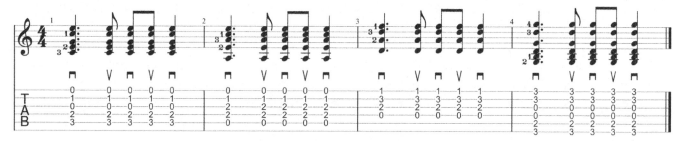

Ejercicio 43

En este ejercicio se tiene una combinación de ligaduras y puntillos sobre un compás de 3/4. Se deben vigilar los ataques de la mano derecha para evitar errores.

Se deben evitar los espacios y pausas al momento de cambiar de un acorde a otro, es preferible siempre tocar lento y constante.

Secuencia de acordes: D Em G A

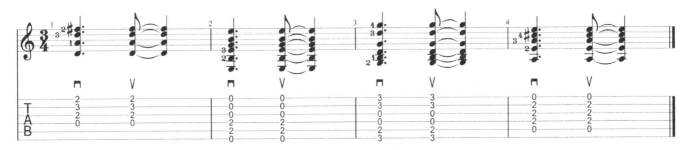

Ejercicio 44

En este ejercicio se tiene una combinación de puntillos y corcheas sobre un compás de 3/4. Se deben vigilar los ataques de la mano derecha, ya que esto ayuda a ganar fluidez.

Con los compases de 3/4 se debe vigilar el tercer tiempo, contar los pulsos si es necesario, ya que es posible que el estudiante intente pasar el ejercicio a 4/4.

Secuencia de acordes: E D Dm A

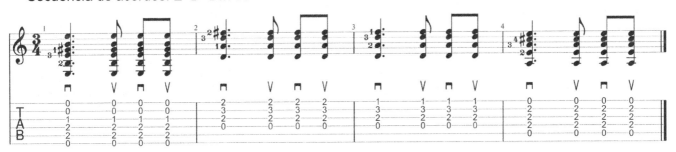

9 Los acordes dominantes

La música se mueve en dos polos: tensión y equilibrio, en una canción, el acorde principal es el que genera una sensación de equilibrio, es donde reposa la canción y donde usualmente, se encuentran pausas; este acorde es fácil de identificar, puesto que generalmente es en él donde termina la canción o pieza musical. Estos acordes de equilibrio generalmente se conocen por el nombre de tónicas.

Para comprender mejor este concepto de equilibrio invito al estudiante a interpretar la siguiente progresión armónica alrededor de cuatro veces:

C Dm Am G

Ahora invito al estudiante a tocar la progresión un par de veces más y a realizar un final tocando cada uno de los acordes de la progresión de la siguiente forma:

C Dm Am G repetir dos veces y terminar en Dm.
C Dm Am G repetir dos veces y terminar en Am.
C Dm Am G repetir dos veces y terminar en G.
C Dm Am G repetir dos veces y terminar en C.

Uno de estos acordes al ser usado como acorde final de la progresión genera una sensación clara de final. Si después de realizar el ejercicio usted piensa que el acorde que genera una mayor sensación de final es el acorde de C, ya ha descubierto a qué se refiere la palabra equilibrio en música.

Así como se tiene un acorde que genera equilibrio dentro de la escala, existe otro acorde cuya función es completamente opuesta, su trabajo es generar toda la tensión posible para que el punto de equilibrio sea más evidente.

En cualquier escala, sea esta mayor o menor, el acorde que más tensión genera es el de quinto grado y se convierte en el segundo acorde en importancia dentro de la escala:

C D E F **G** A B C
1   **5**

Los acordes de C y G son los más importantes, siendo C el primer grado de la escala y G el quinto. Al acorde que se genera sobre el quinto grado se le conoce también como dominante y es esta relación entre tónica y dominante el fundamento de muchas piezas musicales que se pueden escuchar a diario en la radio comercial.

Existe una forma para lograr que el acorde dominante genere aún más tensión y esa es la de convertirlo en 7, al cambiar el acorde de quinto grado y convertirlo en 7 sera más efectivo, ya que acentúa la función del quinto grado de la escala.

Los acordes dominantes suelen estudiarse junto con su primer grado, al ser un cambio común entre acordes es indispensable dominarlo.

A continuación, se encuentra la digitación de los tres primeros acordes dominantes que se verán en el curso:

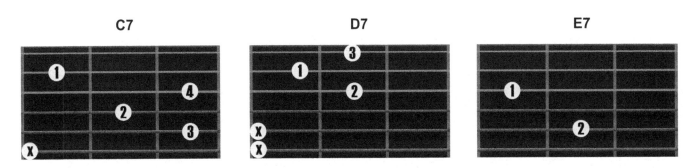

C7   D7   E7

Los acordes dominantes funcionan de igual forma para tono mayor y para tono menor, razón por la cual se pueden estudiar los siguientes cambios de acorde:

Progresiones para estudiar:

C7   F   C7   Fm
D7   G   D7   Gm
A7   D   E7   Am

Los acordes faltantes como Fm y Gm se aprenderán en la última lección doce.

En los ejercicios de esta lección se continúa trabajando el aspecto rítmico, aplicando ligaduras y puntillos. Adicionalmente, se tendrán progresiones de cuatro acordes que incluyen acordes de tipo dominante.

Vale la pena recordar que todo el patrón de ritmo se aplica para cada acorde.

Ejercicio 45

En este ejercicio se tiene una combinación de negras, corcheas y ligaduras sobre un compás de 4/4, se van a aplicar acordes de tipo dominante y es importante vigilar los ataques de la mano derecha para lograr continuidad.

Secuencia de acordes: Em Am D7 G

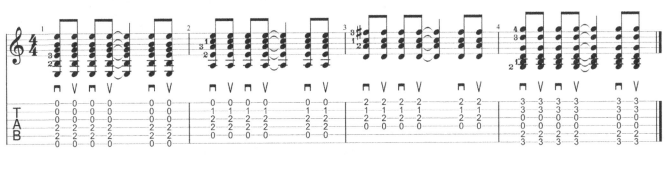

Ejercicio 46

En este ejercicio se tiene una combinación de negras, corcheas y ligaduras sobre un compás de 4/4, se van a aplicar acordes de tipo dominante sobre tono menor. Como se podrá escuchar el efecto del acorde dominante es igual sin importar si el acorde de resolución es mayor o menor.

Secuencia de acordes: Dm C E7 Am

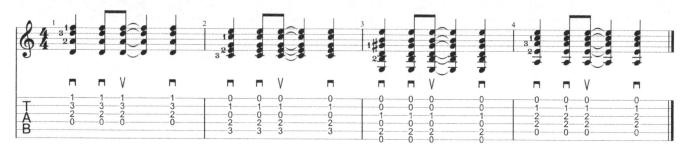

Ejercicio 47

En este ejercicio se tiene una combinación de negras, corcheas y ligaduras sobre un compás de 3/4, se van a aplicar acordes de tipo dominante sobre tono menor. Es importante vigilar los ataques de la mano derecha.

Como se verá más adelante, en el segundo y tercer nivel de este curso, la escala menor tiene dos posibilidades para el uso del acorde dominante: la primera como se ha venido explicando es sobre el quinto grado de la escala, la segunda es sobre el séptimo. Este acorde es muy común dentro de la escala mayor a modo de préstamo modal.

En este ejercicio, el dominante aplica sobre el séptimo grado de la escala, por esa razón no se encuentra una relación de quinto primero.

Secuencia de acordes: Am C C7 Dm

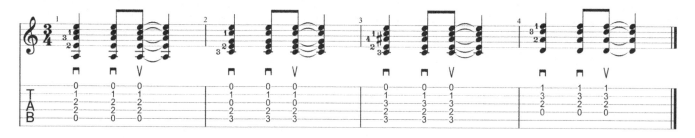

Este acorde dominante sobre el séptimo grado es frecuente en la música de artistas como Alejandro Sanz y Carlos Vives.

Ejercicio 48

En este ejercicio se tiene una combinación de negras, corcheas y ligaduras sobre un compás de 3/4, se van a aplicar acordes de tipo dominante sobre tono mayor. Es importante vigilar los ataques de la mano derecha.

Secuencia de acordes: D Dm E7 A

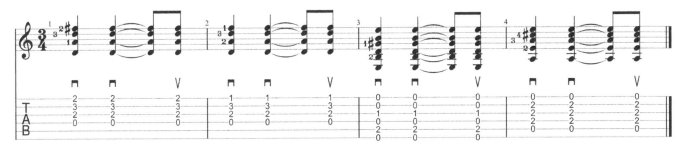

Los silencios

El silencio es tan importante como el sonido dentro de la música, muchas veces cuando se toca a nivel de banda se pueden manejar dinámicas al hacer que entren y salgan instrumentos, también se pueden generar cortes o pausas que pueden dar vida a una obra. En bastantes ocasiones son esas pequeñas pausas las que hacen la diferencia y le dan personalidad a un estilo musical.

Así como normalmente se usan símbolos para mostrar la duración de los sonidos, existen otros para indicar la duración de los silencios:

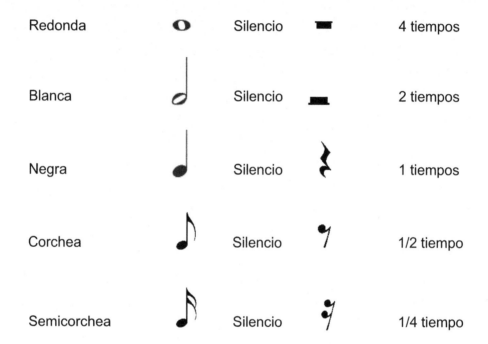

Redonda	⊙	Silencio ▬	4 tiempos
Blanca	♩	Silencio ▬	2 tiempos
Negra	♩	Silencio 𝄽	1 tiempos
Corchea	♪	Silencio 𝄾	1/2 tiempo
Semicorchea	♬	Silencio 𝄿	1/4 tiempo

Cómo ejecutar un silencio en la guitarra

Para ejecutar correctamente un silencio en la guitarra se debe tener presente que el instrumento se debe silenciar por completo; hacer un silencio consiste en apagar el sonido de la guitarra evitando sonidos percutidos o de cuerdas que pueden mantener la vibración.

Para esto se usan dos técnicas diferentes, una para cada mano:

Mano derecha: se puede usar la palma de la mano para apagar el sonido de la guitarra, si se usa plumilla se puede usar el borde de la mano o la zona de los metacarpos para apagar el sonido.

Mano izquierda: con esta mano es un poco más difícil controlar el sonido, para apagar se debe levantar la mano, pero sin dejar de tocar las cuerdas con los dedos. Al levantar la mano se va a reducir la vibración de las cuerdas minimizando su sonido.

En estilos como el de guitarra *funk* que se explicará en el tercer nivel de este curso, se manejan las dos técnicas simultáneamente.

A continuación, se encuentran las digitaciones de los tres acordes dominantes restantes:

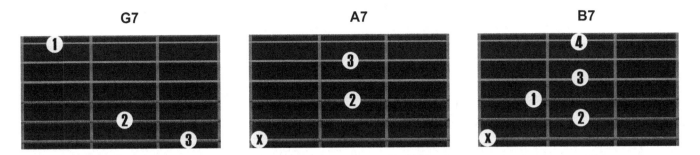

En los ejercicios de esta lección se van a aplicar los conceptos y acordes vistos. En esta ocasión se sumarán los silencios al trabajo de ritmo.

Ejercicio 49

En este ejercicio se tiene una combinación de ligaduras y silencios sobre un compás de 4/4. Usualmente, el silencio de corchea aparece sobre el pulso, por esta razón, el siguiente ataque debe ser ascendente.

Se deben evitar las pausas en los cambios entre acordes, cada vez que entre un nuevo acorde este debe hacerse al iniciar el compás.

Secuencia de acordes: Em Am G7 C

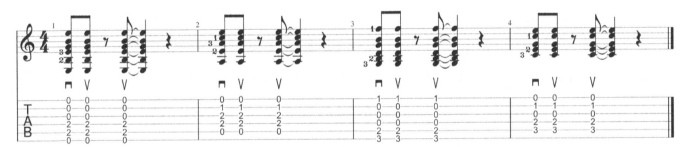

Ejercicio 50

En este ejercicio se tiene una combinación de ligaduras y silencios sobre un compás de 4/4.

Secuencia de acordes: Em G A7 D

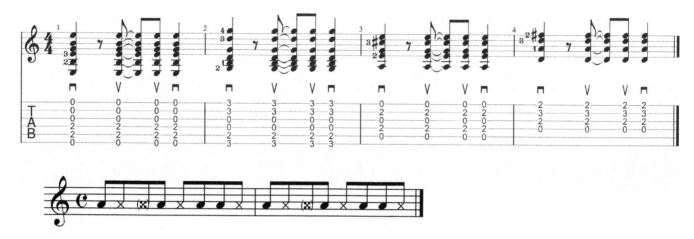

Ejercicio 51

En este ejercicio se tiene una combinación de corcheas y silencios sobre un compás de 3/4.

Secuencia de acordes: C D B7 Em

Ejercicio 52

En este ejercicio se tiene una combinación de corcheas y silencios sobre un compás de 3/4, se debe vigilar el ataque ascendente luego del silencio de corchea.

Secuencia de acordes: C Am A7 Dm

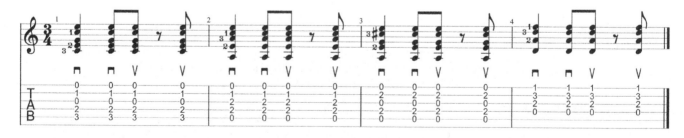

El blues

Para cerrar el aprendizaje de los acordes dominantes se explicará el funcionamiento del *blues*. Este estilo musical tiene dos características importantes, usualmente, se construye sobre una forma de doce compases que se repite indefinidamente.

La segunda característica de este estilo musical es que usa de forma exclusiva acordes de tipo dominante, gracias a esto se convierte en un excelente recurso para el estudio de estos acordes.

Forma *blues*:

La forma *blues* se crea a partir de doce compases, en estos, los acordes son distribuidos de la siguiente manera:

```
|    I7    |    IV7   |    I7    |    %     |
|    IV7   |    %     |    I7    |    %     |
|    V7    |    IV7   |    I7    |    %     |
```

Este ejemplo está cifrado en números, si se desea pasar la forma a algún tono se debe hacer lo siguiente:

1. El *blues* usa los siguientes acordes dentro de la escala: I IV V.
2. Si se está en D, por citar un ejemplo, esos acordes serían: D, que es el primer grado de la escala, G, que es el cuarto grado y A, que es el quinto.

Una vez definidos los acordes se procede a remplazar:

```
|    D7    |    G7    |    D7    |    %     |
|    G7    |    %     |    D7    |    %     |
|    A7    |    G7    |    D7    |    %     |
```

En este caso se ve un ejemplo de esta forma sobre la nota D. Con los acordes que se han estudiado hasta el momento es posible tocar la forma *blues* en los siguientes tonos.

***Blues* en E**

```
|    E7    |    A7    |    E7    |    %     |
|    A7    |    %     |    E7    |    %     |
|    B7    |    A7    |    E7    |    %     |
```

***Blues* en G**

```
|    G7    |    C7    |    G7    |    %     |
|    C7    |    %     |    G7    |    %     |
|    D7    |    C7    |    G7    |    %     |
```

Blues en A

	A7		D7		A7		%	
	D7		%		A7		%	
	E7		D7		A7		%	

El estudio de la forma *blues* en las diferentes tonalidades ayudará a dominar las digitaciones de los acordes dominantes. Adicionalmente, el *blues* es uno de los estilos musicales más sencillos y divertidos para interpretar.

Un recurso que se puede encontrar fácilmente en Internet son las pistas de práctica para el *blues* en diferentes tonos, en *Youtube,* por ejemplo, se puede escribir en el buscador: *"Blues Backing track C"*, siendo C la tonalidad que se desea practicar y se encontrarán pistas de 3 a 5 minutos para practicar los cambios entre acordes y posteriormente, la improvisación.

Bajo principal y secundario de un acorde

Todos los acordes tienen una nota principal, esta nota no solo le da su nombre, también da su ubicación dentro del instrumento; por lo general, esta nota se va a encontrar en el bajo del acorde y se le conoce como el bajo principal.

En algunos estilos musicales como la ranchera, la *bossa nova* y el bolero es común escuchar que el acorde maneja dos bajos diferentes, este segundo bajo o bajo secundario del acorde es generalmente la quinta nota desde el bajo principal, tal y como se ve en el siguiente ejemplo:

En un acorde de G mayor el bajo principal es la nota G, el bajo secundario es la quinta nota a partir de G:

G A B C D.

Es común encontrar que este bajo secundario se va alternando con el bajo principal generando un movimiento melódico en los bajos de la pieza musical que se esté interpretando.

En algunos casos, como se verá más adelante, el bajo secundario puede encontrarse incluido entre las notas que se están pisando del acorde, puede ser una cuerda al aire o en algunos casos se debe añadir dentro de la digitación.

A continuación, se encuentran los acordes que se han venido trabajando hasta el momento con sus bajos secundarios.

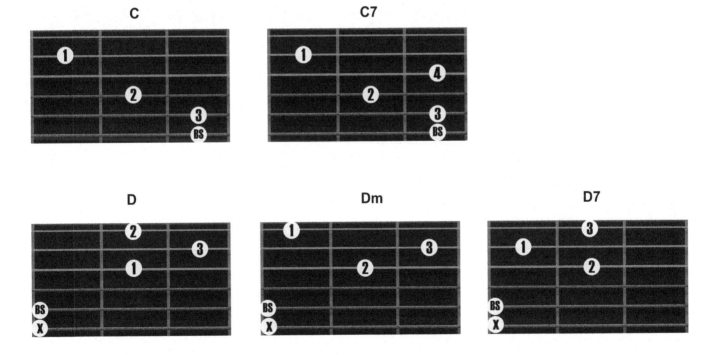

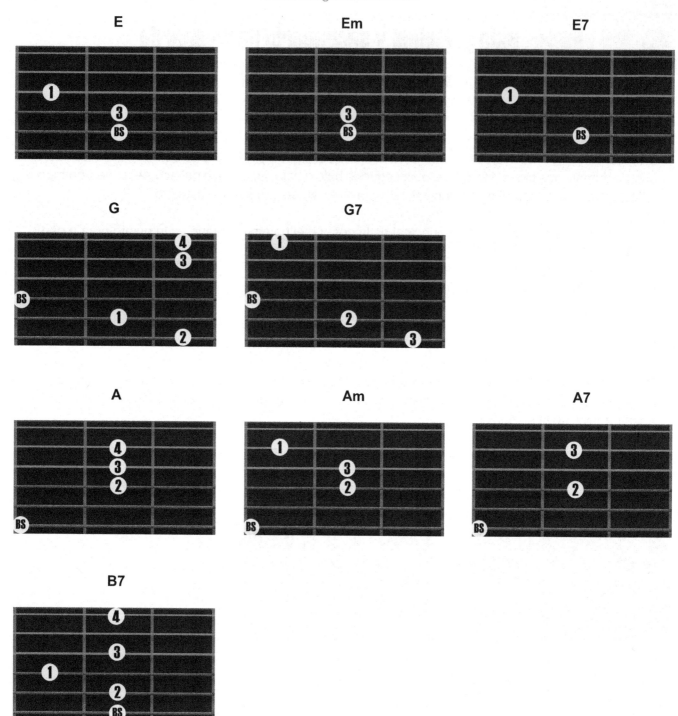

Se puede notar que para los acordes construidos sobre una misma nota, por ejemplo D, Dm y D7 el bajo secundario siempre es el mismo, esto sucede con todos los acordes vistos hasta ahora.

Los arpegios

En música, el término arpegio se refiere a la posibilidad de interpretar un acorde de forma melódica; en este caso, podría entenderse como tocar los acordes cuerda por cuerda.

Los arpegios constituyen un excelente recurso para dar variedad a los acompañamientos, pueden usarse para generar dinámicas haciendo pasajes suaves y combinarlos con pasajes rítmicos en donde el sonido puede ser un poco más fuerte.

Algunas canciones se interpretan completamente en arpegios, en algunos casos, cuando una banda tiene dos guitarras es común encontrar una haciendo arpegios, mientras la otra interpreta una parte rítmica.

Durante el desarrollo de este curso se ha venido trabajando únicamente el aspecto rítmico del instrumento, esto ha llevado a tener una posición libre en la mano derecha y el estudio se ha enfocado en la dirección de los ataques que se realizan con la mano para poder mantener el ritmo.

A partir de este momento se debe interpretar la guitarra usando una posición apoyada de la mano derecha, para esto se debe colorar el pulgar sobre la sexta cuerda o al final del diapasón de la guitarra.

Este apoyo en la mano permitirá ser precisos a la hora de atacar las cuerdas, si se realizan los arpegios con la mano alzada es probable que se cometan errores cuando sea necesario cambiar de una cuerda a otra o se presenten saltos.

En este punto, vale la pena repasar los ejercicios 1 y 2 de este libro, en donde se hizo un reconocimiento de las cuerdas para ayudar a la mano a ubicarlas fácilmente.

Cómo crear arpegios:

Para crear arpegios se deben tener en cuenta algunos aspectos:

1. Se debe tener claro cuáles son los bajos del acorde, el arpegio iniciará con el bajo principal y posiblemente alterne con el secundario.
2. Se debe mantener una misma idea cuando se cambia de un acorde a otro, esto ayuda a dar uniformidad al arpegio.
3. Se debe mantener dentro de lo posible el mismo grupo de cuerdas para todos los acordes.

Con estos tres elementos se pueden crear arpegios que ayuden a dar unidad a la interpretación. A continuación, se muestran algunos ejemplos:

En los siguientes ejercicios se verán algunos ejemplos de arpegios que están diseñados no solo para funcionar como ejercicios, sino para ser aplicados en la interpretación.

Ejercicio 53

En este ejercicio se encuentra un arpegio de ocho notas que alterna los bajos principal y secundario de cada acorde involucrado en la progresión.

Se puede observar que aun cuando la progresión maneja acordes de sexta, quinta y cuarta cuerdas, las notas altas de los acordes siempre son las mismas.

Secuencia de acordes: C Am Dm G

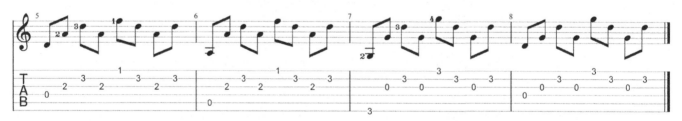

Ejercicio 54

En este ejercicio se muestra un arpegio de ocho notas que alterna los bajos principal y secundario de cada acorde involucrado en la progresión, maneja un movimiento ascendente y descendente.

Secuencia de acordes: E D Dm A

Ejercicio 55

En este ejercicio se encuentra un arpegio de 8 notas que alterna los bajos principal y secundario de cada acorde involucrado en la progresión.

Se puede observar que aun cuando la progresión maneja acordes de sexta, quinta y cuarta cuerdas, las notas altas de los acordes siempre son las mismas, trabaja un movimiento de tipo ascendente y suma saltos de cuerda.

Secuencia de acordes: Em Am D7 G

Ejercicio 56

En este ejercicio se encuentra un arpegio de 8 notas que alterna los bajos principal y secundario de cada acorde involucrado en la progresión.

Este arpegio incluye saltos de cuerda y movimientos tanto ascendentes como descendentes. Para esto es importante tener claro el apoyo de la mano derecha sobre la sexta cuerda o diapasón.

Secuencia de acordes: Em G A7 D

Los acordes con cejilla

Un acorde tiene dos características importantes: la primera es la nota desde la que se origina, esta es la que le da su nombre; la segunda es el tipo, este puede ser mayor, menor, aumentado, disminuido, etc.

Todos los acordes que se han aprendido hasta ahora se denominan acordes de posición fija, la razón es que para conservar sus dos características solo pueden ejecutarse con la digitación y el sitio visto; hasta ahora todos los acordes estudiados se ubican en los primeros tres trastes del instrumento.

En la guitarra se tiene la posibilidad de ejecutar acordes de posición móvil, estos acordes se conocen como cejillas y permiten realizar acordes por todo el instrumento conservando una de las dos características, el tipo.

Cuando se ejecuta un acorde con cejilla este siempre va a mantener su tipo, va a ser mayor o menor dependiendo de la digitación que se esté usando. Lo único que realmente varía es el sitio donde se ejecuta el acorde y la cuerda desde donde se realiza.

Los acordes se dividen en tres grupos: los de raíz en sexta, raíz en quinta y raíz en cuarta cuerda. El término raíz se refiere a la cuerda desde la cual se está ejecutando el acorde, si se miran los acordes de posición fija se tendrá que los acordes de E y G son de sexta cuerda, los de C, A y B son de quinta cuerda y el de D es de cuarta cuerda.

Las posiciones móviles son comunes y permiten ejecutar una gran cantidad de tipos de acordes por toda la guitarra. Nuevamente se debe insistir en la ubicación de las notas, esto es fundamental para poder explotar de una forma más efectiva el instrumento, tanto a nivel de acompañamiento como de improvisación.

Antes de continuar con los acordes con cejilla se debe a retomar el diagrama de ubicación de la lección 3.

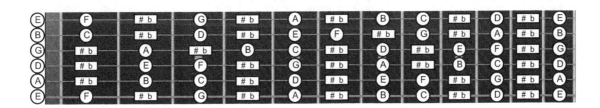

Como se verá más adelante esto es importante, puesto que la nota desde donde se construya cada acorde le dará su nombre.

Ahora se verán las digitaciones para tres tipos de acorde en su posición móvil: acordes mayores, menores y 7 en sus tres raíces, sexta, quinta y cuarta cuerda.

Raíz en sexta cuerda

Raíz en quinta cuerda

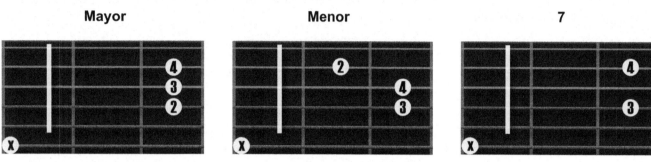

Raíz en cuarta cuerda

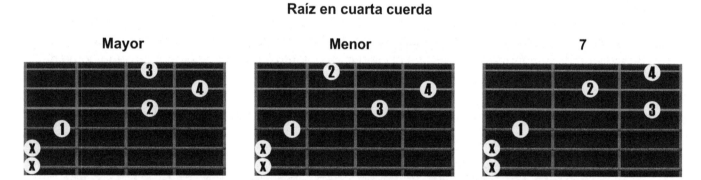

Cada una de estas posiciones puede hacerse sobre su cuerda correspondiente, sobre cualquier traste y siempre dará el mismo tipo de acorde, sea este mayor, menor o 7.

Se tomará como ejemplo la posición de acorde mayor para la quinta cuerda, si se construye un acorde mayor sobre el cuarto traste se encontrará un acorde de C#; si se coloca esta misma posición sobre la quinta cuerda, pero en el traste 9 se encontrará un acorde de F#.

Se podrá ejecutar el mismo acorde en la sexta, quinta y cuarta cuerda, si es posible también en primera posición, razón por la cual un acorde se multiplica y da nuevas posibilidades para interpretar una pieza musical.

Vale la pena recordar que si en una partitura o en un cifrado se pide la nota C, se puede hacer el C de primera posición, el de la sexta cuerda octavo traste, el de la quinta cuerda tercer traste o el de la cuarta cuerda décimo traste. Todas son posiciones correctas para el acorde pues aquí se debe tener en cuenta la nota, no el traste como tal.

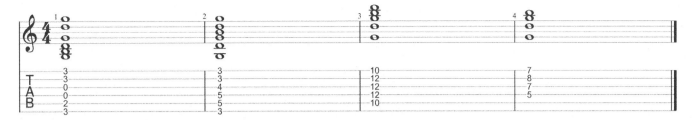

En este ejemplo se ve el mismo acorde de G ejecutado en cada una de sus raíces usando posiciones de tipo fija y móvil.

En los siguientes ejercicios se tendrán combinaciones de ritmo y arpegios, todas usando acordes con cejilla, los ejercicios pueden interrpetarse en diferentes partes de la guitarra, no solo las que se proponen.

Ejercicio 57

En este ejercicio se tiene una sincopa más una negra y dos corcheas, lo importante de esta práctica es ubicar los acordes con cejilla en la guitarra; luego, proceder a ejecutar la progresión de forma lenta.

Secuencia de acordes: Ab Fm Db Eb

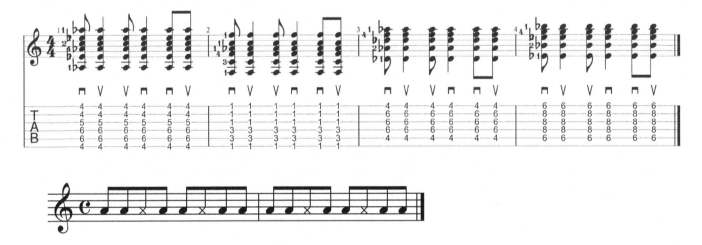

Ejercicio 58

En este ejercicio se tiene una combinación de negras, corcheas y ligaduras. En esta práctica existe la posibilidad de mezclar acordes con cejilla y acordes de primera posición.

Esto se debe ejecutar lentamente al inicio y se debe cuidar el sonido del acorde con cejilla. Al comienzo es normal que se pierdan notas.

Secuencia de acordes: C#m E A B

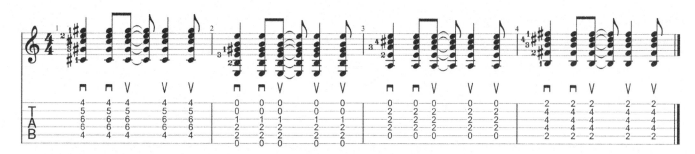

Ejercicio 59

En este ejercicio se tiene un arpegio en donde se mezclan acordes de primera posición con acordes con cejilla. Es indispensable cuidar el sonido de las cejillas, sobre todo hacia las cuerdas agudas y mantener la continuidad en los cambios; se recomienda tocar lento.

Secuencia de acordes: F#m D E A

Ejercicio 60

En este ejercicio se tiene un arpegio en donde se mezclan acordes de primera posición y acordes con cejilla. Es indispensable cuidar el sonido de estos últimos y también la continuidad en los cambios.

Secuencia de acordes: Bb C Cm F

La escala cromática

La escala cromática se forma al usar todas las notas del sistema musical, esto incluye las notas naturales y alteradas, es una escala compuesta por doce notas en total; todas las notas están separadas entre sí por medio tono y la nota principal para esta escala es aquella desde la cual se inicia.

Como recurso es una escala poco usada dentro de la improvisación. En técnica se usa mucho para desarrollar destreza y habilidad, puesto que obliga a usar los cuatro dedos de la mano izquierda.

Cómo usar la escala cromática

La escala cromática es usada para generar notas de paso, estas se crean cuando se tienen dos notas consecutivas separadas por un tono:

C D

En este caso se puede usar la nota C# para conectar las dos notas:

C C# D

Este movimiento puede hacerse de forma ascendente o descendente.

Otro uso común es implementarla de forma libre cuando se está realizando un solo o improvisación, siempre que se tenga un cambio en la armonía que acompaña, se debe hacer una pausa sobre las notas del acorde.

Al realizar una improvisación cromática, la forma más efectiva de mantenerse dentro de la tonalidad consiste en hacer sentir la armonía haciendo pausas o resaltando las notas de los acordes sobre los cuales se esté improvisando.

A continuación, se muestra una digitación para la escala cromática, como todas las digitaciones para guitarra puede hacerse desde cualquier traste y siempre se encontrará una escala de este tipo.

La escala cromática es usada habitualmente como ejercicio de calentamiento, ayuda a trabajar la independencia de los dedos y la posición de la mano izquierda; además, si se realizan ataques alternados en la mano derecha usando los dedos indice y medio, ayuda al desarrollo técnico.

A continuación, se van a usar diferentes variaciones de esta escala para trabajar disociación. Se van a realizar diferentes combinaciones de dedos buscando diferentes patrones melódicos, se han colocado 24 posibilidades: 6 iniciando con el dedo uno, 6 con el dedo dos, 6 con el dedo tres y 6 con el dedo cuatro.

Cada uno de estos ejercicios debe usarse como calentamiento y realizarse con metrónomo comenzando desde 60 BPM. Los ejercicios están en corcheas desde el 61 hasta el 72, del 73 al 84 los ejercicios están en semicorcheas.

Los siguientes ejercicios pueden realizarse por todo el instrumento, para esto, solo se debe avanzar un traste cada vez que se llegue a la sexta o a la primera cuerda.

Ejercicio 61

Ejercicio 62

Ejercicio 63

Ejercicio 64

Ejercicio 65

Ejercicio 66

Ejercicio 67

Ejercicio 68

Ejercicio 69

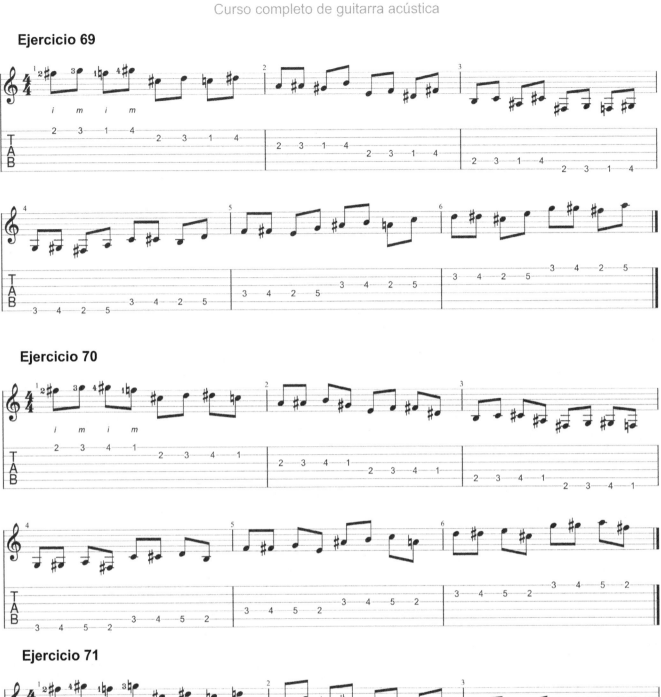

Ejercicio 70

Ejercicio 71

Ejercicio 72

Ejercicio 73

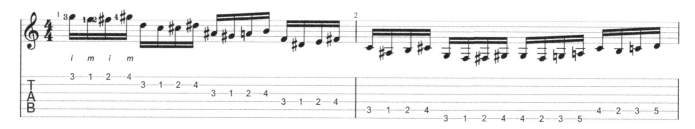

Ejercicio 74

Ejercicio 75

Ejercicio 76

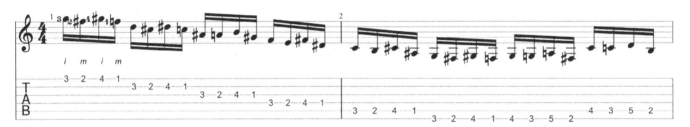

Ejercicio 77

Ejercicio 78

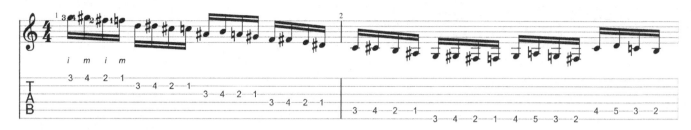

Ejercicio 79

Ejercicio 80

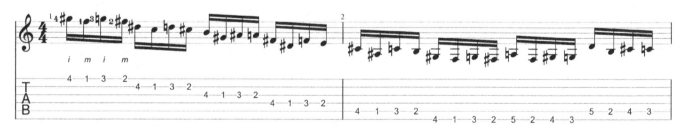

Ejercicio 81

Ejercicio 82

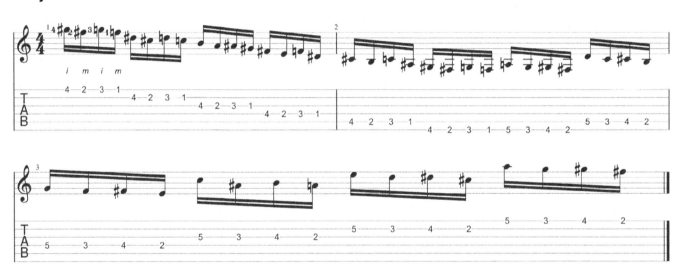

Ejercicio 83

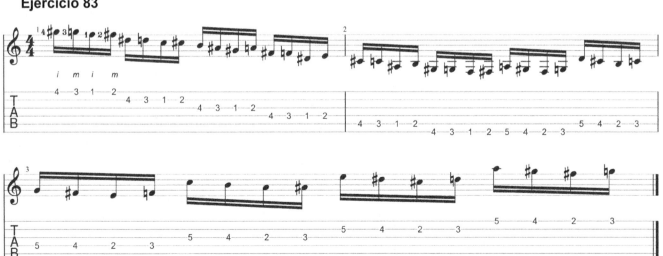

Ejercicio 84

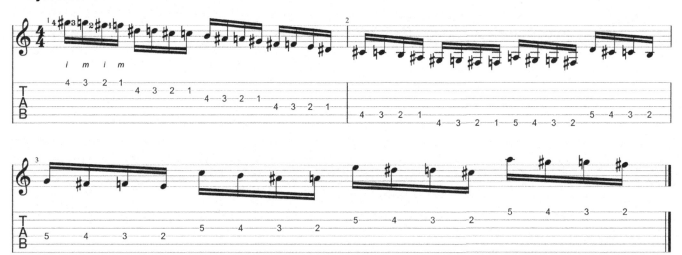

 # La escala mayor

Escala: el término escala en música se refiere a la manera como se organizan los tonos y los medios tonos; existen muchas formas en las que estos se pueden combinar y por esta razón, existen muchos tipos diferentes de escala: Mayor, Menor, Dórica, Frigia, etc.

Una escala es la forma en la que se organizan los sonidos, indica qué notas y qué acordes están disponibles.

Cuando se trabaja a nivel de banda, la escala es la misma para todos los instrumentos, si algún instrumento llega a tocar una nota que no pertenece a la escala, tiende a sonar por fuera de la agrupación o como algunas personas dicen "desafinado".

Cuando se identifica la tonalidad o escala principal de una canción es fácil realizar improvisaciones sobre esta, también se puede transportar la canción a un tono que sea más cómodo.

Es común encontrar canciones en donde se cambia de escala durante el desarrollo, a esto se le conoce comúnmente como modulación.

En una escala mayor, la organización de los tonos y los medios tonos es la siguiente:

T   T   m   T   T   T   m

Para que una escala sea mayor es indispensable que mantenga esta estructura. A continuación, se verá cómo funciona esto desde la nota C:

De C a D se tiene un tono.
```
C     D
   T
```

De D a E se tiene un tono.
```
C     D     E
   T     T
```

De E a F se tiene medio tono.
```
C     D     E     F
   T     T     m
```

De F a G se tiene un tono.
```
C     D     E     F     G
   T     T     m     T
```

De G a A se tiene un tono.
```
C     D     E     F     G     A
   T     T     m     T     T
```

De A a B se tiene un tono.

```
C     D     E     F     G     A     B
   T     T     m     T     T     T
```

Por último, de B a C se tiene ½ tono.

```
C     D     E     F     G     A     B     C
   T     T     m     T     T     T     m
```

Como se puede observar, esta escala cumple con la estructura mencionada anteriormente y por eso es una escala mayor, en este caso, al ser C la nota inicial se trata de una escala de C mayor.

La escala de C mayor que se acaba de explicar tiene como característica el hecho que no usa ningún tipo de alteración para cumplir con la regla, no es necesario usar # o b para conseguir la estructura, en las escalas que se construirán más adelante va a ser necesario el uso de alteraciones para conseguir la estructura de la escala mayor.

En la escala de D, por ejemplo, se deben usar dos sostenidos para lograr que sea una escala mayor:

En una escala de D se tiene:

```
D     E     F     G     A     B     C     D
   T     m     T     T     T     m     T
```

Es una estructura diferente la que se necesita, para lograr que esta escala sea mayor se deben realizar algunos ajustes:

Entre las notas E y F se necesita un tono, para eso se convierte el F a F#.

```
D     E     F#
   T     T
```

Entre las notas F# y G queda medio tono.

```
D     E     F#    G
   T     T     m
```

El otro ajuste debe realizarse entre las notas B y C en donde se tiene medio tono y se necesita uno, para eso también se convierte el C en C#, de esta forma se consigue que la escala de "D" se ajuste a la estructura de una escala mayor:

```
D     E     F#    G     A     B     C#    D
   T     T     m     T     T     T     m
```

Las escalas mayores con sostenidos pueden encontrarse usando un truco muy sencillo, si se inicia desde la nota C y se cuentan cinco notas adelante se van a encontrar la escala de G mayor, esta usa solo una alteración.

Si se repite este procedimiento, pero ahora desde la nota G se llegará a la nota D, esta escala solo usa dos alteraciones, si se repite este procedimiento se van a encontrar todas las escalas mayores con sostenidos y las alteraciones irán apareciendo de una en una.

Orden escalas con sostenidos:

Escala:	C	G	D	A	E	B	F#	C#
Alteraciones:	0	1	2	3	4	5	6	7

A continuación, se encuentran las diferentes escalas mayores con sostenidos:

G	A	B	C	D	E	F#	G
D	E	F#	G	A	B	C#	D
A	B	C#	D	E	F#	G#	A
E	F#	G#	A	B	C#	D#	E
B	C#	D#	E	F#	G#	A#	B
F#	G#	A#	B	C#	D#	E#	F#
C#	D#	E#	F#	G#	A#	B#	C#

Se puede encontrar que el patrón de cinco notas se repite en las alteraciones. La primera alteración que aparece es F#, esta aparece en la escala de G mayor; al ir por intervalos de quinta se van a encontrar las alteraciones y el orden en el que aparecen:

Orden alteraciones

F#   C#   G#   D#   A#   E#   B#

Las escalas con bemoles

Como se puede observar en la tabla de escalas faltan algunas notas. No se tiene escala para la nota F o para la nota D# por citar un par de ejemplos, la razón es que estas escalas no usan sostenidos, deben construirse usando bemoles.

Por regla una escala mayor natural usa o sostenidos o bemoles, nunca usa las dos alteraciones; a continuación, se explica cómo funciona una escala de F mayor:

F   G   A   B   C   D   E   F
  T   T   T   m   T   T   m

Al igual que con la escala del ejemplo anterior, esta escala tampoco tiene los tonos y medios tonos distribuidos de forma correcta, por lo que se debe realizar un ajuste entre las notas A y B en donde se necesita medio tono.

A   B   =   A   Bb ½ tono

La escala de F queda de la siguiente forma:

F   G   A   Bb   C   D   E   F
  T   T   m   T   T   T   m

Es así como la escala se ajusta para cumplir la norma de las escalas mayores.

Se puede observar que algunas escalas inician con nota alterada, como por ejemplo, F# y Ab, sin importar desde qué nota se inicie, siempre se debe mantener la fórmula de la escala mayor. A continuación, se explica la escala de Ab.

```
Ab    B     C     D     E     F     G     Ab
  Tm    m     T     T     m     T     m
```

Como se puede observar se deben ajustar bastantes cosas en esta escala para poder convertirla en mayor.

Entre Ab y B se tiene tono y medio; se necesita un tono, así que se le coloca un b a B.

```
Ab    B     =     Ab    Bb
```

El siguiente ajuste debe realizarse entre C y D en donde se necesita medio tono, se usa Db.
```
Ab    Bb    C     Db
  T     T     m
```

Ahora se necesita un tono entre Db y E en donde actualmente se tiene tono y medio, se usa Eb.
```
Ab    Bb    C     Db    Eb
  T     T     m     T
```

Con estos ajustes la escala queda correcta y se convierte en mayor:

```
Ab    Bb    C     Db    Eb    F     G     Ab
  T     T     m     T     T     T     m
```

Al igual que con las escalas que usan sostenidos, las escalas con bemoles tienen un patrón que puede ayudar a encontrarlas en orden y a conocer cómo aparecen las alteraciones. En este caso se debe ir cada cuatro notas.

Escala:	C	F	Bb	Eb	Ab	Db	Gb	Cb
Alteraciones:	0	1	2	3	4	5	6	7

A continuación, aparecen las escalas que usan bemoles en su construcción:

```
F     G     A     Bb    C     D     E     F
Bb    C     D     Eb    F     G     A     Bb
Eb    F     G     Ab    Bb    C     D     Eb
Ab    Bb    C     Db    Eb    F     G     Ab
Db    Eb    F     Gb    Ab    Bb    C     Db
Gb    Ab    Bb    Cb    Db    Eb    F     Gb
Cb    Db    Eb    Fb    Gb    Ab    Bb    Cb
```

Se encuentran dos aspectos a tener en cuenta: el orden de las alteraciones también va por cuartas e inicia desde la nota Bb, que es la primera alteración que aparece.

Orden alteraciones
```
Bb    Eb    Ab    Db    Gb    Cb    Fb
```

Algo interesante es que el orden en que aparecen los sostenidos y los bemoles está invertido:

Sostenidos:	F	C	G	D	A	E	B
Bemoles:	B	E	A	D	G	C	F

Ahora se va a comenzar el estudio de las escalas en la guitarra. Lo primero que se aprenderá son tres formas diferentes de tocarlas. Asimismo, algo que se debe tener presente es que una misma digitación sirve para todas las escalas, independientemente de las alteraciones que tenga.

Es útil conocer el instrumento, puesto que estas digitaciones que se verán a continuación pueden hacerse desde cualquier traste, la digitación se mantiene igual, lo que cambia es la nota o traste desde donde se inicia la escala. Si se desea una escala de G se debe partir desde el tercer traste de la sexta cuerda, si se quiere una escala de Db se debe ir al traste nueve de la sexta cuerda.

Con estas digitaciones resulta útil usar todos los dedos, se debe usar el meñique, aun cuando este es un dedo débil, si se fortalece va a ser uno de los dedos más usados de la mano; la regla de un dedo por traste también puede resultar útil para el manejo de las digitaciones.

Ejercicio 85

Esta primera digitación debe iniciarse con el dedo meñique o dedo cuatro, está pensada hacia atrás y abarca un rango de cinco trastes.

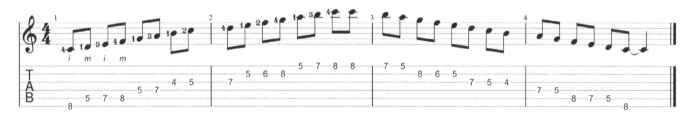

Ejercicio 86

Esta digitación debe iniciarse con el dedo dos. Está pensada para ir un poco más adelante en el instrumento. Vale la pena recordar que aun cuando está escrita sobre la nota C puede hacerse en cualquier traste.

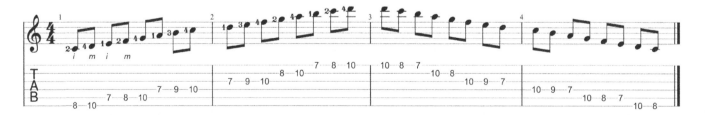

Ejercicio 87

Esta digitación debe iniciarse con el dedo uno. Se caracteriza por exigir un poco de extensión en la mano izquierda; está diseñada para ir más adelante en el instrumento.

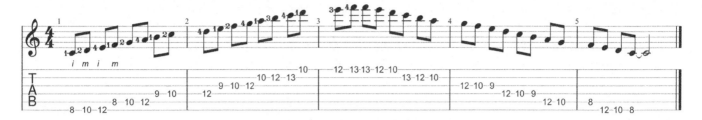

Estas tres digitaciones son tres formas diferentes de tocar la misma escala, por esta razón, pueden unirse y tener a disposición diez trastes para moverse en el instrumento.

En el siguiente gráfico se muestra cómo al unirse estas digitaciones aumenta el rango de notas disponibles; el siguiente ejemplo, está construido desde la nota A, sexta cuerda, quinto traste.

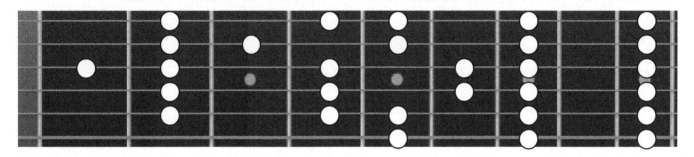

Armonía de la escala mayor

En música existen dos elementos importantes que deben definirse.

Melodía: es una secuencia de notas interpretadas una tras otra.

Armonía: es la rama de la música que estudia el acorde según su estructura, su función dentro de una progresión o pieza musical, y su relación con otros acordes.

Una duda frecuente en los estudiantes de música es el porqué en una canción un acorde aparece mayor y en otra aparece menor, qué es lo que hace que deba usarse uno u otro, el porqué en una canción un acorde mayor funciona, pero el menor se siente completamente fuera de lugar.

Esto depende directamente de la escala en la que se encuentre la pieza musical. Cada canción que se interpreta o escucha se encuentra en una tonalidad o escala, el que un acorde sea mayor o menor depende del tipo de escala en la que se esté trabajando y del lugar del acorde dentro de la misma.

Cuando se habla acerca de la armonía de una escala se refiere a los acordes que la componen; en todas las escalas existe la posibilidad de crear un acorde para cada una de las notas: en la escala mayor se habla de siete notas, sobre cada una de ellas se crea un acorde.

Así como las escalas tienen patrones de tonos y medios tonos, la escala mayor tiene un patrón de acordes, estos se encuentran distribuidos de la siguiente forma, (se tomará como ejemplo la escala de C mayor):

C	D	E	F	G	A	B
+	-	-	+	+	-	°

Se encuentran tres acordes mayores, tres menores y un acorde de tipo disminuido.

Esta información aplica para cualquier escala de tipo mayor. A continuación se verá esto en todas las tonalidades mayores:

Tono de G:

G	A	B	C	D	E	F#	G
+	-	-	+	+	-	°	

Tono de D:

D	E	F#	G	A	B	C#	D
+	-	-	+	+	-	°	

Tono de A:

A	B	C#	D	E	F#	G#	A
+	-	-	+	+	-	°	

Tono de E:

E	F#	G#	A	B	C#	D#	E
+	-	-	+	+	-	°	

Tono de B:

B	C#	D#	E	F#	G#	A#	B
+	-	-	+	+	-	°	

Tono de F#:

F#	G#	A#	B	C#	D#	E#	F#
+	-	-	+	+	-	°	

Tono de C#:

C#	D#	E#	F#	G#	A#	B#	C#
+	-	-	+	+	-	°	

Tono de F:

F	G	A	Bb	C	D	E	F
+	-	-	+	+	-	°	

Tono de Bb:

Bb	C	D	Eb	F	G	A	Bb
+	-	-	+	+	-	°	

Tono de Eb:

Eb	F	G	Ab	Bb	C	D	Eb
+	-	-	+	+	-	°	

Tono de Ab:

Ab	Bb	C	Db	Eb	F	G	Ab
+	-	-	+	+	-	°	

Tono de Db:

Db	Eb	F	Gb	Ab	Bb	C	Db
+	-	-	+	+	-	°	

Tono de Gb:

Gb	Ab	Bb	Cb	Db	Eb	F	Gb
+	-	-	+	+	-	°	

Tono de Cb:

Cb	Db	Eb	Fb	Gb	Ab	Bb	Cb
+	-	-	+	+	-	°	

Se puede usar esta información de varias formas, pero existen dos conceptos que resultarán particularmente útiles:

1. Los acordes de una misma escala funcionan bien cuando se trabajan juntos: el 90 % de las canciones que se escuchan en radio se basan en este concepto, las diferentes combinaciones que se puedan crear con acordes de una misma tonalidad suelen funcionar, son agradables al oído y tienen un alto sentido de coherencia.
2. Para improvisar sobre una pieza musical se debe reconocer la tonalidad sobre la que se encuentra: si se puede reconocer la tonalidad de una pieza musical a partir de su armonía se puede improvisar; a continuación, se verá cómo encontrar el tono de una canción a partir de la armonía o acordes de la misma.

Cómo encontrar el tono de una canción

Cuando se desea interpretar una canción, lo primero que se debe mirar son los acordes que la componen, de esta forma se puede identificar su escala o tonalidad.

Ejemplo:

Se tiene una canción con la siguiente secuencia de acordes: Em   C   D   G.

Se analiza desde cada una de las notas mayores, **el objetivo es que todos los acordes coincidan con los de la escala**:

Desde C:
El acorde de Em es el tercer grado y es menor = correcto.
El acorde de D es el segundo grado y debe ser menor = incorrecto (aparece mayor).
El acorde de G es el quinto grado y debe ser mayor = correcto.

En este primer ejemplo se ve que uno de los acordes no coincide (D), dentro de la escala debe ser menor, pero en la progresión aparece mayor, por esta razón, la canción no puede estar en escala de C.

Desde D:
El acorde de Em es el segundo grado y es menor = correcto.
El acorde de C es el séptimo grado y debe ser disminuido = incorrecto (aparece mayor).
El acorde de G es el cuarto grado y debe ser mayor = correcto.

En este segundo ejemplo se ve que el acorde de C no coincide con los acordes de la escala de D, por esta razón, la canción no podría estar en D.

Desde G:
El acorde de Em es el sexto grado y es menor = correcto.
El acorde de C es el cuarto grado y es mayor = correcto.
El acorde de D es el quinto grado y debe ser mayor = correcto.

En este tercer ejemplo se ve que todos los acordes coinciden con los de la escala de G, se puede deducir entonces, que la canción se encuentra en ese tono. La regla consiste en que todos los acordes de la progresión deben coincidir con los de la tonalidad.

Como es lógico, las reglas pueden romperse, a veces van a encontrarse acordes que están por fuera de la escala, usando recursos como el intercambio modal o las modulaciones se podrán usar acordes ajenos a la tonalidad, este concepto se trabajará más adelante.

Por ahora, para encontrar la escala o tonalidad de una canción a partir de su armonía, se debe buscar que todos los acordes coincidan dentro de una misma escala.

Ejercicio 88

Las digitaciones suelen ser un buen recurso a la hora de manejar las escalas, sin embargo, es común que al usarlas se deje de lado un aspecto muy importante, siempre se debe memorizar la cantidad de alteraciones de cada escala que se toque y la ubicación de las notas en el instrumento, para esto, se va a realizar el siguiente ejercicio.

Con la finalidad de aprender las notas de cada escala se van a trabajar sobre una misma cuerda, comenzando por la sexta hasta llegar a la primera. El siguiente ejemplo está hecho sobre la escala de G mayor; el objetivo de este ejercicio es dejar a un lado las digitaciones y comenzar a aprender las escalas por las notas que las componen y no por la posición de los dedos, con esto se desarrolla un poco más la memoria mental y no la memoria muscular.

Para desarrollar correctamente este ejercicio se debe tocar la escala desde la nota más grave que permita cada cuerda, esto incluye notas al aire.

En este caso se inicia con la cuerda al aire, ya que la escala de G incluye la nota E.

Ejercicio 89

En este caso se inicia desde la nota A, puesto que la escala de G incluye esta nota en su estructura.

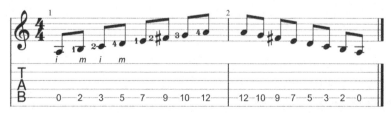

Ejercicio 90

En este caso se inicia desde la cuarta cuerda al aire, ya que la nota D hace parte de la escala de G.

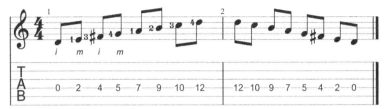

Ejercicio 91

En este caso se inicia con la tercera cuerda al aire, ya que G es la fundamental de la escala que se está trabajando.

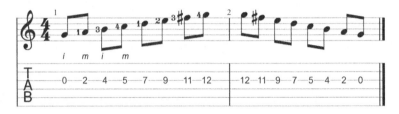

Ejercicio 92

En este caso se inicia desde la nota B, que hace parte de la escala de G.

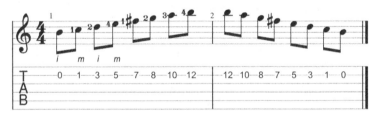

Ejercicio 93

En este caso se inicia con la primera cuerda al aire desde la nota E, que hace parte de la escala de G.

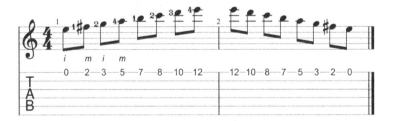

16 Funciones armónicas de la escala mayor

Las funciones armónicas se refieren al rol específico de cada uno de los acordes de la escala, cómo estos interactúan entre sí y cómo trabajan dentro de una progresión armónica.

Cuando se habla de rol se refiere a la cantidad de tensión que genera cada uno de los acordes, se encontrarán acordes que generan equilibrio, otros que generan tensión; aplicando los dos tipos de acorde en una progresión armónica se logra un movimiento armónico fluido.

En la música cada acorde dentro de una pieza musical tiene una función específica: se encuentran acordes que funcionan como acordes de reposo, acordes que por lo general, se usan para crear pausas o finalizar cadencias; otros acordes funcionan como generadores de tensión, con ellos se busca generar movimiento de tipo armónico, hacer cambios de escala o generar movimientos de atracción hacia otro acorde.

La mejor forma de entender este concepto es interpretar la siguiente secuencia de acordes: G C D.

Ahora se debe interpretar este ciclo armónico cuatro veces y buscar el acorde en el cual se termina dicho ciclo o la pieza musical, por así decirlo. Para hacer esto se sugiere terminar una vez en G, otra en C y otra en D, así pues, se encontrará lo siguiente:

G: el ciclo armónico termina y se siente un final claro.
C: el ciclo armónico se siente incompleto, hacen falta acordes para llegar al final.
D: el ciclo armónico se siente muy incompleto, hace falta algo para terminar.

Esto sucede porque el ciclo armónico está en tono de G y el acorde de G es el más importante de la escala, es el que le da equilibrio a la progresión de acordes. Usualmente, al terminar una pieza musical el último acorde es el principal de la tonalidad o escala, por eso genera una sensación de final.

Los acordes de C y D son acordes que generan tensión, el acorde de D es el que más tensión genera y por esto se llama dominante. Este último aparece en el quinto grado de la escala.

El acorde dominante o quinto grado constituye el segundo grado en importancia dentro de la escala, superado únicamente por el acorde de tónica, además, es el que más movimiento genera. Este acorde al incluir el tritono tonal suele resolver con facilidad sobre el acorde de tónica.

A continuación, se muestra el nombre se le da a cada función armónica:

Los acordes que generan equilibrio se llaman tónicas.
Los acordes que generan poca tensión se llaman subdominantes.
Los acordes que generan mucha tensión se llaman dominantes.

Cada función armónica tiene unas características especiales:

Tónica: estos acordes son los encargados de dar equilibrio a una pieza musical, son los que generalmente cierran las frases y finalizan los movimientos armónicos.

Subdominante: estos acordes generan tensión, sin embargo, no generan la tensión suficiente para ser catalogados dentro de otra función armónica; pueden considerarse como acordes medios, no funcionan como tónicas ni como dominantes, pero son un excelente puente para conectar acordes de estas dos funciones.

Dominante: los acordes de esta función son los que más tensión generan dentro de una pieza musical, son acordes que, por lo general, van precedidos de una tónica. Su función principal es la de generar atracción hacia otro grado o acorde.

A continuación, se muestra cómo se ubican los acordes de la escala mayor dentro de estas funciones armónicas:

Tónicas	Subdominantes	Dominantes
1	4	5
3m	2m	7°
6m		

Para qué sirve en la vida práctica este concepto:

Las funciones armónicas como tal son un concepto de análisis y de composición, pueden ayudar a dar coherencia o variedad a una pieza musical, también ayudan cuando se están transcribiendo piezas musicales a oído, puesto que, en este caso, entre más apoyo teórico se tenga más fácil resultará el proceso.

A continuación, se exponen otros usos de las funciones armónicas:

1. Para que la secuencia de acordes de una pieza musical esté teóricamente correcta y balanceada debe tener acordes de las tres funciones armónicas, mínimo de dos funciones.
2. Los acordes de una misma función armónica son canjeables entre sí, se puede lograr variedad dentro de una pieza musical si se alternan o cambian en las secciones que se repiten.
3. Calculando el grado de tensión se pueden transcribir más fácilmente secuencias armónicas.

Las funciones armónicas son la columna vertebral de la composición musical, por esta razón, es importante dominar este concepto. A medida que se avance en el curso se verá cómo ubicar muchos acordes que no pertenecen a la escala dentro de una función y de esta forma darles uso.

Patrones en secuencia

Las secuencias son figuras musicales que se mueven por la escala musical, son usadas para generar movimientos melódicos y en la guitarra es común encontrarlas como ejercicios técnicos.

Las secuencias constituyen un excelente recurso para el desarrollo de velocidad y coordinación, permiten también un mejor aprendizaje de las escalas.

En esta lección se van a realizar tres ejercicios en donde se usarán diferentes patrones secuenciales.

Ejercicio 94

Esta primera secuencia está construida sobre un patrón de 4 notas, estas se van moviendo por grados conjuntos por las notas de la escala.

Ejercicio 95

Esta secuencia se mueve, al igual que la anterior, por grados conjuntos. Va avanzando por la escala repitiendo siempre el mismo patrón, en este caso se tiene una variación en donde se invierte el orden de las notas.

Ejercicio 96

Esta secuencia de tres notas también se mueve por grados conjuntos dentro de la escala, es una variación a las secuencias anteriores.

La escala pentatónica mayor

La escala pentatónica es fácilmente la escala más usada por los guitarristas a nivel mundial, es una escala sencilla, con una sonoridad agradable y fácil de tocar; es común encontrarla presente en la construcción melódica y en los solos de los diferentes instrumentistas.

Como su nombre lo indica es una escala que únicamente maneja cinco sonidos, esto quiere decir que a la escala mayor se le deben quitar dos notas, a continuación, se explicará cuáles y su porqué.

En la época del Renacimiento, la música tenía como característica ser completamente consonante, tenía como prioridad la necesidad de sonar completamente agradable al oído; además, gran parte de la música era de tipo sacro, razón por la cual cualquier tipo de disonancia estaba completamente prohibida.

Dentro de una escala mayor se encuentra un intervalo o distancia entre dos notas conocido como tritono, este intervalo es una de las disonancias más fuertes y produce un sonido disonante, incluso en el Renacimiento se le conoció como el intervalo del diablo o el diablo de la música.

Como su nombre lo indica, el tritono es un sitio en la escala donde se suman tres tonos, se verá que esto solo sucede entre los grados 4 y 7 de la escala; además es un intervalo simétrico, si se invierte se verá que entre los grados 7 y 4 de la escala nuevamente se tiene tritono.

A continuación, se presenta esto aplicado a la escala de C:

```
C     D     E   F     G     A     B   C
   T     T     m   T     T     T     m
```

Al observar la escala de C se puede ver que el tritono aparece entre las notas F y B, como se mencionó anteriormente, el tritono es un intervalo simétrico, por lo cual si se invierte y se miran las notas B y F se van a encontrar 3 tonos nuevamente; se podrá observar que el tritono se produce únicamente entre estas notas.

La característica principal de la escala pentatónica es la carencia del tritono, al quitar las dos notas que más tensión generan se va a encontrar una escala completamente estable, una escala que suele funcionar en cualquier situación y que, además, en la guitarra es fácil de tocar.

La escala pentatónica tiene una sonoridad agradable y es sencilla de interpretar, por esta razón, es usada por un 95 % de los guitarristas en el mundo, basta con escuchar solos de bandas como AC/DC, GNR, Metallica y guitarristas como B.B. King y Santana para percibirla en toda su plenitud.

Antes de comenzar con el estudio de las digitaciones se va a entrar en defensa del tritono. Hoy día es un intervalo completamente normal y se usa también en el 90 % de la música, todos los acordes dominantes tienen un tritono y es el fundamento de ellos; al ser una disonancia fuerte es la que da tensión al acorde.

En estilos musicales como el *jazz*, la salsa, el *rock* y el *metal* es común encontrarlo para generar disonancias y sonoridades no tan consonantes.

La escala pentatónica mayor por estructura

Al igual que ocurre con la escala mayor, es posible construir las escalas pentatónicas a partir de su estructura de tonos y medios tonos. Para esto se verá cómo está construida la escala de C pentatónica mayor:

```
C     D     E     G     A     C
   T     T     Tm    T     Tm
```

La principal característica de esta escala es que tiene dos sitios en donde se encuentra un espacio de tono y medio; toda escala sin importar la nota por la que inicie, si mantiene esta estructura, será una escala pentatónica mayor.

A continuación, se muestra un ejemplo desde la nota E:

Entre los primeros grados se necesita un tono.
```
E     F#
   T
```

Luego entre los grados 2 y 3 se necesita un tono.
```
E     F#    G#
   T     T
```

Entre los grados 3 y 4 de esta escala se necesita tono y medio.
```
E     F#    G#    B
   T     T     Tm
```

Entre los grados 4 y 5 de esta escala se necesita un tono.
```
E     F#    G#    B     C#
   T     T     Tm    T
```

Entre los grados 5 y 6 de esta escala se necesita tono y medio.

```
E     F#    G#    B     C#    E
   T     T     Tm    T     Tm
```

De esta forma se puede construir una escala pentatónica mayor desde cualquier nota.

A continuación, aparecen las diferentes escalas pentatónicas mayores con sostenidos

G	A	B	D	E	G
D	E	F#	A	B	D
A	B	C#	E	F#	A
E	F#	G#	B	C#	E
B	C#	D#	F#	G#	B
F#	G#	A#	C#	D#	F#
C#	D#	E#	G#	A#	C#

Escalas pentatónicas mayores con bemoles

F	G	A	C	D	F
Bb	C	D	F	G	Bb
Eb	F	G	Bb	C	Eb
Ab	Bb	C	Eb	F	Ab
Db	Eb	F	Ab	Bb	Db
Gb	Ab	Bb	Db	Eb	Gb
Cb	Db	Eb	Gb	Ab	Cb

Ahora se procederá a estudiar las diferentes digitaciones para esta escala, para esto se estudiarán sus diferentes raíces, iniciando por la sexta cuerda hasta llegar a la tercera.

Ejercicio 97

Se encuentra la digitación básica para esta escala partiendo desde la nota C de la sexta cuerda, esta digitación puede realizarse desde cualquier traste.

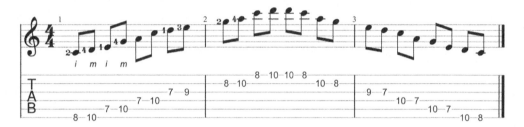

Ejercicio 98

Ahora se verá la digitación para la quinta cuerda. Nuevamente se inicia desde la nota C, sin embargo, se debe notar que, aunque la digitación es casi igual a la de la sexta cuerda cuando se llega a la segunda cuerda se debe hacer una modificación.

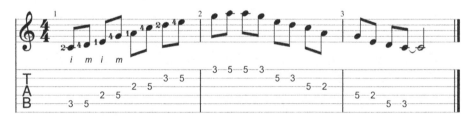

Ejercicio 99

Digitación desde la nota C de la cuarta cuerda.

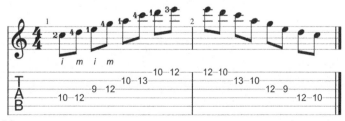

Ejercicio 100

Por último, se tiene la digitación desde la nota C de la tercera cuerda.

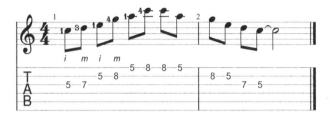

La escala menor

Antes de comenzar se debe comprender que la escala mayor y la escala menor son dos estructuras muy diferentes tanto en su estructura como en su sonoridad. El siguiente ejemplo muestra la misma pieza musical interpretada en C mayor y en C menor.

Ejercicio 101 (escuchar archivo de audio)

Se puede escuchar una gran diferencia de carácter entre las dos piezas musicales: la mayor es más alegre, la menor, por el contrario, es más melancólica; en diversos géneros musicales esta diferencia es muy marcada, en la música clásica, por ejemplo, la música de Mozart generalmente está en escala mayor, mientras que la de Beethoven usa mucho la escala menor. Del mismo modo, para el caso de la música contemporánea en el *punk* predomina la escala mayor y en el *metal* predomina la escala menor.

Para que una escala sea menor los tonos y los semitonos deben estar organizados de la siguiente forma:

T   m   T   T   m   T   T

A continuación, se muestra un ejemplo desde la nota A:

De A a B se tiene un tono.
```
A     B
  T
```

De B a C se tiene medio tono.
```
A     B     C
  T      m
```

De C a D se tiene un tono.
```
A     B     C     D
  T      m     T
```

De D a E se tiene un tono.
```
A     B     C     D     E
  T      m     T     T
```

De E a F se tiene medio tono.
```
A     B     C     D     E     F
  T      m     T     T     m
```

De F a G se tiene un tono.
```
A     B     C     D     E     F     G
  T      m     T     T     m     T
```

Por último, de G a A se tiene un tono.

```
A     B     C     D     E     F     G     A
   T     m     T     T     T     m     T     T
```

Como se puede observar esta escala cumple con la estructura mencionada anteriormente y por esa razón, es una escala menor.

Tal como se ve, la escala de A menor no tiene alteraciones (sostenidos o bemoles) por eso se usa como referencia; las demás escalas usan alteraciones para ajustarse a la fórmula de la escala menor.

En la escala de D menor, por ejemplo, se debe usar un bemol para lograr la fórmula de la escala menor.

En una escala de D se tiene:

```
D     E     F     G     A     B     C     D
   T     m     T     T     T     m     T
```

Es una estructura diferente a la que se necesita; para lograr que esta escala sea menor se debe realizar un ajuste:

Entre las notas A y B se necesita medio tono, para eso se convierte el B a Bb, de esta forma se consigue que la escala de "D" se ajuste a la estructura de una escala menor:

```
D     E     F     G     A     Bb     C     D
   T     m     T     T     m     T     T
```

Algunas escalas menores inician con nota alterada, sin importar desde qué nota se inicie es necesario que se cumpla la fórmula de la escala menor; a continuación, se muestra un ejemplo desde F#:

```
F#     G     A     B     C     D     E     F#
   m     T     T     m     T     T     T
```

Como se puede observar se deben realizar un par de ajustes en esta escala para poder convertirla en menor.

Entre F# y G se tiene medio tono, pero se necesita un tono, así que se le coloca un # a G.

```
F#     G     =     F#     G#
```

El siguiente ajuste debe realizarse entre B y C en donde se necesita medio tono, se usa C#.

```
F#     G#     A     B     C#
   T     m     T     T
```

Con estos ajustes la escala queda lista.

```
F#     G#     A     B     C#     D     E     F#
   T     m     T     T     m     T     T
```

A continuación, se encuentran las escalas menores que usan sostenidos en su construcción:

E	F#	G	A	B	C	D	E
B	C#	D	E	F#	G	A	B
F#	G#	A	B	C#	D	E	F#
C#	D#	E	F#	G#	A	B	C#
G#	A#	B	C#	D#	E	F#	G#
D#	E#	F#	G#	A#	B	C#	D#
A#	B#	C#	D#	E#	F#	G#	A#

Las siguientes escalas menores usan bemoles en su construcción:

D	E	F	G	A	Bb	C	D
G	A	Bb	C	D	Eb	F	G
C	D	Eb	F	G	Ab	Bb	C
F	G	Ab	Bb	C	Db	Eb	F
Bb	C	Db	Eb	F	Gb	Ab	Bb
Eb	F	Gb	Ab	Bb	Cb	Db	Eb
Ab	Bb	Cb	Db	Eb	Fb	Gb	Ab

Existe otra forma para encontrar las escalas menores conocida como escalas relativas.

Las escalas relativas

El concepto de la escala relativa es muy útil cuando se han aprendido las escalas mayores, simplifica el trabajo ya que nos permite llegar a una escala mayor a partir de una menor y viceversa.

Para hacer esto solo se debe tomar una escala mayor, en este caso se usará como ejemplo la escala de A:

A	B	C#	D	E	F#	G#	A

Ahora se va a iniciar una escala usando las mismas notas que se tienen en la escala de A, solo que iniciando desde el sexto grado F#:

F#	G#	A	B	C#	D	E	F#

El concepto de escalas relativas consiste en que desde el sexto grado de una escala mayor se podrá iniciar una escala menor; este principio aplica para todas las escalas mayores. A continuación, se realizará un ejemplo desde la escala de Eb mayor.

La escala de Eb tiene tres notas alteradas:

Eb	F	G	Ab	Bb	C	D	Eb

Esas mismas alteraciones deben mantenerse al iniciar desde el sexto grado, en este caso se encontrará la escala de Cm.

C   D   Eb   F   G   Ab   Bb   C

A continuación, se muestra una tabla con las escalas mayores y sus respectivas relativas menores:

Escala mayor	Relativa menor
C	Am
G	Em
D	Bm
A	F#m
E	C#m
B	G#m
F#	D#m
C#	A#m
F	Dm
Bb	Gm
Eb	Cm
Ab	Fm
Db	Bbm
Gb	Ebm
Cb	Abm

Ejercicio 102

Ahora se va a realizar un trabajo muy similar al llevado a cabo con la escala mayor. Inicialmente se verán tres formas de tocar la misma escala; esta primera digitación se mueve hacia atrás.

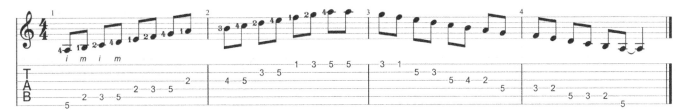

Ejercicio 103

Esta segunda digitación se mueve un poco más adelante en el instrumento, tiene como reto el hecho de usar extensiones.

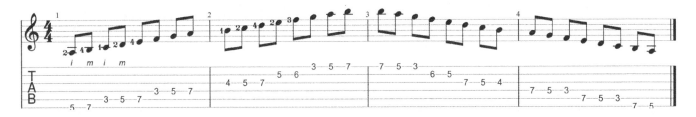

Ejercicio 104

La tercera digitación trabaja aún más adelante en la guitarra.

Al igual que con la escala mayor, si se suman estas tres digitaciones se tendrá un espacio muy amplio para desarrollar melodías en el instrumento:

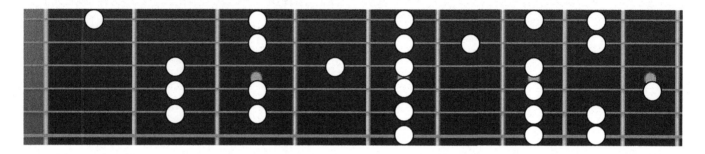

Armonía de la escala menor

Cuando se habla acerca de la armonía de una escala se hace referencia a los acordes que la componen. Al igual que la escala mayor, una escala menor genera siete acordes, uno para cada nota, y es esta combinación entre acordes mayores, menores y disminuido lo que le da la sonoridad a la escala.

Si se toma como ejemplo la escala de Am:

A   B   C   D   E   F   G   A

Se van a encontrar los siguientes acordes para cada una de las notas:

A   B   C   D   E   F   G   A
-       °   +   -   -   +   +

Sin embargo, existe algo a tener en cuenta, el segundo acorde en importancia en la escala, el quinto grado "Em" es un acorde menor, carece de la tensión necesaria para ser un quinto grado (dominante), por esta razón, casi siempre se encuentra MAYOR.

A   B   C   D   E   F   G   A
-       °   +   -   -   +   +
                                +

Si se mira de forma numérica se tiene que en la escala menor los grados 1, 4 y 5 son menores, los grados 3, 6 y 7 son mayores y el grado 2 es disminuido.

Es muy común encontrar el quinto grado de la escala menor como acorde mayor, aunque es el acorde natural de la escala es poco común encontrarlo en su forma menor, si se miran diferentes piezas musicales se podría decir que un 80 % de las canciones en escala menor usan el quinto grado como acorde mayor.

El análisis armónico de una pieza musical sigue siendo igual al realizado en la lección de armonía para la escala mayor, solo que ahora todo gira en torno a un acorde menor.

Al igual que con la escala mayor la idea es que todos los acordes coincidan con la armonía de la escala menor, se debe tener muy presente el quinto grado, puesto que puede aparecer como acorde mayor o como acorde menor.

Ejemplo:

Se tiene una canción con la siguiente secuencia de acordes: Em   Am   D   B

Se analiza desde cada una de las notas menores:

Desde Am:
El acorde de Em es el quinto grado y puede ser mayor o menor = correcto.
El acorde de D es el cuarto grado y debe ser menor = incorrecto (aparece mayor).
El acorde de B es el segundo grado y debe ser disminuido = incorrecto (aparece mayor).

En este primer ejemplo se ve que dos de los acordes no coinciden (D y B), por esta razón, la canción no puede estar en escala de Am.

Desde Em:
El acorde de Am es el cuarto grado y es menor = correcto.
El acorde de D es el séptimo grado y debe ser mayor = correcto.
El acorde de B es el quinto grado y puede ser mayor o menor = correcto.

En este ejemplo se ve que todos los acordes coinciden con los de la escala de Em, se puede deducir entonces, que la canción se encuentra en ese tono.

Debido a las escalas relativas es probable que una misma progresión armónica funcione en escala mayor y en escala menor, en ese caso para saber cuál es la escala correcta y en qué tonalidad se encuentra la pieza, se debe realizar el siguiente procedimiento:

Se tiene la siguiente progresión armónica: Am Dm G C.

Ahora se realizará el análisis armónico correspondiente, en este caso, desde las notas de C y Am:

Desde C:
El acorde de Am es el sexto grado y es menor = correcto.
El acorde de Dm es el segundo grado y debe ser menor = correcto.
El acorde de G es el quinto grado y debe ser mayor = correcto.

Desde Am:
El acorde de Dm es el cuarto grado y es menor = correcto.
El acorde de G es el séptimo grado y debe ser mayor = correcto.
El acorde de C es el tercer grado y debe ser mayor = correcto.

Puede notarse que todos los acordes de esta progresión coinciden dentro de las escalas de C y Am, sin embargo, existe un elemento muy importante que ayuda a determinar la tonalidad, este es la relación tónica/dominante, si en una progresión armónica aparecen el primer y el quinto grado es fácil deducir la tonalidad, en el ejemplo anterior se tienen los acordes de C y G, primero y quinto dentro de la escala de C mayor, esto ayuda a determinar la escala.

Para que esta progresión armónica se encuentre en Am es necesario que esté presente el acorde de E en su forma mayor, si de pronto se está pensando qué hacer si aparecen los dos quintos grados, recuerdo que en este caso específico, el acorde de E ya no hace parte de la escala de C, puesto que es el tercer grado y debería ser menor.

A continuación, se ve como aplica esto a todas las escalas menores:

Tono de Em:

E	F#	G	A	B	C	D	E
-	°	+	-	-	+	+	

Tono de Bm:

B	C#	D	E	F#	G	A	B
-	°	+	-	-	+	+	

Tono de F#m:

F#	G#	A	B	C#	D	E	F#
-	°	+	-	-	+	+	

Tono de C#m:

C#	D#	E	F#	G#	A	B	C#
-	°	+	-	-	+	+	

Tono de G#m:

G#	A#	B	C#	D#	E	F#	G#
-	°	+	-	-	+	+	

Tono de D#m:

D#	E#	F#	G#	A#	B	C#	D#
-	°	+	-	-	+	+	

Tono de A#m:

A#	B#	C#	D#	E#	F#	G#	A#
-	°	+	-	-	+	+	

Tono de Dm:

D	E	F	G	A	Bb	C	D
-	°	+	-	-	+	+	

Tono de Gm:

G	A	Bb	C	D	Eb	F	G
-	°	+	-	-	+	+	

Tono de Cm:

C	D	Eb	F	G	Ab	Bb	C
-	°	+	-	-	+	+	

Tono de Fm:

F	G	Ab	Bb	C	Db	Eb	F
-	°	+	-	-	+	+	

Tono de Bbm:

Bb	C	Db	Eb	F	Gb	Ab	Bb
-	°	+	-	-	+	+	

Tono de Ebm:

Eb	F	Gb	Ab	Bb	Cb	Db	Eb
-	°	+	-	-	+	+	

Tono de Abm:

Ab	Bb	Cb	Db	Eb	Fb	Gb	Ab
-	°	+	-	-	+	+	

En la parte técnica de esta lección se va a trabajar nuevamente el concepto de escalas a una cuerda, concretamente, desde Gm.

Ejercicio 105

En este caso, como la escala contiene la nota Eb no se puede iniciar con la sexta cuerda al aire, se debe iniciar desde la nota F, que es la más grave que permite ejecutar la escala para esta cuerda.

Ejercicio 106

En este caso, se inicia desde la nota A de la quinta cuerda.

Ejercicio 107

En este caso, se inicia desde la nota D de la cuarta cuerda.

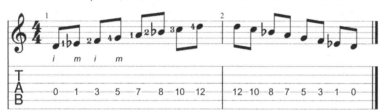

Ejercicio 108

En este caso, se inicia desde la nota G de la tercera cuerda, esta nota es la tónica de la escala que se está interpretando.

Ejercicio 109

En este caso, como la escala contiene la nota Bb no se puede iniciar con la segunda cuerda al aire, se debe iniciar desde la nota C, que es la más grave que permite ejecutar la escala para esta cuerda.

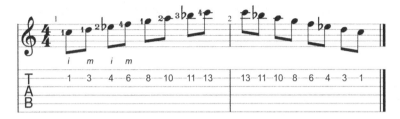

Ejercicio 110

Nuevamente se tiene la misma situación de la sexta cuerda, esta escala contiene la nota Eb, no se podrá iniciar con la primera cuerda al aire, se debe iniciar desde la nota F, que es la más grave que permite ejecutar la escala para esta cuerda.

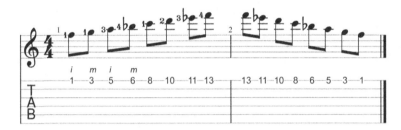

20 El cifrado numérico de las escalas

A medida que se avanza con el estudio de las escalas se hace necesaria una forma sencilla para codificarlas. Se verá más adelante, en este curso, que existen muchos tipos de escala aparte de las escalas mayores y menores; los músicos de *jazz*, por ejemplo, manejan un promedio de 25 tipos de escalas para diferentes momentos dentro de la improvisación musical.

El cifrado numérico que se verá a continuación ayudará a encontrar las notas de cualquier escala en cualquier momento, para esto se debe tomar como referencia la escala mayor y la forma en la que se van sumando los tonos dentro de ella.

La escala mayor va sumando sus tonos como se muestra a continuación y se cifra de la siguiente manera:

C	D	E	F	G	A	B	C	
0	1	2	2½	3½	4½	5½	6	**Sumatoria de tonos**
1	2	3	4	5	6	7	8	**Cifrado**

Se observa en este caso, que se ha cifrado cada grado de la escala con un número, este de acuerdo a su ubicación.

Ahora se cifrará la escala menor, como es lógico, se encontrarán algunas diferencias:

A	B	C	D	E	F	G	A	
0	1	1½	2½	3½	4	5	6	**Sumatoria de tonos**

Como se puede observar existen diferencias en los grados 3, 6 y 7, si se comparan con los grados de la escala mayor se verá que se encuentran medio tono atrás, por eso se cifran como 3b, 6b y 7b, indicando que estos grados se encuentran medio tono atrás con respecto a los grados de la escala mayor. De esa forma el cifrado para la escala menor queda:

A	B	C	D	E	F	G	A	
0	1	1½	2½	3½	4	5	6	**Sumatoria de tonos**
1	2	3b	4	5	6b	7b	8	**Cifrado**

Mas adelante se verán algunas posibilidades que usan cifrados numéricos diferentes, como es el caso de las siguientes escalas:

Lidia:	1	2	3	#4	5	6	7
Mixolidia:	1	2	3	4	5	6	b7
Frigia:	1	b2	b3	4	5	b6	b7
Dórica:	1	2	b3	4	5	6	b7

Algo importante en el cifrado numérico es que el cifrado no necesariamente indica que la nota de la escala esté alterada, indica que la distancia en tonos con relación a la escala mayor está medio tono arriba o abajo. A continuación se muestra un ejemplo de esto:

Se tiene la escala de Em:

E	F#	G	A	B	C	D	E
1	2	b3	4	5	b6	b7	8

El cifrado numérico indica que los grados 3, 6 y 7 están medio tono abajo, pero la escala muestra estas notas en natural, la razón la entenderemos al comparar la escala de E menor con la de E mayor, veremos que los grados 3, 6 y 7 efectivamente están medio tono abajo sin que esto signifique que deban alterarse.

Escala de E:

E	F#	G#	A	B	C#	D#	E
1	2	3	4	5	6	7	8

Las funciones armónicas de la escala menor

Ahora veremos las funciones armónicas, pero dentro de la escala menor. Al igual que en la escala mayor estas se refieren al rol específico de cada uno de los acordes de la escala y cómo estos interactúan entre sí dentro de una progresión armónica.

Al igual que en la escala mayor, el rol se refiere a la cantidad de tensión que genera cada uno de los acordes, nuevamente, encontraremos acordes de equilibrio y tensión media. Una característica de esta escala es que en estado natural no tiene acordes dominantes.

Las funciones armónicas como tal no varían mucho entre las diferentes escalas, se encuentran acordes que funcionan como acordes de reposo, estos acordes de tónica sirven para crear pausas o finalizar cadencias. Existen otros, que funcionan como acordes generadores de tensión, con esto se busca equilibrio en la progresión armónica, tensión y reposo. Ambos puntos son igual de importantes.

La mejor forma de entender este concepto es interpretando la siguiente secuencia de acordes:

Am   Dm   E

Se debe interpretar este ciclo armónico unas cuatro veces, ahora se busca el acorde en el cual se termina el ciclo armónico o la pieza musical, por así decirlo. Para hacer esto sugerimos terminar una vez en Am otra en Dm y otra en E, se puede notar lo siguiente:

Am: el ciclo armónico termina y se siente un final claro.
Dm: el ciclo armónico se siente incompleto, hacen falta acordes para llegar al final.
E: el ciclo armónico se siente muy incompleto, hace falta algo para terminar.

Esto sucede porque el ciclo armónico está en tono de Am y el acorde de Am es el más importante de la escala, es el que le da equilibrio a la progresión de acordes. Usualmente, al terminar una pieza musical el último acorde es el principal de la tonalidad.

Los acordes de Dm y E son acordes que generan tensión en diferente medida, el acorde de Dm se consideraría intermedio y el de E como el dominante de la escala.

Los acordes que generan equilibrio se llaman tónicas.
Los acordes que generan poca tensión se denominan subdominantes.
Los acordes que generan mucha tensión se llaman dominantes.

Para ubicar los acordes de la escala menor dentro de las tres funciones armónicas se debe tener en cuenta que el acorde mayor de quinto grado es un acorde que es añadido a la escala, por ende, no hace parte de esta en su forma natural. Por esta razón, en la siguiente tabla se trabajará solo con los siete acordes que hacen parte activa de la escala menor natural.

Los acordes de una escala menor se ubican según su tensión en las siguientes funciones:

Tónicas	Subdominantes	Dominantes
1m	4m	"5m"
3b	2Dis	
6b	5m	
7b		

Si se compara la escala mayor con la menor se verá que la gran diferencia aparece en las subdominantes, en donde se encuentran dos acordes más: el quinto grado menor y el séptimo grado mayor, además se ve que la escala menor NO tiene acordes dentro de la función de dominante. En un par de lecciones se explicará de dónde salen los acordes que cumplen esa función.

Vale la pena recordar que para que la secuencia de acordes de una canción esté teóricamente correcta y balanceada debe tener acordes de las tres funciones armónicas o en su defecto, mínimo de dos funciones.

En la parte técnica de esta lección se va a trabajar velocidad y control rítmico, una buena forma de desarrollar velocidad es sobre un mismo *tempo* subdividir a diferentes figuras rítmicas. A continuación, se va a interpretar la misma escala en subdivisiones de negra, corchea, tresillo, semicorchea y seisillo.

Ejercicio 111

En este primer ejercicio se tiene una escala interpretada en negras, en la que se debe tocar una nota por pulso.

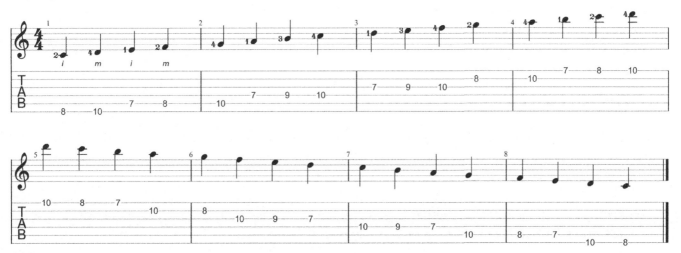

Ejercicio 112

En este segundo ejercicio se tiene una escala interpretada en corcheas, dos notas por pulso.

Ejercicio 113

La subdivisión en tresillos consiste en tocar tres notas por pulso, es sin duda la más complicada; el objetivo es hacer que las notas tengan la misma duración. Muchas veces se intenta tocar dos notas cortas y una larga o una larga y dos cortas, esto constituye un error, para solucionarlo se recomienda usar palabras de tres silabas y repetirlas en un tiempo buscando que cada silaba dure lo mismo.

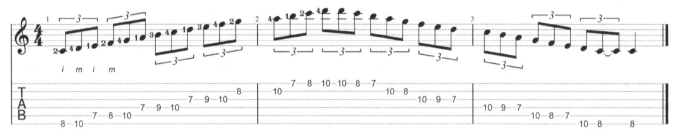

Ejercicio 114

La subdivisión en semicorcheas lleva a tocar cuatro notas dentro de un mismo tiempo, al igual que con la subdivisión en tres se pueden usar palabras de cuatro silabas para lograr un sonido fluido, se debe buscar que cada una de la silabas dure lo mismo.

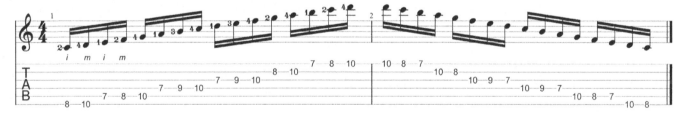

Ejercicio 115

La subdivisión en seis es relativamente sencilla, aun cuando implica velocidad, pero esa es la idea de este ejercicio, la subdivisión en seis lleva a tocar dos grupos de tres notas dentro de un mismo tiempo. Al igual que con la subdivisión en tres y cuatro se pueden usar palabras de seis silabas para lograr un sonido fluido, se debe que buscar que cada una de las silabas dure lo mismo.

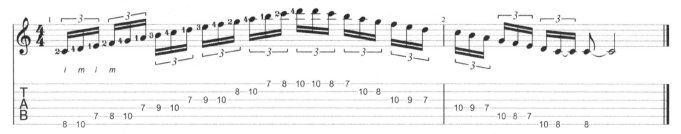

El cifrado numérico de las escalas

La escala pentatónica menor es fácilmente la escala más usada por los guitarristas a nivel mundial, a diferencia de su relativa mayor, la pentatónica menor funciona muy bien dentro de los tonos mayores y menores; cuando se usa sobre un tono mayor genera un sonido tipo *blues*, bandas como Aerosmith y AC/DC hicieron buen uso de este recurso.

Adicionalmente, es una escala muy fácil de digitar y memorizar, razón por la cual casi todos los guitarristas la han usado en sus solos, esa característica que tiene de funcionar bien dentro de los tonos mayores y menores por igual hacen de ella una escala a prueba de errores.

Al igual que en la escala mayor, aquí se debe eliminar el tritono, si se toma como ejemplo la escala de A menor se encontrará el tritono en el siguiente sitio:

A   **B**   C   D   E   **F**   G

Nuevamente se ve que el tritono aparece en las notas B y F, por la ubicación puede decirse que el tritono en esta escala se encuentra entre los grados 2 y 6. Como se puede observar, el tritono en las escalas relativas aparece exactamente en las mismas notas, el siguiente ejemplo muestra esto en las escalas de C y Am:

C   D   E   **F**   G   A   **B**   C

A   **B**   C   D   E   **F**   G   A

Se ve que el tritono aparece en las mismas notas en las dos escalas, gracias a esto es sencillo deducir la escala pentatónica menor a partir de una escala pentatónica mayor.

El tritono es el único intervalo simétrico que al verse en fundamental o invertido siempre sumará lo mismo.

La escala pentatónica menor por estructura

Así como es posible deducir la escala menor a partir de una escala mayor, también es posible llegar a ella a partir de su estructura, si se observa la escala de Am pentatónica se verá cómo están distribuidos los tonos:

A   C   D   E   G   A
 Tm   T   T   Tm   T

Usando esto se podrá construir una pentatónica menor desde cualquier nota. A continuación, se realizará un ejemplo desde la nota G:

Se inicia con una distancia de tono y medio.
G   Bb
 Tm

Luego, se necesita un tono.

```
G     Bb    C
   Tm       T
```

Luego, se debe sumar un tono más.

```
G     Bb    C     D
   Tm       T     T
```

Ahora, se necesita un tono y medio.

```
G     Bb    C     D     F
   Tm       T     T     Tm
```

La escala se finaliza con un tono.

```
G     Bb    C     D     F     G
   Tm       T     T     Tm    T
```

Este ejercicio podrá realizarse desde cualquier nota y se encontrará una escala pentatónica menor. A continuación, se muestran las diferentes escalas pentatónicas menores:

Escalas pentatónicas menores con sostenidos

E	G	A	B	D	E
B	D	E	F#	A	B
F#	A	B	C#	E	F#
C#	E	F#	G#	B	C#
G#	B	C#	D#	F#	G#
D#	F#	G#	A#	C#	D#
A#	C#	D#	E#	G#	A#

Escalas pentatónicas menores con bemoles

D	F	G	A	C	D
G	Bb	C	D	F	G
C	Eb	F	G	Bb	C
F	Ab	Bb	C	Eb	F
Bb	Db	Eb	F	Ab	Bb
Eb	Gb	Ab	Bb	Db	Eb
Ab	Cb	Db	Eb	Gb	Ab

En la parte de técnica de esta lección se trabajarán las digitaciones para la escala pentatónica menor partiendo desde sus diferentes raíces.

Ejercicio 116

Esta es la digitación básica para esta escala, se hace desde cualquier traste en la sexta cuerda.

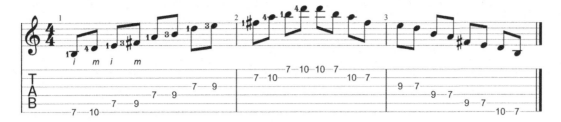

Ejercicio 117

Esta es la digitación básica para esta escala partiendo desde la quinta cuerda.

Ejercicio 118

Esta es la digitación básica para esta escala partiendo desde la cuarta cuerda.

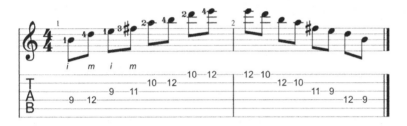

Ejercicio 119

Esta es la digitación básica para esta escala partiendo desde la tercera cuerda.

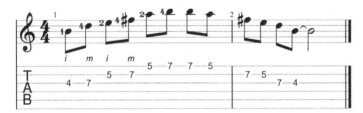

La escala menor armónica

La escala menor tiene dos variaciones: la escala menor armónica y la escala menor melódica, durante esta lección se estudiará la escala menor armónica.

Como se habló en lecciones anteriores la palabra "armonía" está relacionada con los acordes, puntualmente su estructura, su función y relación con otros. Cuando se habla acerca de la escala menor armónica es lógico pensar que algo se ha modificado en un acorde.

En la lección de acordes de la escala menor se vio que existía un acorde al cual se le podía cambiar el tipo, volverlo mayor y no usarlo menor, como aparece normalmente en la escala. Si se toma como ejemplo la escala de Am, y se cambia su quinto grado de menor a mayor, se modifica una de las notas de la escala.

```
Em   = E   G    B
E    = E   G#   B
```

Existe una nota de diferencia entre los dos acordes, qué sucede si se aplica esa nota a la escala de Am:

```
A    B    C    D    E    F    G#    A
```

Al hacer esto aparece una escala nueva a la que se le conoce como menor armónica, porque se crea cuando se hace el cambio en el quinto grado de la escala de menor a mayor, esto se hace para conseguir el acorde con función de dominante que hace falta en la tonalidad.

A continuación, se muestra la estructura que tiene esta escala:

```
A    B    C    D    E    F    G#    A
 T    m    T    T    m    Tm    m
```

Como principal característica se tiene que aparece un espacio de un tono y medio en la escala, esto hace que tenga un sonido característico. Ahora se verá esta estructura aplicada a la nota F:

Inicia con un tono entre los grados 1 y 2.
```
F    G
  T
```

Luego se va a necesitar medio tono entre los grados 2 y 3.
```
F    G    Ab
  T    m
```

Posteriormente, se va a necesitar un tono entre los grados 3 y 4.
```
F    G    Ab    Bb
  T    m    T
```

Nuevamente se necesitará un tono entre los grados 4 y 5.

```
F    G    Ab   Bb      C
   T    m    T      T
```

Aquí se va a necesitar medio tono entre los grados 5 y 6.

```
F    G    Ab   Bb     C     Db
   T    m    T     T     m
```

Entre los grados 6 y 7 se necesita un tono y medio, en este caso la escala de Fm contiene la nota Eb, aquí se va a usar natural para conseguir la distancia requerida.

```
F    G    Ab   Bb     C     Db   E
   T    m    T     T     m    Tm
```

Termina la escala con medio tono entre los grados 7 y 8.

```
F    G    Ab   Bb     C     Db   E    F
   T    m    T     T     m    Tm   m
```

La escala menor armónica en esencia es una escala menor a la cual se le sube medio tono el séptimo grado, esto sucede porque se ha modificado una de las notas del acorde que se genera sobre el quinto grado de la escala.

Algunos guitarristas han adoptado esta escala como sonido insignia de su estilo musical, por ejemplo, Yngwie Malmsteen, Michael Romeo y Vinnie Moore.

Como escala es bastante normal encontrarla en el *metal* y en el *rock*.

A continuación, se encuentran las escalas de tipo menor armónica que usan sostenidos:

E	F#	G	A	B	C	D#	E
B	C#	D	E	F#	G	A#	B
F#	G#	A	B	C#	D	E#	F#
C#	D#	E	F#	G#	A	B#	C#
G#	A#	B	C#	D#	E	F##	G#
D#	E#	F#	G#	A#	B	C##	D#
A#	B#	C#	D#	E#	F#	G##	A#

A continuación, se encuentran escalas de tipo menor armónica que usan bemoles:

D	E	F	G	A	Bb	C#	D
G	A	Bb	C	D	Eb	F#	G
C	D	Eb	F	G	Ab	B	C
F	G	Ab	Bb	C	Db	E	F
Bb	C	Db	Eb	F	Gb	A	Bb
Eb	F	Gb	Ab	Bb	Cb	D	Eb
Ab	Bb	Cb	Db	Eb	Fb	G	Ab

Ejercicio 120

Esta es la digitación básica para esta escala partiendo desde la nota A.

Aun cuando esta digitación está planteada sobre la nota A puede hacerse sobre cualquier otra usando esta misma figura sobre la sexta cuerda.

En la parte técnica de esta lección se va a trabajar sobre la escala menor armónica, adicionalmente, se aplicarán unos ejercicios que incluyen saltos entre las cuerdas. Para esto se debe vigilar la posición de la mano derecha, el apoyo sobre el puente es importante, puesto que ayudará a reducir los errores.

Ejercicio 121

En este primer ejercicio se tiene un efecto conocido como pedal, una figura recurrente sobre dos notas de la escala, esta se repite varias veces mientras se van tocando las notas restantes de la escala.

Está construido sobre la escala menor armónica de D, las notas que hacen como pedal son la tónica y el séptimo grado, de esta forma se consigue el efecto de la escala menor armónica.

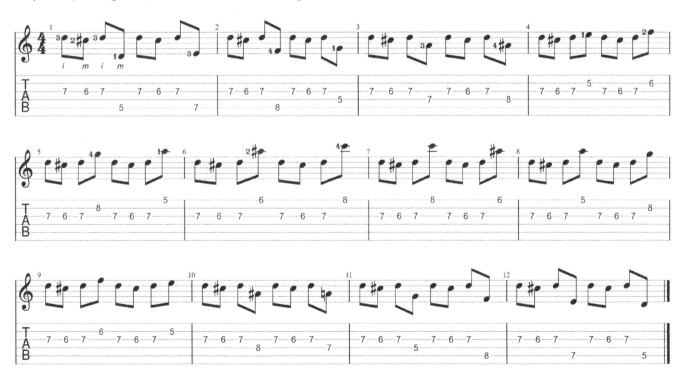

Ejercicio 122

En este segundo ejercicio se tiene nuevamente un pedal, este aparece sobre la primera cuerda, se va tocando el resto de la escala menor armónica alternando las cuerdas y haciendo grupos de tres notas sobre cada una.

Ejercicio 123

En este tercer ejercicio se tiene nuevamente un pedal, este aparece sobre la primera cuerda, para llevar a cabo su ejecución se va tocando el resto de la escala mayor alternando las cuerdas y haciendo grupos de tres notas sobre cada una.

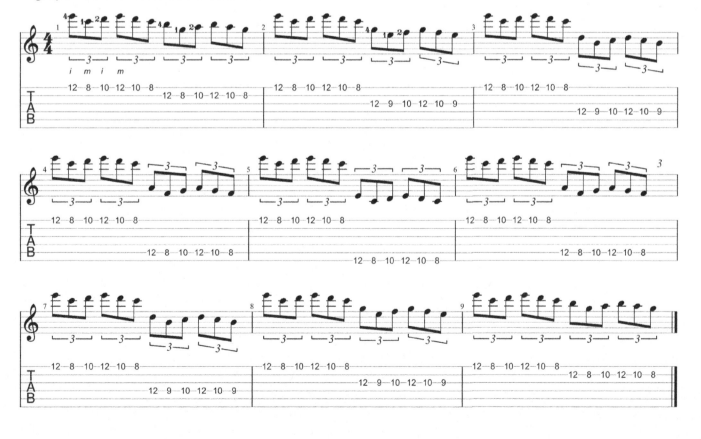

23 La escala menor melódica

Cuando se habla de melodía se refiere a una secuencia de notas con un ritmo determinado, cuando se habla de la segunda variación de la escala menor, la menor melódica se trata de una escala que ajusta algún tipo de problema dentro de la distribución de tonos.

Este problema surge cuando se crea la escala menor armónica, en esta se tiene un espacio de tono y medio entre los grados 6 y 7, este espacio no es muy convencional en una escala de 7 sonidos, por esta razón, algunos músicos del barroco incluido Bach pensaron que lo mejor era ajustarlo, lo realizaron subiendo medio tono al sexto grado de la escala; con esto se tiene la siguiente estructura:

A   B   C   D   E   F#   G#   A
  T   m   T   T   T   T   m

Se puede notar que efectivamente desaparece el espacio de tono y medio, pero aparecen nuevos problemas, el primero es que esta escala carece de identidad o definición, si se compara con la escala mayor y la escala menor se verá que es una combinación de estas:

Escala mayor de A:

A   B   C#   D   E   F#   G#   A

Escala menor de A:

A   B   C   D   E   F   G   A

Escala menor melódica de A:

A   B   C   D   E   F#   G#   A

Puede verse que esta escala es mitad menor y mitad mayor, por esta razón, Bach al usarla la mezclaba con la menor natural, para esto siempre que tenía un cambio de dirección cambiaba entre las escalas, por ejemplo, hacía una frase ascendente sobre la menor melódica y luego una descendente sobre la menor natural.

Hoy día su uso no requiere este tipo de ajustes, se encuentra de forma muy frecuente dentro del *jazz*, sus modos también son muy usados dentro de la improvisación.

Ahora sobre la nota D se va a construir una escala menor melódica:

Entre los dos primeros grados se necesita un tono.
D   E
  T

Entre los grados dos y tres se necesita medio tono.

```
D    E    F
   T    m
```

Entre los grados tres y cuatro se necesita un tono.

```
D    E    F    G
   T    m    T
```

Entre los grados cuatro y cinco se necesita un tono.

```
D    E    F    G    A
   T    m    T    T
```

Entre los grados cinco y seis se necesita un tono.

```
D    E    F    G    A    B
   T    m    T    T    T
```

Entre los grados seis y siete se necesita un tono.

```
D    E    F    G    A    B    C#
   T    m    T    T    T    T
```

Entre los grados siete y ocho se necesita medio tono.

```
D    E    F    G    A    B    C#    D
   T    m    T    T    T    T    m
```

A continuación, se encuentran las escalas de tipo menor melódica que usan sostenidos:

E	F#	G	A	B	C#	D#	E
B	C#	D	E	F#	G#	A#	B
F#	G#	A	B	C#	D#	E#	F#
C#	D#	E	F#	G#	A#	B#	C#
G#	A#	B	C#	D#	E#	F##	G#
D#	E#	F#	G#	A#	B#	C##	D#
A#	B#	C#	D#	E#	F##	G##	A#

A continuación, se encuentran las escalas de tipo menor melódica que usan bemoles:

D	E	F	G	A	B	C#	D
G	A	Bb	C	D	E	F#	G
C	D	Eb	F	G	A	B	C
F	G	Ab	Bb	C	D	E	F
Bb	C	Db	Eb	F	G	A	Bb
Eb	F	Gb	Ab	Bb	C	D	Eb
Ab	Bb	Cb	Db	Eb	F	G	Ab

Como se puede observar, en las escalas de tipo menor armónica o melódica es posible encontrar sostenidos y bemoles dentro de la misma escala.

Ejercicio 124

Esta es la digitación básica para esta escala partiendo desde la nota A.

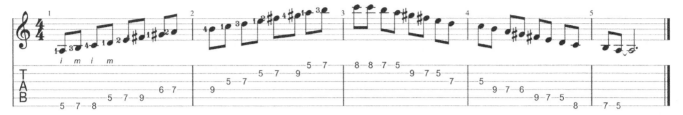

En la parte de técnica de esta lección se trabajará sobre el desarrollo del *picking* interno, esto consiste en mantener los ataques del *pick* dentro de dos cuerdas, para esto se debe prestar atención a la dirección de los ataques de la mano derecha.

Ejercicio 125

En este primer ejercicio se tiene una figura construida sobre dos cuerdas, se va a usar una secuencia de ataques "abajo, arriba", de esta forma se estará dentro de las dos cuerdas y se realizará el ejercicio usando *picking* interno.

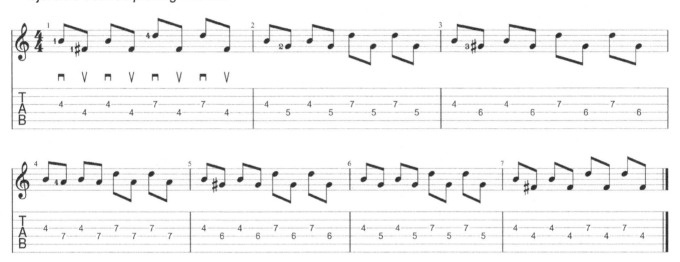

Ejercicio 126

En este segundo ejercicio se tiene la misma situación, para su desarrollo se va a trabajar sobre las cuerdas uno y dos, se deben vigilar los ataques de la mano derecha. Para hacer *picking* interno es necesario mantener una secuencia de ataques "abajo, arriba".

Este ejercicio también se mueve por la escala usando intervalos de tercera.

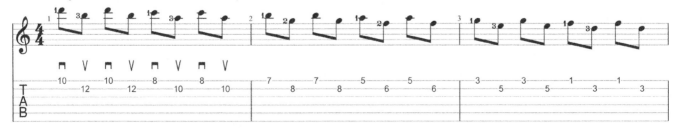

Ejercicio 127

En este tercer ejercicio se tiene la misma situación, pero se han incluido saltos entre cuerdas, así que se va a trabajar sobre las cuerdas uno y tres, se deben vigilar los ataques de la mano derecha. Para hacer *picking* interno es necesario hacer una secuencia de ataques "abajo, arriba".

Este ejercicio también se mueve por la escala usando intervalos de sexta.

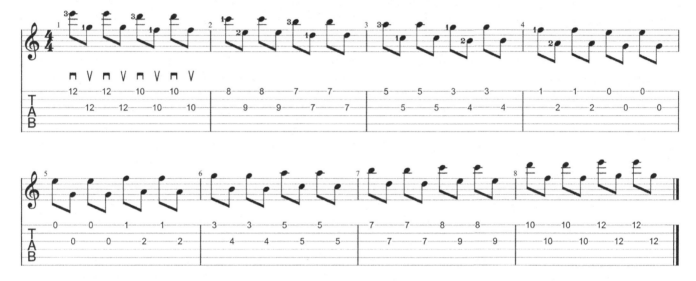

24 Armonía completa de la escala menor

En lecciones anteriores se ha realizado un trabajo para conocer la armonía de la escala menor, se han visto los acordes que se generan desde cada uno de los grados. Es posible realizar este mismo procedimiento sobre las dos variaciones de la escala menor, la armónica y la melódica, con esto se tendrá un paquete de acordes muy amplio que puede ser usado en composiciones o arreglos.

A continuación, se explica cómo funciona la armonía de la escala menor armónica.

Al subir el séptimo grado de la escala medio tono se están afectando dos acordes y creando uno nuevo, seguidamente se va a realizar el ejemplo sobre la escala de Am:

A	B	C	D	E	F	G#	A
-	°	#5	-	+	+	°	

Puede verse la aparición de un acorde aumentado sobre el tercer grado de la escala, se ve que el quinto grado se convierte en acorde mayor y aparece un nuevo acorde, el G#° que en este caso, funciona como vii°.

Estos tres nuevos acordes serán añadidos a la paleta de posibilidades que permite la escala menor, más adelante también serán ubicados según su función armónica.

Ahora se realiza el mismo ejercicio sobre la escala de Am melódica.

Al subir el sexto grado medio tono se están modificando dos acordes y creando uno nuevo:

A	B	C	D	E	F#	G#	A
-	-	#5	+	+	°	°	

Se ve la aparición de un acorde menor sobre el segundo grado, el cuarto grado pasa a ser mayor y aparece un nuevo acorde sobre la nota F# que es disminuido, al sumar los acordes de la escala menor con los de la escala menor armónica y melódica se tiene a disposición un total de trece acordes, a continuación, se verá como pueden ser usados.

Para usar estos acordes se deben ubicar dentro de las funciones armónicas, es importante recordar que los acordes de una misma función son intercambiables y gracias a este recurso se puede realizar lo que se conoce como rearmonización de una pieza musical.

Tónicas	Subdominantes	Dominantes
1m	4m	5
3b	2Dis	7Dis
6b	5m	
3b#5	7b	
6Dis	2m	

Gracias a la escala menor armónica aparecen acordes para la función de dominante, en la escala menor natural no se tienen acordes para esta función.

Se nota un incremento en las tónicas y en las subdominantes y es en esta última función donde más se podrá encontrar versatilidad y variedad para aplicar estos nuevos recursos.

La escala menor tiene casi el doble de acordes con relación a la escala mayor, por esta razón, es preferida por muchos compositores y arreglistas musicales, sin embargo, es posible intercambiar acordes con la escala mayor, a esto se le conoce como intercambio modal y es un concepto que se estudiará más adelante en este curso.

Para la parte técnica de esta lección se tomarán algunos ejercicios vistos durante el curso y se realizarán usando *picking* invertido, esto significa que se debe cambiar la secuencia de ataques de la mano derecha y realizar los movimientos de forma contraria.

Ejercicio 128

Este ejercicio de tipo cromático, por lo general, se inicia con un ataque hacia abajo en la mano derecha, en esta ocasión se va a invertir el orden de los ataques y se desarrollará arriba, abajo… con esto se estará realizando lo que se conoce como *picking* invertido.

Ejercicio 129

Ahora se realiza el mismo ejercicio sobre una escala a una cuerda, aquí se debe mantener la dirección de los ataques arriba, abajo y así sucesivamente.

Ejercicio 130

Ahora se realiza el mismo ejercicio sobre una escala pentatónica menor, se debe mantener la dirección de los ataques arriba, abajo y así sucesivamente.

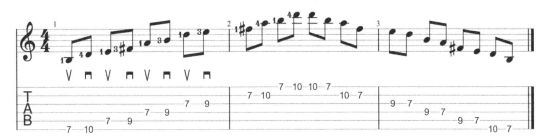

25 Los intervalos

Para dar inicio a esta lección se deben aprender los siguientes conceptos:

Intervalo: es la distancia que existe entre dos notas, esta se mide por medios tonos y tonos completos. En un intervalo su nombre depende de su escritura, es la forma como se grafica mas no su sonido, lo que permite nombrarlo.

Medios tonos: en música las notas se separan entre sí por medios tonos, si se toma como referencia la escala cromática vista en el nivel anterior, se verá que cada una de sus notas está separada de la otra por medio tono.

En el nivel anterior se han estudiado diferentes escalas, cada una de ellas con una configuración de tonos y medios tonos. En esta lección se estudiarán las distancias posibles entre dos notas dentro de una octava, estas distancias o "intervalos" son necesarios para formar escalas y acordes; el dominio de los intervalos es necesario para la comprensión de la teoría musical.

En el siguiente ejemplo se tomará como referencia la nota C y desde ella se medirán todas las distancias posibles hacia las demás notas de la escala cromática.

En la siguiente tabla se encuentran tres conceptos:

Notas: son las notas que componen el intervalo.

Distancia en tonos: es la sumatoria de medios tonos que existe entre cada nota.

Nombre del intervalo: según la cantidad de notas del intervalo y la sumatoria de tonos se asigna un nombre, en este caso se ha trabajado desde la nota C, como se verá más adelante se puede iniciar desde cualquier nota.

Notas	Distancia en tonos	Nombre del intervalo
C - C	0	Unísono
C - Db	½ tono	Segunda menor
C - D	1 tono	Segunda mayor
C - D#	1 ½ tonos	Segunda aumentada
C - Eb	1 ½ tonos	Tercera menor
C - E	2 tonos	Tercera mayor
C - F	2 ½ tonos	Cuarta justa
C - F#	3 tonos	Cuarta aumentada "tritono"
C - Gb	3 tonos	Quinta disminuida "tritono"
C - G	3 ½ tonos	Quinta justa
C - G#	4 tonos	Quinta aumentada
C - Ab	4 tonos	Sexta menor
C - A	4 ½ tonos	Sexta mayor
C - Bb	5 tonos	Séptima menor
C - B	5 ½ tonos	Séptima mayor
C - C	6 tonos	Octava justa

De la tabla anterior pueden extraerse algunos conceptos:

Nombre del intervalo

El nombre del intervalo depende de las notas que se encuentren involucradas, si se tiene un intervalo entre D y A se dice que es una quinta, el intervalo contiene cinco notas:

D E F G A

Si se tiene un intervalo entre F y E se tiene una séptima, esto, por las siete notas que aparecen en el intervalo:

F G A B C D E

Si se tiene un intervalo entre A y B se tiene una segunda, este intervalo está compuesto por dos notas:

A B.

Tipo de intervalo

Existen diferentes tipos de segunda, tercera, cuarta, etc. Estos tipos de intervalo se diferencian entre sí por la sumatoria de tonos, en una quinta, por ejemplo, se tienen tres posibilidades:

Quinta disminuida   = 3 tonos
Quinta justa   = 3 1/2 tonos
Quinta aumentada   = 4 tonos

Los intervalos de segunda, tercera, sexta y séptima tienen la posibilidad de ser disminuidos, menores, mayores y aumentados, todo según la sumatoria de tonos.

Los intervalos de cuarta, quinta y octava pueden ser disminuidos, justos y aumentados, nuevamente, todo depende de la sumatoria de tonos.

Según este concepto no existen los intervalos de quinta menor, segunda justa, o cuarta mayor, por citar algunos ejemplos. Los intervalos se nombran por la cantidad de notas que los conforman y la sumatoria de medios tonos.

Escritura del intervalo

Los intervalos dependen de la forma como se escriben, en muchos casos se verá, que un mismo sonido puede interpretarse de varias formas, esto es indispensable para la comprensión de los acordes y el manejo del cifrado.

En un intervalo de cuatro tonos se pueden tener dos posibilidades, una quinta aumentada o una sexta menor, es la forma como se escribe lo que determina su nombre:

C G# = quinta aumentada
C Ab = sexta menor

Dentro del cifrado de un acorde se podrá encontrar el símbolo (#5), esto indica que usa quinta aumentada, se podría encontrar también el símbolo b6 o b13 para indicar que usa sexta menor, en ambos tipos de acorde, como se verá más adelante, la estructura es diferente, por esta razón, los intervalos pueden cifrarse de varias formas, todo según como se escriban.

Aplicación al cifrado

Una de las aplicaciones de la teoría de intervalos es su relación con el cifrado de acordes, el nombre de un acorde interpretado correctamente puede indicar las notas que este contiene. Cada uno de los símbolos usados para nombrar el acorde indican los diferentes intervalos entre cada una de las notas, a continuación, se tiene una lista con los símbolos más comunes en el cifrado actual y su significado.

Intervalo	Símbolo
Tercera menor	m
Tercera mayor	No se indica
Quinta disminuida	b5
Quinta justa	No se indica
Quinta aumentada	#5
Séptima menor	7
Séptima mayor	Maj7

Como se puede observar la tercera mayor y la quinta justa no se indican, estas se asumen y todos los acordes tendrán tercera mayor y quinta justa, a menos que se indique lo contrario.

Si se encuentra un acorde cifrado de la siguiente forma:

C: se debe asumir que tiene una tercera mayor y una quinta justa.
C E G (tercera mayor de C a E y quinta justa de C a G).

C(#5): el acorde tiene una tercera mayor y una quinta aumentada (#5), como se puede observar tiene una indicación hacia la quinta, dice que esta es aumentada.
C E G# (tercera mayor de C a E y quinta aumentada de C a G#).

CMaj7: se debe asumir que tiene una tercera mayor, una quinta justa y una séptima mayor indicada por el símbolo "Maj7".
C E G B (tercera mayor de C a E, quinta justa de C a G y séptima mayor de C a B).

Cm: el acorde tiene una tercera menor indicada por el símbolo "m" y una quinta justa.
C Eb G (tercera menor C a Eb y quinta justa C a G).

Cm(b5): el acorde tiene una tercera menor indicada por el símbolo "m" y una quinta disminuida indicada por el símbolo "b5".
C Eb Gb (tercera menor de C a Eb y quinta disminuida de C a Gb).

Cm7: el acorde tiene una tercera menor indicada por el símbolo "m", una quinta justa y una séptima menor indicada por el símbolo "7".
C Eb G Bb (tercera menor de C a Eb, quinta justa de C a G y séptima menor de C a Bb).

Cm7b5: el acorde tiene una tercera menor indicada por el símbolo "m", una quinta disminuida indicada por el símbolo "b5" y una séptima menor indicada por el símbolo "7".
C Eb Gb Bb (tercera menor de C a Eb, quinta disminuida de C a Gb y séptima menor de C a Bb).

Más adelante se verá la aplicación de los intervalos restantes, esto a medida que se estudien diferentes tipos de acorde.

Subdivisión en semicorcheas

Durante este nivel se estudiarán ritmos con subdivisión en semicorcheas, el trabajo de esta lección tiene una cierta similitud al trabajo realizado en el primer módulo del curso donde se tomaron todas las combinaciones posibles dentro de un grupo de cuatro notas, la diferencia radica en el uso de *scratch* para el control del sonido en la mano izquierda y el manejo de cuatro notas por cada tiempo.

Para realizar el *scratch* de forma efectiva se debe realizar el siguiente ejercicio:

1. Colocar la mano sobre las cuerdas, lo suficiente para silenciarlas, pero sin tocar los trastes para no producir sonido.
2. Con la mano derecha se tocan las seis cuerdas, rasgando de forma continua, realizando ataques abajo, arriba.
3. El sonido que se produce es el de las cuerdas apagadas, a esto se le conoce como *scratch*.

Durante los ejercicios de esta lección se alternará entre *scratch* y el sonido de los acordes, este se produce con la mano izquierda cuando esta hace presión sobre las cuerdas al tocar un acorde.

Los ejercicios que aparecen a continuación hacen combinaciones de cuatro notas aplicando *scratch* y el sonido de los acordes. Se sugiere realizar este ejercicio con acordes de posición móvil o cejilla, la idea es producir sonido "*scratch*" con la mano derecha de forma continua.

Cada vez que se quiera conseguir el sonido de un acorde la mano izquierda debe hacer la presión suficiente sobre los trastes para que el sonido del acorde se produzca.

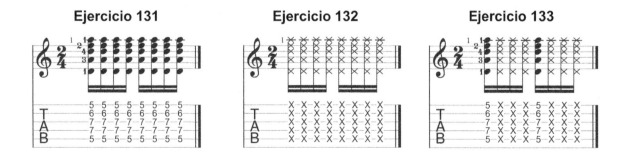

Ejercicio 131　　　　**Ejercicio 132**　　　　**Ejercicio 133**

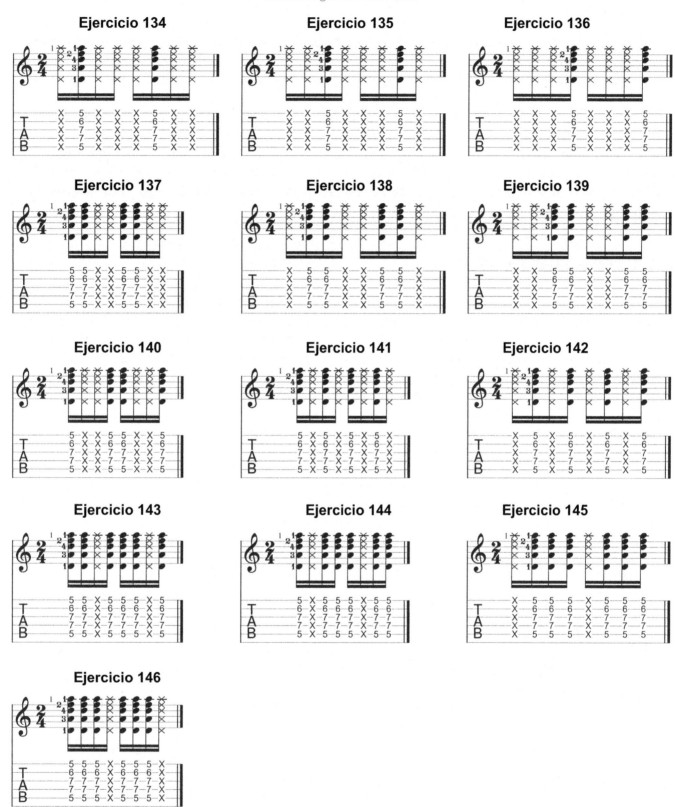

Construcción de acordes

En la lección anterior se habló acerca de los intervalos, este concepto es necesario para construir acordes. Cuando se trabaja con intervalos se usan dos notas y se mide la distancia que existe entre ellas, mientras que cuando se trabaja con acordes se tienen tres notas y las diferentes distancias que existen entre cada una de ellas con relación a la tónica, determinan el tipo de acorde que se ha construido.

Los acordes inicialmente trabajan tres notas diferentes, la nota más baja se conoce como la fundamental y es la que da el nombre al acorde, las dos notas restantes definen la estructura y tipo, en esta lección se realizará el estudio de los acordes de tríada o acordes de tres notas.

Para construir acordes pueden usarse dos métodos, ambos son útiles dependiendo el tipo de acorde que se construya.

Método 1: terceras consecutivas

Este método resulta sencillo cuando se trabajan acordes básicos, lo que se hace es colocar una tercera tras otra de forma consecutiva, las dos terceras pueden ser mayores o menores. Las diferentes combinaciones que pueden lograrse determinan el tipo de acorde.

Si se inicia desde la nota C se debe realizar el siguiente procedimiento:

Se usa una primera tercera de C a E.

Posteriormente, se saca una segunda tercera de E a G.

Se tiene una tercera de C a E, otra de E a G, al sumar las notas se tiene un acorde triádico o de tres notas para C:

C E G

En la lección anterior se vio que las terceras pueden ser de dos tipos: mayor, si tienen dos tonos y menor, si tienen tono y medio; las diferentes combinaciones de terceras generarán diferentes tipos de acorde.

Acorde mayor

El acorde mayor se crea al usar una tercera mayor y una tercera menor, esto puede hacerse desde cualquier nota como se verá a continuación:

C E, se tiene una tercera mayor de dos tonos.

E G, se tiene una tercera menor de tono y medio.

Al sumar las notas se encuentra que el acorde de C mayor está compuesto por las notas C E G.

El mismo procedimiento puede realizarse desde cualquier otra nota, desde la nota E el acorde queda de la siguiente forma.

E G#, se tiene una tercera mayor de dos tonos.

G# B, se tiene una tercera menor de tono y medio.

El acorde de E mayor está compuesto por las notas E G# B.

Acorde menor

Los acordes menores se construyen usando el mismo procedimiento de terceras consecutivas, este acorde invierte las terceras en relación al acorde mayor usando una tercera menor y una tercera mayor.

Para este ejemplo se toma la nota D:

D F, se tiene una tercera menor de tono y medio.

F A, se tiene una tercera mayor de dos tonos.

El acorde de Dm está compuesto por las notas D F A.

Esto aplica para cualquier nota y muchas veces se deben usar alteraciones para ajustar los intervalos, este sería el caso del acorde de Gm.

G Bb, se tiene una tercera menor de tono y medio.

Bb D, se tiene una tercera mayor de dos tonos.

El acorde de Gm está compuesto por las notas G Bb D.

Acorde disminuido

Un acorde disminuido está compuesto por dos terceras menores, generalmente, este acorde debe usar alteraciones para ajustar los intervalos.

Para el siguiente ejemplo se usa la nota F:

F Ab, se tiene una tercera menor de tono y medio.

Ab Cb, se tiene otra tercera menor de tono y medio.

En estos acordes toma mucha relevancia el concepto de los intervalos, estos dependen de la escritura. Muchos estudiantes toman la nota Cb como "B", para este acorde se usa Cb, de esta forma se mantiene el intervalo de tercera y no un intervalo de segunda aumentada que sería el intervalo de Ab a B.

Los dos intervalos tienen la misma distancia, suenan igual, pero es su aplicación al cifrado lo que determina qué escritura debe usarse, en este caso, una tercera para mantener la estructura del acorde disminuido de F el cual tiene las notas, F Ab Cb.

Un segundo ejemplo puede hacerse desde la nota Bb, en este caso se presenta una situación similar.

Bb Db, se tiene un intervalo de tercera menor de tono y medio.

Db Fb, se tiene un intervalo de tercera menor de tono y medio.

De nuevo debe usarse escritura por terceras, en este caso se usa Fb y no E para poder mantener la estructura del acorde de Bb disminuido el cual tiene las notas Bb Db Fb.

Acorde aumentado

El acorde aumentado usa dos terceras mayores, con esto se tienen las combinaciones posibles de terceras y los cuatro tipos básicos de acorde triádico: mayor, menor, disminuido y aumentado.

Para este acorde se usa como ejemplo la nota A.

A C#, se tiene una tercera mayor de dos tonos.

C# E#, se tiene una tercera mayor de dos tonos.

Nuevamente se debe usar la escritura por terceras, se usa E# y no F, aun cuando son la misma nota, la estructura por terceras del acorde obliga al uso de esta grafía, el acorde de A aumentado tiene las notas A C# E#.

Por último, se hará un ejemplo sobre el acorde de G.

G B, se tiene una tercera mayor de dos tonos.

B D#, se tiene una tercera mayor de dos tonos.

El acorde de G aumentado tiene las notas G B D#.

Los acordes usan una grafía específica según su tipo, para el acorde mayor se escribe la nota en mayúscula, el acorde menor viene acompañado de la letra "m", el acorde disminuido viene acompañado del símbolo "b5" y el acorde aumentado viene acompañado del símbolo #5.

La tabla que se muestra a continuación puede usarse para recordar este concepto y reconocer de forma más simple la grafía para cada uno de los acordes.

Acorde mayor = C

Acorde menor = Cm

Acorde disminuido = Cm(b5)

Acorde aumentado = C(#5)

En algunos libros aparece el acorde disminuido acompañado del símbolo "°" por lo que puede encontrarse como C°.

Método 2: intervalos

Para construir acordes puede usarse un segundo método, el resultado, sea cual sea el sistema que se use será el mismo, cada una de las formas de construir acordes resulta útil en un momento determinado. Es fácil construir acordes pequeños por terceras; cuando los acordes son de cuatro, cinco o más notas, el sistema de intervalos se convierte en una alternativa útil.

Al construir acordes por intervalos se mira la distancia que existe entre las notas del acorde y la fundamental, los acordes de tríada se componen de una tercera y una quinta; el tipo de intervalos, sea menor, mayor, disminuido, justo o aumentado es lo que determinará el tipo de acorde.

Acorde mayor

Un acorde mayor se compone de una tercera mayor y una quinta justa, para este tipo de acorde se realiza un ejemplo desde la nota A:

A C#, se tiene una tercera mayor de dos tonos.

A E, se tiene una quinta justa de tres tonos y medio.

El acorde de A está compuesto por las notas A C# E.

Puede observarse que, a diferencia del método de terceras, en este de intervalos todas las distancias se han medido desde la misma nota, en este caso A, que es la fundamental del acorde. Ahora se realiza un ejemplo desde la nota Db.

Db F, se tiene una tercera mayor de dos tonos.

Db Ab, se tiene una quinta justa de tres tonos y medio.

El acorde de Db está compuesto por las notas Db F Ab.

Este procedimiento puede realizarse desde cualquier nota, si se respetan los intervalos, siempre se logra el tipo de acorde deseado.

Acordes menores

Un acorde menor está compuesto por una tercera menor, por esta razón, usa el signo "m" y una quinta justa, a continuación, se realiza un ejemplo desde la nota E.

E G, se tiene una tercera menor de tono y medio.

E B, se tiene una quinta justa de tres tonos y medio.

El acorde de Em está compuesto por las notas E G B.

Esto puede realizarse desde notas alteradas como en el siguiente ejemplo, que se hace desde F#.

F# A, se tiene una tercera menor de tono y medio.

F# C#, se tiene una quinta justa de tres tonos y medio.

El acorde de F#m está compuesto por las notas F# A C#.

Acordes disminuidos

Un acorde disminuido está compuesto por una tercera menor, por eso debe ir con el símbolo "m" y una quinta disminuida, por esa razón, debe ir con el símbolo "b5". A continuación, se realiza un ejemplo desde la nota D.

D F, se tiene una tercera menor de tono y medio.

D Ab, se tiene una quinta disminuida de tres tonos.

El acorde de Dm(b5) o D° tiene las notas D F Ab.

Esto se aplica a cualquier nota, a continuación, se realiza un ejemplo desde Ab.

Ab Cb, se tiene una tercera menor de tono y medio, se escribe de esta forma porque los intervalos dependen de como se encuentran escritos.

Ab Ebb, se tiene una quinta disminuida de tres tonos, se escribe de esta forma porque el intervalo depende de su escritura.

El acorde de Abm(b5) o Ab° tiene las notas Ab Cb Ebb.

Gracias a la enarmonía, este acorde puede interpretarse de una forma más sencilla, un acorde de Ab° es equivalente a uno de G#°, en este caso tendría las notas G# B D; la enarmonía es un principio aplicable a cualquier acorde o escala cuando las cosas gráficamente se complican más de lo que deben. La idea principal de la grafía musical es facilitar la comprensión del lenguaje.

Acordes aumentados

Los acordes aumentados están compuestos por una tercera mayor y una quinta aumentada, por esta razón, se les acompaña del símbolo "#5". A continuación, se realiza un ejemplo desde la nota F.

F A, se tiene una tercera mayor de dos tonos.

F C#, se tiene una quinta aumentada de cuatro tonos.

El acorde de F(#5) tiene las notas F A C#.

Esto aplica a cualquier nota, a continuación, se muestra un ejemplo desde Eb.

Eb G, se tiene una tercera mayor de dos tonos.

Eb B, se tiene una quinta aumentada de cuatro tonos.

El acorde de Eb(#5) tiene las notas Eb G B.

Aplicación en la guitarra

En la guitarra, siempre que se encuentren las tres notas de un acorde se puede decir que está completo, en determinados momentos es necesario duplicar notas para usar todas las cuerdas del instrumento, en otros, como se trabaja en los ejercicios de esta lección, se usan solo tres: la tónica, la tercera y la quinta para cada acorde.

En algunos casos las notas del acorde pueden encontrarse en desorden, cuando el bajo de un acorde es diferente a su tónica se dice que se encuentra en inversión. A continuación, se encuentran las digitaciones de los diferentes acordes mayores y menores en fundamental e inversión, para este ejemplo se ha usado la nota C, esto puede aplicarse a cualquier nota.

Acordes mayores:

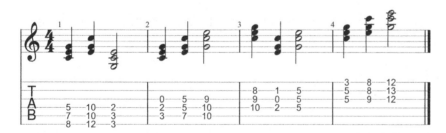

Acordes menores:

En esta lección se realizará un trabajo de ritmo usando acordes en fundamental e inversión, adicionalmente, se realizarán combinaciones de cuatro figuras rítmicas tal y como se expuso en la lección anterior.

Ejercicio 147

El siguiente ejercicio hace una combinación de cuatro figuras rítmicas.

Secuencia de acordes: Em B

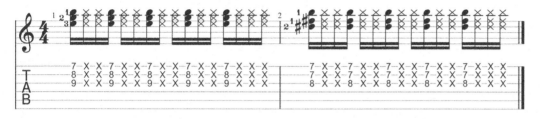

Ejercicio 148

El siguiente ejercicio hace una combinación de cuatro figuras rítmicas.

Secuencia de acordes: D G

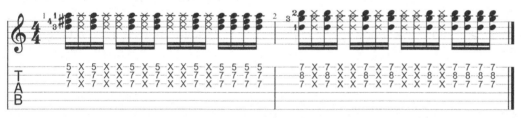

Ejercicio 149

El siguiente ejercicio hace una combinación de cuatro figuras rítmicas.

Secuencia de acordes: Bm Em

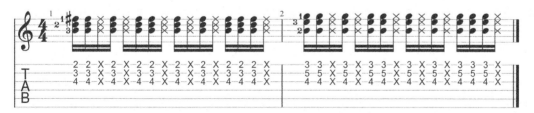

Como puede observarse en los ejercicios de esta lección, el primer acorde se encuentra en fundamental y el segundo en inversión.

27 Los intervalos compuestos

Se conoce como intervalo compuesto a toda distancia entre dos notas que sobrepase la octava, estos intervalos son comunes en la súperestructura de los acordes; por lo general, aparecen dentro de los acordes como tensiones, 9, 11 y 13.

Los intervalos compuestos se trabajan bajo un principio básico, cuando se duplican las notas del acorde, estas no aparecen dentro del cifrado, tal es el caso del acorde de C en primera posición, este acorde tiene una tercera en la cuarta cuerda y una doceava en la primera cuerda al aire, al ser una duplicación de una de las notas del acorde esta no aparece en el cifrado.

Cuando se usa un intervalo compuesto como tensión este aparece en el cifrado, es el caso de las novenas, oncenas y trecenas. A continuación, se muestra una tabla con los intervalos compuestos, esto puede aplicarse a cualquier nota, en este caso se ha usado la nota C.

Notas	Distancia en tonos	Nombre del intervalo
C - C	6 tonos	Octava
C - Db	6 ½ tonos	Novena menor
C - D	7 tonos	Novena mayor
C - D#	7 ½ tonos	Novena aumentada
C - Eb	7 ½ tonos	Décima menor
C - E	8 tonos	Décima mayor
C - F	8 ½ tonos	Oncena justa
C - F#	9 tonos	Oncena aumentada "tritono"
C - Gb	9 tonos	Doceava disminuida "tritono"
C - G	9 ½ tonos	Doceava justa
C - G#	10 tonos	Doceava aumentada
C - Ab	10 tonos	Trecena menor
C - A	10 ½ tonos	Trecena mayor
C - Bb	11 tonos	Catorceava menor
C - B	11 ½ tonos	Catorceava mayor
C - C	12 tonos	Quincena justa

Uno de los problemas comunes con los intervalos compuestos es la sumatoria de tonos, es fácil contar de forma errada cuando se trabajan distancias muy grandes, por esta razón, es útil trabajar la equivalencia de estos intervalos dentro de la primera octava, de esta forma se minimizan los errores; la diferencia aparece al momento de la interpretación donde la distancia que exista entre la fundamental y la nota determina el tipo de intervalo. A continuación, se muestran un par de ejemplos.

Si se toca la nota G sobre el tercer traste de la sexta cuerda y el A de la quinta cuerda al aire se tiene un intervalo de segunda, si se toca el A de la tercera cuerda segundo traste se tiene un intervalo de novena.

Si se toca un F en la cuarta cuerda tercer traste y un G en la tercera cuerda al aire se tiene un intervalo de segunda, si se toca un G en la primera cuerda tercer traste se tiene un intervalo de novena.

A continuación, se muestra una tabla con los intervalos compuestos más usados y su equivalencia dentro de la primera octava:

Intervalo simple	Intervalo compuesto
Segunda menor	Novena menor
Segunda mayor	Novena mayor
Segunda aumentada	Novena aumentada
Cuarta justa	Oncena justa
Cuarta aumentada	Oncena aumentada
Sexta menor	Trecena menor
Sexta mayor	Trecena mayor

Al igual que los intervalos simples, los intervalos compuestos tienen una aplicación al cifrado, como se mencionó anteriormente, las duplicaciones o notas de los acordes que aparecen por segunda vez no se cifran, solo se cifran las tensiones o notas que hacen parte de la súperestructura del acorde.

Intervalo compuesto	Cifrado
Novena menor	b9
Novena mayor	9
Novena aumentada	#9
Oncena justa	11
Oncena aumentada	#11
Trecena menor	b13
Trecena mayor	13

A nivel técnico en esta lección se continuará con las combinaciones rítmicas y acordes de tríada, el reto en estos casos consiste en controlar el sonido: conseguir que suenen únicamente tres notas, mientras en mano derecha se interpretan seis.

Ejercicio 150

El siguiente ejercicio hace una combinación de cuatro figuras rítmicas, en este caso, los dos acordes se encuentran en inversión.

Secuencia de acordes: Am E

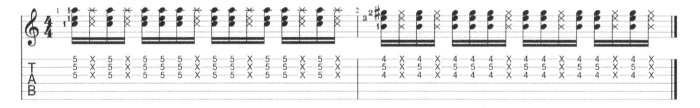

Ejercicio 151

El siguiente ejercicio hace una combinación de cuatro figuras rítmicas; en este caso, el primer acorde se encuentra en fundamental, el segundo acorde se encuentra en inversión.

Secuencia de acordes: C#m F#m

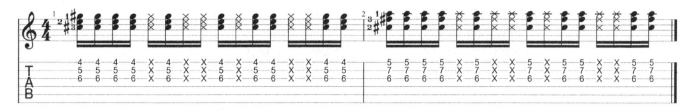

Ejercicio 152

El siguiente ejercicio hace una combinación de cuatro figuras rítmicas; en este caso, el primer acorde se encuentra en fundamental, el segundo acorde se encuentra en inversión.

Secuencia de acordes: F Bb

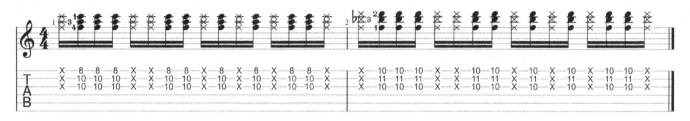

28 Construcción de acordes con séptima

La familia de acordes con séptima es una extensión del acorde básico de tríada, puede analizarse desde dos puntos de vista, se puede llegar a los acordes añadiendo una tercera más a la tríada, el tipo de tercera sea mayor o menor determina el tipo de acorde; también, se puede llegar al acorde a partir del intervalo, añadiendo una séptima sobre el acorde básico de tríada, en ambos casos, el intervalo de séptima, que puede ser mayor o menor, determina el tipo de acorde.

La familia de acordes con séptima es mucho más extensa que la familia de acordes triádicos, en esta existen ocho posibilidades; por fines pedagógicos, este libro se centra en los acordes útiles, es decir, los acordes frecuentes que constituyen un total de cinco tipos.

Nuevamente se realizarán los dos procedimientos para la construcción de acordes, se construirán por terceras e intervalos.

Método 1: terceras consecutivas

Acorde Maj7

Los acordes de este tipo manejan una fórmula de tercera mayor, tercera menor y tercera mayor, con esta fórmula es fácil llegar a este acorde desde cualquier nota.

Para este ejemplo se toma la nota G:

G B, se tiene una tercera mayor de dos tonos.

B D, se tiene una tercera menor de tono y medio.

D F#, se tiene una tercera mayor de dos tonos.

El acorde de GMaj7 está compuesto por las notas G B D F#.

El mismo procedimiento puede realizarse desde cualquier nota sea esta natural o alterada. A continuación, se realiza un ejemplo desde la nota Ab:

Ab C, se tiene una tercera mayor de dos tonos.

C Eb, se tiene una tercera menor de tono y medio.

Eb G, se tiene una tercera mayor de dos tonos.

El acorde de AbMaj7 está compuesto por las notas Ab C Eb G.

Acorde m7

El acorde de tipo m7 está constituido por una tercera menor, una tercera mayor y una tercera menor, con esta fórmula puede llegarse a un acorde m7 desde cualquier nota.

Para esta lección se realiza un ejemplo desde la nota D:

D F, se tiene una tercera menor de tono y medio.

F A, se tiene una tercera mayor de dos tonos.

A C, se tiene una tercera menor de tono y medio.

El acorde de Dm7 está compuesto por las notas D F A C.

A continuación, se muestra un segundo ejemplo, para el que se toma una nota alterada, en este caso, la nota F#:

F# A, se tiene una tercera menor de tono y medio.

A C#, se tiene una tercera mayor de dos tonos.

C# E, se tiene una tercera menor de tono y medio.

El acorde de F#m7 está compuesto por las notas F# A C# E.

Acorde 7

El acorde 7 o dominante se construye usando una tercera mayor y dos terceras de tipo menor. Con esta fórmula se puede llegar a este acorde desde cualquier nota.

A continuación, se muestra un ejemplo desde la nota B:

B D#, se tiene una tercera mayor de dos tonos.

D# F# se tiene una tercera menor de tono y medio.

F# A, se tiene una tercera menor de tono y medio.

El acorde de B7 está compuesto por las notas B D# F# A.

A continuación, se muestra un ejemplo desde una nota alterada; en este caso, se ha seleccionado una nota con b:

Eb G, se tiene una tercera mayor de dos tonos.

G Bb, se tiene una tercera menor de tono y medio.

Bb Db, se tiene una tercera menor de tono y medio.

El acorde de Eb7 está compuesto por las notas Eb G Bb Db.

Acorde m7b5

A este tipo de acorde también se le conoce como acorde semidisminuido, es una de las dos posibilidades que se usan sobre el acorde disminuido de tríada, su fórmula es tercera menor, tercera menor, tercera mayor.

A continuación, se muestra un ejemplo desde la nota A:

A C, se tiene una tercera menor de tono y medio.

C Eb, se tiene una tercera menor de tono y medio.

Eb G, se tiene una tercera mayor de dos tonos.

El acorde de Am7b5 está compuesto por las notas A C Eb G.

Esto puede realizarse desde cualquier nota sea natural o alterada. A continuación, se muestra un ejemplo desde la nota G#:

G# B, se tiene una tercera menor de tono y medio.

B D, se tiene una tercera menor de tono y medio.

D F#, se tiene una tercera mayor de dos tonos.

El acorde de G#m7b5 está compuesto por las notas G# B D F#.

Acorde °7

El acorde disminuido con séptima se caracteriza por tener tres terceras menores consecutivas, es un acorde que puede cifrarse como "dim7 o °7", cualquiera de las dos opciones es válida.

A continuación, se muestra un ejemplo desde la nota E:

E G, se tiene una tercera menor de tono y medio.

G Bb, se tiene una tercera menor de tono y medio.

Bb Db, se tiene una tercera menor de tono y medio.

El acorde de E°7 está compuesto por las notas E G Bb Db.

En algunos casos, y en particular con este tipo de acordes, es posible que se deban usar alteraciones dobles en algunas notas, para este ejemplo se usará la nota F:

F Ab, se tiene una tercera menor.

Ab Cb, se tiene una tercera menor de tono y medio.

Cb Ebb, se tiene una tercera menor de tono y medio.

El acorde de F°7 está compuesto por las notas F Ab Cb Ebb; en este caso, las notas Cb y Ebb aparecen cifradas de esta forma para mantener la secuencia de terceras.

Existen otras combinaciones de terceras que conforman acordes como mMaj7, Maj7#5, 7#5 y 7b5, pero su uso es muy limitado, por esa razón, no se tratan en este curso.

Método 2: intervalos

En el método de intervalos se usan las distancias desde la tónica como referencia, se miran los diferentes intervalos que contiene el acorde, tercera, quinta y séptima; entre más notas tenga el acorde y más grande sea el intervalo, más fácil resulta usar este método.

Acorde Maj7

El acorde de tipo Maj7 se caracteriza por tener un intervalo de tercera mayor, una quinta justa y una séptima mayor.

A continuación, se muestra un ejemplo desde la nota F:

F A, se tiene una tercera mayor de dos tonos.

F C, se tiene una quinta justa de tres tonos y medio.

F E, se tiene un intervalo de séptima mayor de cinco tonos y medio.

El acorde de FMaj7 está compuesto por las notas F A C E.

A continuación, se muestra otro ejemplo, pero usando una nota alterada para la construcción del acorde, en este caso, la nota Bb:

Bb D, se tiene una tercera mayor de dos tonos.

Bb F, se tiene una quinta justa de tres tonos y medio.

Bb A, se tiene una séptima mayor de cinco tonos y medio.

El acorde de BbMaj7 está compuesto por las notas Bb D F A.

Acorde m7

El acorde de tipo m7 se construye con una tercera menor, una quinta justa y una séptima menor; manteniendo esta relación de intervalos se puede construir un acorde de este tipo desde cualquier nota.

A continuación, se muestra un ejemplo desde la nota A:

A C, se tiene una tercera menor de tono y medio.

A E, se tiene una quinta justa de tres tonos y medio.

A G, se tiene una séptima menor de cinco tonos.

El acorde de Am7 está compuesto por las notas A C E G.

Esta fórmula permite construir acordes desde cualquier nota; el siguiente ejemplo se hace sobre una nota alterada, en este caso, Eb:

Eb Gb, se tiene una tercera menor de tono y medio.

Eb Bb, se tiene una quinta justa de tres tonos y medio.

Eb Db, se tiene una séptima menor de cinco tonos.

El acorde de Ebm7 está compuesto por las notas Eb Gb Bb Db.

Acorde 7

El acorde 7 o dominante se construye usando una tercera mayor, una quinta justa y una séptima menor, como se puede observar es muy similar al Maj7, se diferencian entre sí por el intervalo de séptima.

A continuación, se muestra un ejemplo desde la nota B:

B D#, se tiene una tercera mayor de dos tonos.

B F#, se tiene una quinta justa de tres tonos y medio.

B A, se tiene una séptima menor de cinco tonos.

El acorde de B7 está compuesto por las notas B D# F# A.

A continuación, se muestra otro ejemplo desde la nota D:

D F#, se tiene una tercera mayor de dos tonos.

D A, se tiene una quinta justa de tres tonos y medio.

D C, se tiene una séptima menor de cinco tonos.

El acorde de D7 está compuesto por las notas D F# A C.

Acorde m7b5

El acorde m7b5 o semidisminuido se construye usando una tercera menor, una quinta disminuida y una séptima menor; se ve un parecido al acorde de tipo m7 del cual se diferencia por el quinto grado.

El siguiente ejemplo está construido sobre la nota D:

D F, se tiene una tercera menor de tono y medio.

D Ab, se tiene una quinta disminuida de tres tonos.

D C, se tiene una séptima menor de cinco tonos.

El acorde de Dm7b5 está compuesto por las notas D F Ab C.

Esto puede hacerse desde cualquier nota siempre que se mantenga la fórmula. A continuación, se muestra un ejemplo desde la nota G#:

G# B, se tiene una tercera menor de dos tonos.

G# D, se tiene una quinta disminuida de tres tonos.

G# F#, se tiene una séptima menor de cinco tonos.

El acorde de G#m7b5 está compuesto por las notas G# B D F#.

Acorde °7

El acorde disminuido con séptima se caracteriza por tener una tercera menor, una quinta disminuida y una séptima disminuida; este último intervalo es poco común y no debe confundirse con una sexta mayor, aunque la sumatoria de tonos en los dos intervalos es la misma, se usa séptima disminuida para mantener la figura del acorde y su cifrado.

A continuación, se muestra un ejemplo desde la nota C:

C Eb, se tiene una tercera menor de tono y medio.

C Gb, se tiene una quinta disminuida de tres tonos.

C Bbb, se tiene una séptima disminuida de cuatro tonos y medio.

El acorde de C°7 está compuesto por las notas C Eb Gb Bbb.

Como se mencionó anteriormente, en algunos casos serán requeridas alteraciones dobles, el siguiente ejemplo muestra esta situación desde la nota F:

F Ab, se tiene una tercera menor.

F Cb, se tiene una quinta disminuida de tres tonos.

F Ebb, se tiene una séptima disminuida de cuatro tonos y medio.

El acorde de F°7 está compuesto por las notas F Ab Cb Ebb.

Aunque por enarmonía podría decirse que el acorde está compuesto por las notas F Ab B D, al escribirlo de esta forma se cambia su cifrado, ya que el acorde pasa a tener una cuarta aumentada o #11 y una sexta, podría cifrarse como Fm6(#11).

Digitaciones para los acordes con séptima

Aun cuando el saber las diferentes notas que componen los acordes y su ubicación en la guitarra ayudan a crear digitaciones, existen unas figuras que se usan de forma común; estas vienen organizadas por tipo de acorde y raíz.

Maj7

| Raíz en sexta | Raíz en quinta | Raíz en cuarta |

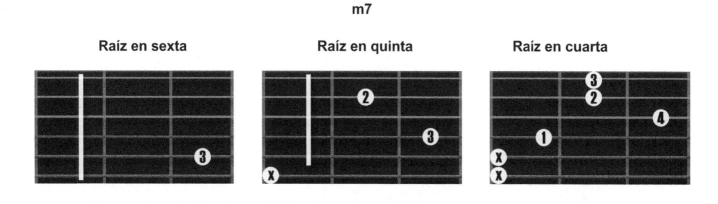

m7

| Raíz en sexta | Raíz en quinta | Raíz en cuarta |

7

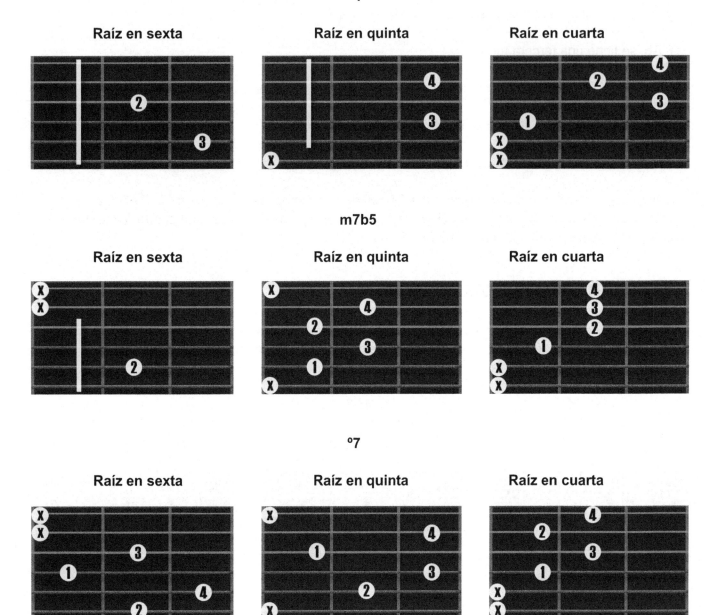

m7b5

°7

Ejercicio 153

El siguiente ejercicio trae dos retos: el primero, es que está construido usando una progresión de acordes con séptima; el segundo reto, es que usa una variación rítmica conocida como shuffle, en este tipo de ritmos, la primera nota es ligeramente más larga que la segunda.

Secuencia de acordes: Em7 Am7 CMaj7 B7

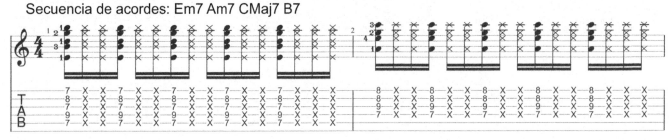

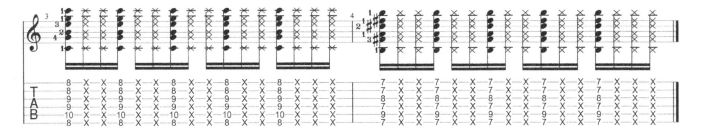

Ejercicio 154

El siguiente ejercicio combina digitaciones de diferentes raíces y mantiene el patrón rítmico con variación en shuffle.

Secuencia de acordes: Am7   FMaj7   G7 y E7

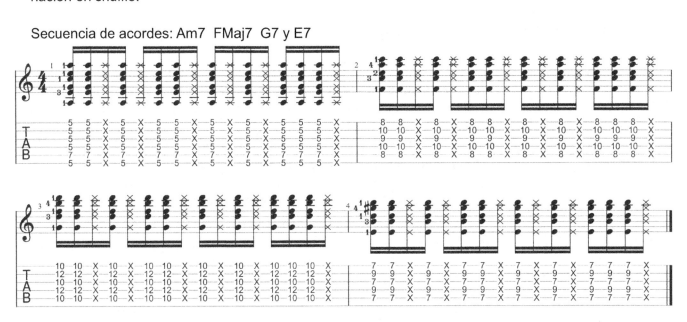

Ejercicio 155

El tercer y último ejercicio de esta lección se mantiene trabajando en shuffle, el ritmo se logra al combinar varias de las figuras vistas en el taller de ritmo de este libro.

Secuencia de acordes: FMaj7 Dm7 BbMaj7 C7

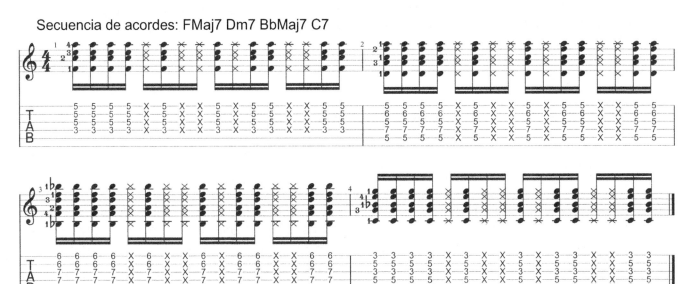

Aplicación de los acordes con séptima

Los acordes con séptima son comunes dentro del *jazz*, el *blues* y el *country*. En la música popular no es frecuente encontrarlos, pero esto no indica bajo ninguna circunstancia que no puedan ser usados o que no se puedan implementar dentro de una progresión armónica.

Un ejercicio útil que debe realizarse es transformar canciones populares a lenguaje con séptimas, sonarán un poco diferente, pero esto muchas veces es sinónimo de mejoría. Para poder usar estos acordes y cambiar la armonía de las canciones, se deben seguir algunas reglas que facilitan la aplicación de este lenguaje.

Reglas para aplicar los acordes con séptima

1. El quinto grado de una escala cuando es un acorde mayor se convierte en 7.
2. Dentro de la escala menor el séptimo grado se convierte en 7.
3. Un acorde mayor (no quinto grado) se convierte en Maj7.
4. Un acorde menor se convierte en m7.
5. El acorde disminuido tonal (que pertenece a la tonalidad) se convierte en m7b5.
6. El acorde disminuido no tonal (que no pertenece a la tonalidad) se convierte en °7.

Estas reglas dan una idea de cómo se pueden remplazar los acordes de una progresión por acordes con séptima. A continuación, se realizan diferentes ejemplos explicando las aplicaciones de cada acorde.

Em | B° | G | C

En esta progresión, el primer acorde es de tipo menor. Según la regla todos los acordes de este tipo se convierten en m7.

Em7 | B° | G | C

Esta progresión se encuentra en tono de C, el acorde de B° hace parte de la escala y se forma en su séptimo grado, por lo que es un disminuido tonal; este tipo de acorde puede remplazarse por un m7b5.

Em7 | Bm7b5 | G | C

El acorde de G es el quinto grado de la escala, al ser un acorde de tipo mayor se puede convertir en acorde 7; este acorde al generar más tensión se hace también más efectivo.

Em7 | Bm7b5 | G7 | C

El acorde de C al ser un acorde de tipo mayor y no ser el quinto grado de la escala se puede convertir en Maj7. De todos los acordes este suele ser el más inestable y el que más problemas genera; algo a tener presente es que la nota de la melodía ya sea interpretada por un cantante o un instrumento melódico no se encuentre situada en la tónica del acorde.

Em7 | Bm7b5 | G7 | CMaj7

La siguiente progresión se encuentra en tono de Am y muestra otras situaciones en la aplicación de estos acordes:

Am | D#° | Em | G

El acorde de Am al ser de tipo menor se convierte en acorde m7.

Am | D#° | Em | G

El acorde de D#° no hace parte de la escala, al ser un disminuido no tonal se convierte en °7.

Am7 | D#°7 | Em | G

El acorde de Em es el quinto grado de la escala, pero es un acorde de tipo menor. Esto es frecuente en las escalas menores donde el quinto grado puede aparecer de las dos formas; en este caso, al ser un acorde menor se convierte en m7.

Am7 | D#°7 | Em7 | G

El acorde de G es el séptimo grado de la escala de Am, este aun cuando es un acorde de tipo mayor debe convertirse a 7, tal y como lo dictan las reglas para la aplicación de estos acordes.

Am7 | D#°7 | Em | G7

Otra forma de abordar este concepto es por medio de la armonía de las escalas, en la escala mayor se ve que los acordes mayores, no quintos grados pasan a ser Maj7, los menores m7 y el disminuido tonal pasa a ser m7b5.

Escala mayor:

	I	ii	iii	IV	V	vi	vii
	C	D	E	F	G	A	B
Tríadas	+	-	-	+	+	-	°
Séptimas	Maj7	m7	m7	Maj7	7	m7	m7b5

En la escala menor se puede observar que los acordes menores pasan a ser m7, el acorde de quinto grado cuando se usa mayor pasa a ser 7; igual sucede con el séptimo grado, los acordes mayores restantes pasan a ser Maj7.

Escala menor:

	I	ii	iii	IV	V	vi	vii
	A	B	C	D	E	F	G
Tríadas	-	°	+	-	-	+	+
Séptimas	m7	m7b5	Maj7	m7	m7	Maj7	7
					+		
					7		

Los dos cuadros aparecen en escala de C y Am, incluyen el cifrado numérico, esto es para recordar que se puede aplicar a cualquier escala.

Ejercicio 156

El siguiente ejercicio muestra una combinación de acordes con técnica de guitarra *funk*, se aplican acordes en las tres raíces.

Secuencia de acordes: Cm7 AbMaj7 Fm7 G7

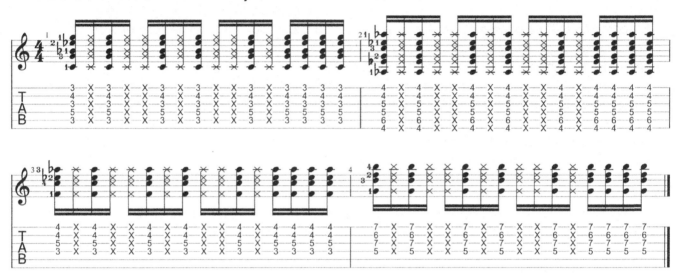

Ejercicio 157

El siguiente ejercicio trabaja acordes de raíz en quinta y sexta cuerda; en este caso, se deben realizar movimientos largos en mano derecha para lograr fluidez rítmica.

Secuencia de acordes: BMaj7 F#7 G#m7 F#7

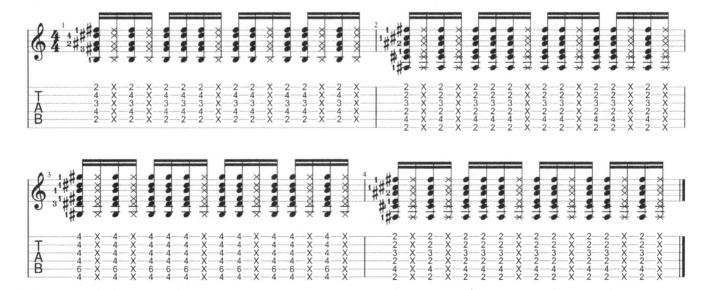

Ejercicio 158

El siguiente ejercicio presenta un reto de nivel rítmico: inicia la figura con un ataque ascendente, el tercer acorde obliga a silenciar la sexta y la primera cuerda, lo que lo hace complicado en mano izquierda.

Secuencia de acordes Dm7 BbMaj7 Em7b5 A7

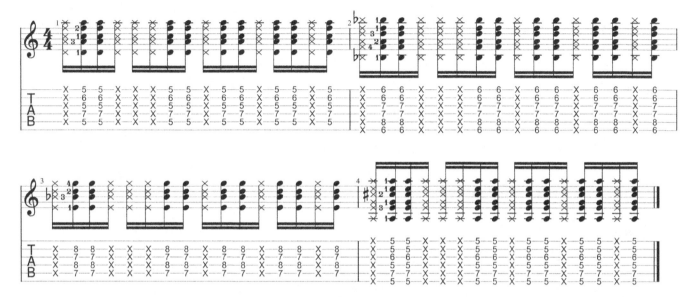

Ejercicio 159

El último ejercicio combina acordes de raíz en las cuerdas cuatro y cinco; en este caso, conviene centrar los ataques en las tres primeras cuerdas de la guitarra para conseguir un sonido brillante.

Secuencia de acordes: GMaj7 Em7 F#m7b5 D7

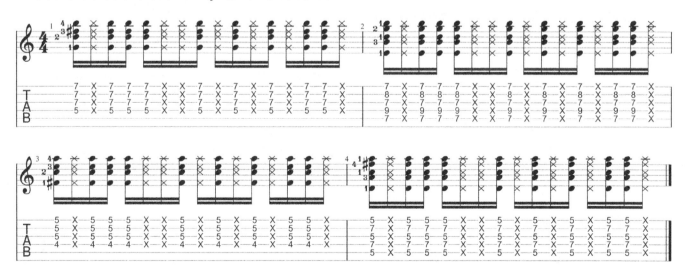

 **Construcción de acordes con novena**

La familia de acordes con novena es la extensión de los acordes con séptima; nuevamente, se puede llegar a ellos por terceras consecutivas o por intervalos. Las diferentes combinaciones de terceras o de intervalos determinan el tipo de acorde.

La familia de acordes con novena es muy extensa, pero en la práctica solo se usan cinco tipos de acorde, Maj9, m9, 9, b9 y #9; de estos acordes, tres funcionan como dominantes, los otros dos remplazan los acordes Maj7 y m7. Una particularidad de los acordes que funcionan como dominantes es que se deben aplicar según la escala en la que se encuentre la pieza musical, su aplicación depende de si se encuentran sobre tono mayor o tono menor.

Nuevamente se realizarán los dos procedimientos, por terceras e intervalos, para la construcción de los acordes.

Método 1: terceras consecutivas

Acorde Maj9

Los acordes de este tipo manejan una fórmula de tercera mayor, tercera menor, tercera mayor y tercera menor, con esto es fácil construir este acorde desde cualquier nota.

Para este acorde se toma como ejemplo la nota D:

D F#, se tiene una tercera mayor de dos tonos.

F# A, se tiene una tercera menor de tono y medio.

A C#, se tiene una tercera mayor de dos tonos.

C# E, se tiene una tercera menor de tono y medio.

El acorde de DMaj9 está compuesto por las notas D F# A C# E.

Al igual que como se ha hecho con todos los tipos de acorde vistos hasta el momento, esta fórmula puede aplicarse a cualquier nota natural o alterada; se usa como ejemplo la nota Bb:

Bb D, se tiene una tercera mayor de dos tonos.

D F, se tiene una tercera menor de tono y medio.

F A, se tiene una tercera mayor de dos tonos.

A C, se tiene una tercera menor de tono y medio.

El acorde de BbMaj9 está compuesto por las notas Bb D F A C.

Acorde m9

Los acordes de tipo m9 manejan una fórmula de tercera menor, tercera mayor, tercera menor y tercera mayor, con esta fórmula es posible llegar a este acorde desde cualquier nota.

Para este acorde se toma como ejemplo la nota A:

A C, se tiene una tercera menor de tono y medio.

C E, se tiene una tercera mayor de dos tonos.

E G, se tiene una tercera menor de tono y medio.

G B, se tiene una tercera mayor de dos tonos.

El acorde de Am9 está compuesto por las notas A C E G B.

Este procedimiento puede aplicarse a cualquier nota natural o alterada, para el siguiente ejemplo se usa la nota F#:

F# A, se tiene una tercera menor de tono y medio.

A C#, se tiene una tercera mayor de dos tonos.

C# E, se tiene una tercera menor de tono y medio.

E G#, se tiene una tercera mayor de tono y medio.

El acorde de F#m9 está construido con las notas F# A C# E G#.

Acorde 9

Este tipo de acorde funciona como dominante. Está compuesto por una tercera mayor, una tercera menor, una tercera menor y una tercera mayor, con esta fórmula se puede llegar a este acorde desde cualquier nota.

Para el siguiente ejemplo se usará la nota C:

C E, se tiene una tercera mayor de dos tonos.

E G, se tiene una tercera menor de tono y medio.

G Bb, se tiene una tercera menor de tono y medio.

Bb D, se tiene una tercera mayor de dos tonos.

El acorde de C7 está compuesto por las notas C E G Bb D.

Al igual como se ha hecho con los demás acordes, esta fórmula puede funcionar sobre cualquier nota sea natural o alterada, para este caso se toma como ejemplo la nota Eb:

Eb G, se tiene una tercera mayor de dos tonos.

G Bb, se tiene una tercera menor de tono y medio.

Bb Db, se tiene una tercera menor de tono y medio.

Db F, se tiene una tercera mayor de dos tonos.

El acorde de Eb9 está compuesto por las notas Eb G Bb Db F.

Acorde b9

Este es uno de los acordes más interesantes de esta familia, el acorde por sí mismo no tiene un sonido muy agradable, cuando se usa en contexto es una de las mejores dominantes que se pueden usar. Está compuesto por una tercera mayor y tres terceras de tipo menor.

Para el siguiente ejemplo se toma la nota F:

F A, Se tiene una tercera mayor de dos tonos.

A C, se tiene una tercera menor de tono y medio.

C Eb, se tiene una tercera menor de tono y medio.

Eb Gb, se tiene una tercera menor de tono y medio.

El acorde de F7(b9) está compuesto por las notas F A C Eb Gb.

Al igual que como se ha venido trabajando hasta el momento, esta fórmula se puede aplicar a cualquier nota natural o alterada; se usa la nota Db para el siguiente ejemplo:

Db F, se tiene una tercera mayor de dos tonos.

F Ab, se tiene una tercera menor de tono y medio.

Ab Cb, se tiene una tercera menor de tono y medio.

Cb Ebb, se tiene una tercera menor de tono y medio.

El acorde de Db7(b9) está compuesto por las notas Db F Ab Cb Ebb; como se puede observar en algunos casos es necesario usar notas con doble alteración para mantener la secuencia de terceras.

Acorde #9

Este acorde es igual de interesante al b9, su sonoridad por sí misma no es muy agradable, pero dentro del contexto de la tonalidad menor se convierte en una de las dominantes más comunes y con mejor sonido. Este acorde presenta una excepción dentro de su construcción, usa una tercera aumentada para conseguir su estructura; el acorde #9 está compuesto por una tercera mayor, una tercera menor, una tercera menor y una tercera aumentada.

Para el siguiente ejemplo se usa la nota D:

D F#, se tiene una tercera mayor de dos tonos.

F# A, se tiene una tercera menor de tono y medio.

A C, se tiene una tercera menor de tono y medio.

C E#, se tiene una tercera aumentada de dos tonos y medio.

El acorde de D7(#9) está compuesto por las notas D F# A C E#.

Aun cuando la nota E# es igual a F se usa para mantener la estructura del acorde por terceras y no afectar su cifrado.

Para construir acordes de este tipo se podrá iniciar desde cualquier nota manteniendo esta fórmula.

Para el siguiente ejemplo se usa la nota Gb:

Gb Bb, se tiene una tercera mayor de dos tonos.

Bb Db, se tiene una tercera menor de tono y medio.

Db Fb, se tiene una tercera menor de tono y medio.

Fb A, se tiene una tercera aumentada de dos tonos y medio.

El acorde de Gb7(#9) está compuesto por las notas Gb Bb Db Fb A.

Método 2: intervalos

Como se ha mencionado anteriormente, el método de intervalos consiste en usar todas las distancias desde la fundamental del acorde, analizar qué tercera, quinta, séptima y en este caso, novena se están usando.

Adicionalmente, a partir de ahora se usará un análisis diferente; para esto se requiere el total dominio de los acordes con séptima, tomando estos acordes como guía es fácil llegar a las diferentes tensiones y comprender los acordes de novena, oncena y trecena.

Acorde Maj9

El acorde de tipo Maj9 se caracteriza por tener un intervalo de tercera mayor, una quinta justa, una séptima mayor y una novena mayor, con esta fórmula se puede construir este acorde desde cualquier nota.

A continuación, se muestra un ejemplo desde la nota A:

A C#, se tiene una tercera mayor de dos tonos.

A E, se tiene una quinta justa de tres tonos y medio.

A G#, se tiene un intervalo de séptima mayor de cinco tonos y medio.

A B, se tiene novena mayor de 7 tonos.

El acorde de AMaj9 está compuesto por las notas A C# E G# B.

Este procedimiento puede aplicarse desde cualquier nota natural o alterada, a continuación, se muestra un segundo ejemplo desde la nota D:

D F#, se tiene una tercera mayor de dos tonos.

D A, se tiene una quinta justa de tres tonos y medio.

D C#, se tiene una séptima mayor de cinco tonos y medio.

D E, se tiene una novena mayor de siete tonos.

El acorde de DMaj9 está compuesto por las notas D F# A C# E.

Si se domina la construcción del acorde Maj7, el Maj9 puede pensarse como un acorde con séptima con una novena mayor:

Maj7 + 9 = Maj9.

Acorde m9

El acorde de tipo m9 se caracteriza por tener un intervalo de tercera menor, una quinta justa, una séptima menor y una novena mayor, con esta fórmula se puede construir este acorde desde cualquier nota.

A continuación, se muestra un ejemplo desde la nota G:

G Bb, se tiene una tercera menor de tono y medio.

G D, se tiene una quinta justa de tres tonos y medio.

G F, se tiene una séptima menor de cinco tonos.

G A, se tiene una novena mayor de siete tonos.

El acorde de Gm9 está compuesto por las notas G Bb D F A.

La fórmula aplica para acordes desde cualquier nota, a continuación, se muestra un segundo ejemplo desde la nota Eb:

Eb Gb, se tiene una tercera menor de tono y medio.

Eb Bb, se tiene una quinta justa de tres tonos y medio.

Eb Db, se tiene una séptima menor de cinco tonos.

Eb F, se tiene una novena mayor de siete tonos.

El acorde de Ebm9 está compuesto por las notas Eb Gb Bb Db F.

Un acorde menor 9 también puede pensarse como un acorde m7 con una novena mayor.

m7 + 9 = m9.

Acorde 9

El acorde de tipo 9 se caracteriza por tener un intervalo de tercera mayor, una quinta justa, una séptima menor y una novena mayor, con esta fórmula se puede construir este acorde desde cualquier nota.

A continuación, se muestra un ejemplo sobre la nota Bb:

Bb D, se tiene una tercera mayor de dos tonos.

Bb F, se tiene una quinta justa de tres tonos y medio.

Bb Ab, se tiene una séptima menor de cinco tonos.

Bb C, se tiene una novena mayor de siete tonos.

El acorde de Bb9 está compuesto por las notas Bb D F Ab C.

La fórmula se puede aplicar a cualquier nota natural o alterada, a continuación, se muestra un segundo ejemplo desde la nota F#:

F# A#, se tiene una tercera mayor de dos tonos.

F# C#, se tiene una quinta justa de tres tonos y medio.

F# E, se tiene una séptima menor de cinco tonos.

F# G#, se tiene una novena mayor de siete tonos.

El acorde de F# 9 está compuesto por las notas F# A# C# E G#.

Un acorde 9 puede verse como un acorde 7, pero con una novena mayor:

7 + 9 = 9.

Acorde b9

El acorde de tipo b9 se caracteriza por tener un intervalo de tercera mayor, una quinta justa, una séptima menor y una novena menor, con esta fórmula se puede construir este acorde desde cualquier nota.

A continuación, se muestra un ejemplo desde la nota G:

G Bb, se tiene una tercera mayor de dos tonos.

G D, se tiene una quinta justa de tres tonos y medio.

G F, se tiene una séptima menor de cinco tonos.

G Ab, se tiene una novena menor de seis tonos y medio.

El acorde de G7(b9) está compuesto por las notas G B D F Ab.

Esta fórmula aplica desde cualquier nota, sea natural o alterada, a continuación, se muestra un segundo ejemplo desde la nota B:

B D, se tiene una tercera mayor de dos tonos.

B F#, se tiene una quinta justa de tres tonos y medio.

B A, se tiene una séptima menor de cinco tonos.

B C, se tiene una novena menor de seis tonos y medio.

El acorde de B7(b9) está compuesto por las notas B D F# A C.

Un acorde b9 puede verse como un acorde 7 con una novena menor:

7 + 9m = 7(b9).

Acorde #9

El ultimo acorde de esta familia, el #9 se caracteriza por tener un intervalo de tercera mayor, una quinta justa, una séptima menor y una novena aumentada, con esta fórmula se puede construir este acorde desde cualquier nota.

A continuación, se muestra un ejemplo desde la nota E:

E G#, se tiene una tercera mayor de dos tonos.

E B, se tiene una quinta justa de tres tonos y medio.

E D, se tiene una séptima menor de cinco tonos.

E F##, se tiene una novena aumentada de siete tonos y medio.

El acorde de E7(#9) usa las notas E G# B D F##, en este caso se usa en la grafía F## para mantener la secuencia de terceras del acorde, esto se hace más como medida ortográfica, puesto que la nota realmente es un G.

A continuación, se muestra un segundo ejemplo desde la nota Ab:

Ab C, se tiene una tercera mayor de dos tonos.

Ab Eb, se tiene una quinta justa de tres tonos y medio.

Ab Gb, se tiene una séptima menor de cinco tonos.

Ab B, se tiene una novena aumentada de siete tonos y medio.

El acorde de Ab(#9) usa las notas Ab C Eb Gb B.

Digitaciones para los acordes con novena

Debido a la disposición de notas y cuerdas de la guitarra no siempre es posible realizar acordes de cinco o más notas, por esta razón, se acostumbra suprimir una de ellas; se considera que en este tipo de acordes la nota que menos afecta el carácter es la quinta, lo que deja los acordes con una construcción 1 3 7 9.

En la guitarra, los acordes con novena organizan las notas de una forma diferente a lo que se ha venido trabajando hasta el momento, el objetivo es tener la novena en la voz superior del acorde, por este motivo los acordes se organizan:

1 3 7 9.

A continuación, se encuentran las digitaciones organizadas por tipo y raíz:

Maj9

Raíz en sexta

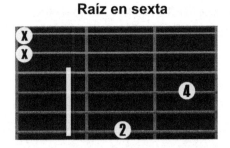

Raíz en quinta

Raíz en cuarta

m9

Raíz en sexta

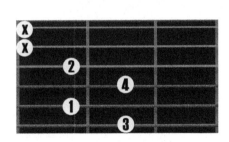

Raíz en quinta

Raíz en cuarta

9

Raíz en sexta

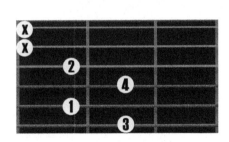

Raíz en quinta

Raíz en cuarta

b9

Raíz en sexta

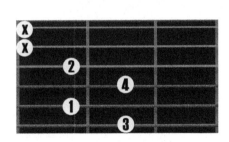

Raíz en quinta

Raíz en cuarta

#9

Raíz en sexta　　　　**Raíz en quinta**　　　　**Raíz en cuarta**

Los ejercicios de esta lección aplican las digitaciones vistas; más adelante se explicará cómo se pueden aplicar estos acordes dentro de las diferentes progresiones armónicas.

Ejercicio 160

En este ejercicio aparecen dos conceptos nuevos, una acentuación de corchea con puntillo y semicorchea; en este caso, la corchea con puntillo debe sonar completa, el segundo concepto es la aplicación de acorde de tipo 9.

Secuencia de acordes: DMaj7 E9 F#m7 B9

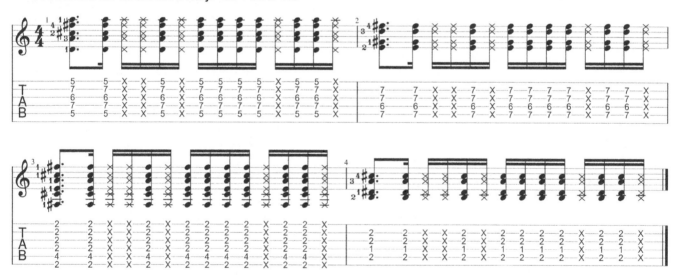

Ejercicio 161

En este ejercicio se continúa el trabajo de acordes que usan seis, cinco y cuatro cuerdas respectivamente; la acentuación de corchea con puntillo y semicorchea se mantiene en el primer tiempo del compás.

Secuencia de acordes: CMaj9 Am7 Dm9 G9

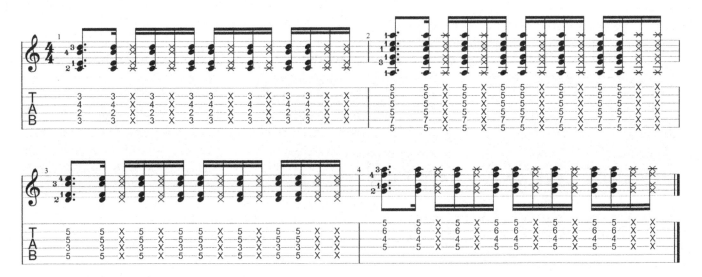

Ejercicio 162

En este ejercicio se usan dos acentuaciones, se deben vigilar los movimientos de la mano derecha; la continuidad de movimientos es necesaria para que el ejercicio funcione.

Secuencia de acordes: Bm7 C#m7b5 Em9 F#7(b9)

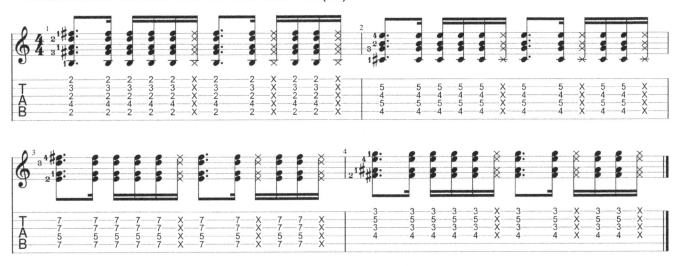

Ejercicio 163

En este ejercicio se usan dos acentuaciones, concretamente y para aumentar la dificultad, se hacen en los tiempos débiles del compás.

Secuencia de acordes: Fm7 BbMaj7 DbMaj7 C7(#9)

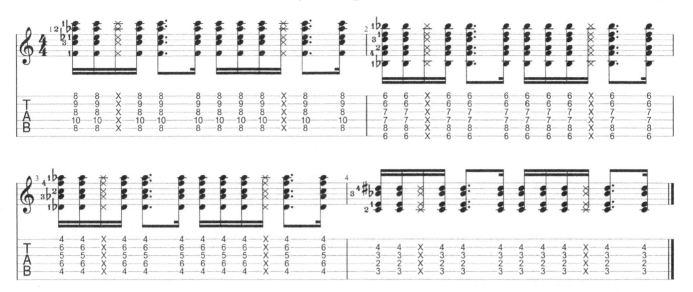

 **Aplicación de los acordes con novena**

Los acordes con novena no son muy comunes dentro de la música popular, constituyen un lenguaje armónico elegante con el cual se pueden enriquecer de forma importante las piezas musicales. Es relevante aprender su implementación tal y como se hizo con los acordes con séptima.

Importante: a partir de esta lección, el acorde de quinto grado tendrá dos aproximaciones diferentes, una cuando se encuentre dentro de una escala mayor y otra cuando se encuentre dentro de una escala menor, dependiendo de esto usa diferentes tensiones.

El siguiente juego de reglas puede ayudar a una fácil implementación de este lenguaje armónico.

Reglas para aplicar los acordes con novena

1. El quinto grado de una escala mayor se convierte en 9.
2. El quinto grado de una escala menor se convierte en b9 o en #9.
3. Dentro de la escala menor el séptimo grado se convierte en 9.
4. Un acorde mayor (no quinto grado) se convierte en Maj9.
5. Un acorde menor se convierte en m9.

Los acordes de tipo disminuido no se extienden hasta la novena, normalmente se quedan en la séptima. Existe una forma de agregar tensiones a estos acordes que será estudiada en la última lección de este nivel.

Estas reglas dan una idea de cómo se pueden remplazar los diferentes acordes de una progresión por acordes con novena. A continuación, se realizan diferentes ejemplos explicando las diferentes aplicaciones de los acordes.

Bm | G | A | F#

La progresión se encuentra en Bm, el primer acorde al ser de tipo menor se puede convertir en m9.

Bm9 | G | A | F#

El acorde de G es el sexto grado dentro de la escala menor, es un acorde de tipo mayor por lo que se puede convertir en Maj9.

Bm9 | GMaj9 | A | F#

El acorde de A es el séptimo grado de la escala de Bm, este acorde es de tipo mayor, pero su evolución es a dominante, por esta razón, se convierte en 9.

Bm9 | GMaj9 | A9 | F#

El acorde de F# es el quinto grado de la escala de Bm, este acorde, al resolver dentro de una tonalidad menor tiene dos alternativas, puede abordarse como b9 o como #9, ambas posibilidades son válidas.

Bm9 | GMaj9 | A9 | F#7(b9) o F#7(#9)

La siguiente progresión muestra la aplicación de estos acordes dentro de un tono mayor:

G | Am | C | D

El acorde de G es el primer grado de la tonalidad, al ser un acorde de tipo mayor su evolución natural es a Maj9.

GMaj9 | Am | C | D

El acorde de Am es el segundo grado de la escala, al ser un acorde menor su evolución es a m9.

GMaj9 | Am9 | C | D

El acorde de C es el cuarto grado de la tonalidad, este al ser un acorde mayor y no ser el quinto grado puede evolucionar a Maj9.

GMaj9 | Am9 | CMaj9 | D

El acorde de D es el quinto grado de la escala, al ser un acorde dominante y resolver dentro de una tonalidad mayor su evolución natural es a 9.

GMaj9 | Am9 | CMaj9 | D9

Otra forma de abordar este concepto es por medio de la armonía de las escalas, en la escala mayor se ve que los acordes mayores, no quintos grados, pasan a ser Maj9, los menores m9 y el quinto grado pasa a ser 9, los disminuidos no usan novena.

Escala mayor:

	I	ii	iii	IV	V	vi	vii
	C	D	E	F	G	A	B
Tríadas	+	-	-	+	+	-	°
Séptimas	Maj7	m7	m7	Maj7	7	m7	m7b5
Novenas	Maj9	m9	m9	Maj9	9	m9	No

En la escala menor se puede observar que los acordes menores pasan a ser m9, el acorde de quinto grado cuando se usa mayor pasa a ser b9 o #9, los acordes mayores restantes pasan a ser Maj9, el disminuido no usa novena.

Escala menor:

	i	ii	III	iv	v	VI	VII
	A	B	C	D	E	F	G
Tríadas	-	°	+	-	-	+	+
Séptimas	m7	m7b5	Maj7	m7	m7	Maj7	7
					+		
					7		

	i	ii	III	iv	v	VI	VII
	A	B	C	D	E	F	G
Novenas	m9	No	Maj9	m9	m9 + b9 / #9	Maj9	9

Los dos cuadros aparecen en escala de C y Am, pero incluyen el cifrado numérico, con esto puede ser aplicado a cualquier otra escala.

Los ejercicios de esta lección traen algunos retos interesantes, inicialmente, la aplicación de los acordes con novena.

El segundo recurso es la aplicación del *slide* como acentuación; este recurso dificulta la interpretación, pues el acorde debe pasar de una posición a otra sin levantarse, se debe arrastrar el acorde, sin levantar para no cortar su sonido. El desplazamiento puede ser de un traste o los que sean necesarios para conseguir el efecto adecuado.

Para conseguir la acentuación se debe tocar el acorde un traste o más atrás de donde se desea llegar, una vez se toca el acorde, este se arrastra hasta el traste destino, no se debe levantar ni tocar nuevamente con la mano derecha; las dos posiciones se deben lograr con un solo ataque, lo importante es no levantar ni cortar el sonido del primer acorde.

Ejercicio 164

En este ejercicio se usa una acentuación por *slide* en el primer tiempo del compás; en este caso, se están usando acordes con raíz en sexta y quinta cuerda, adicionalmente, se implementan acordes con novena.

Secuencia de acordes: F#m7 DMaj9 Bm7 C#7(#9)

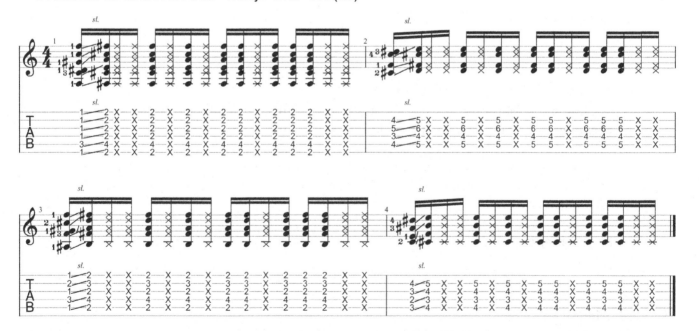

Ejercicio 165

En este ejercicio se usan dos acentuaciones por *slide* en el primer y tercer tiempos del compás.

Secuencia de acordes: Em7   CMaj7   D9   B7(#9)

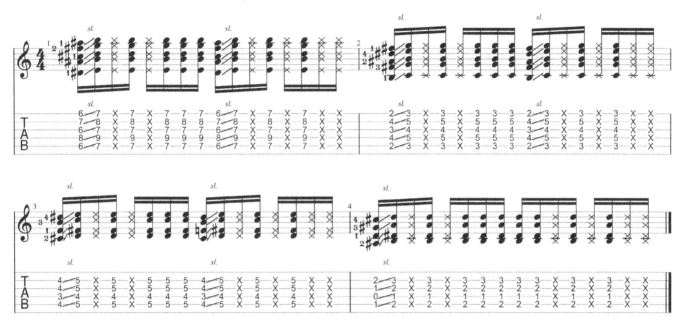

Ejercicio 166

En este ejercicio se usa una acentuación por *slide* en el primer tiempo del compás, se implementan acordes con novena.

Secuencia de acordes: AMaj7   F#m7   C#m9   E9

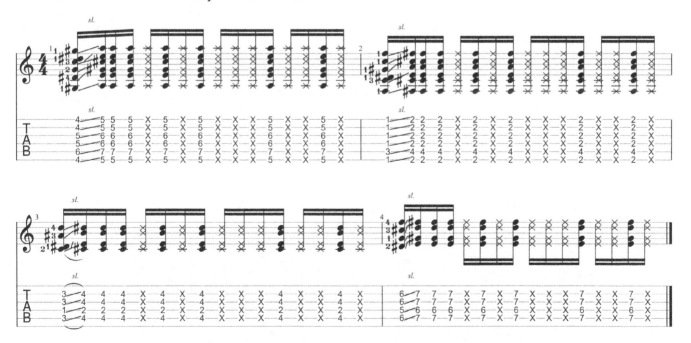

Los acordes suspendidos

Los acordes suspendidos constituyen una variación de los acordes básicos de tríada, en su forma básica se construyen usando tres notas, pero el concepto que los convierte en suspendidos puede aplicarse a cualquier tipo de acorde.

Los acordes de tipo suspendido se caracterizan por ser faltos de carácter, son acordes que no definen tipo, no se puede determinar si son mayores o menores, por eso su nombre. Se pueden implementar sin restricción, no requieren reglas o condiciones para ser usados sobre cualquier acorde de la progresión, pueden dar un color interesante o afectar el sonido de una pieza musical cambiando su carácter.

Los acordes de tipo suspendido cambian su tercera por una segunda mayor o una cuarta justa, por esta razón, no se puede determinar si son mayores o menores, según el cambio hecho, el acorde pasa a llamarse sus2 o sus4.

A continuación, se muestran algunos ejemplos.

C mayor:	C	E	G	
C sus2:	C	D	G	El E, tercera del acorde se cambia por D, una segunda mayor.
C sus4:	C	F	G	El E, tercera del acorde se cambia por F, una cuarta justa.
E menor:	E	G	B	
E sus2:	E	F#	B	El G, tercera del acorde se cambia por F#, una segunda mayor.
E sus4:	E	A	B	El G, tercera del acorde se cambia por A, una cuarta justa.
F mayor:	F	A	C	
F sus2:	F	G	C	El A, tercera del acorde se cambia por G, una segunda mayor.
F sus4:	F	Bb	C	El A, tercera del acorde se cambia por Bb, una cuarta justa.
G menor:	G	Bb	D	
G sus2:	G	A	D	El Bb, tercera del acorde se cambia por A, una segunda mayor.
G sus4:	G	C	D	El Bb, tercera del acorde se cambia por C, una cuarta justa.

A continuación, se muestran las digitaciones para estos acordes iniciando por las posibilidades en primera posición.

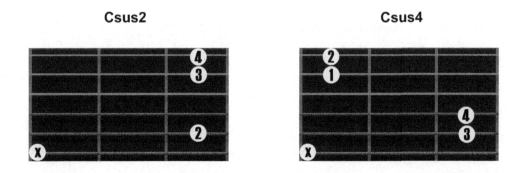

Csus2   Csus4

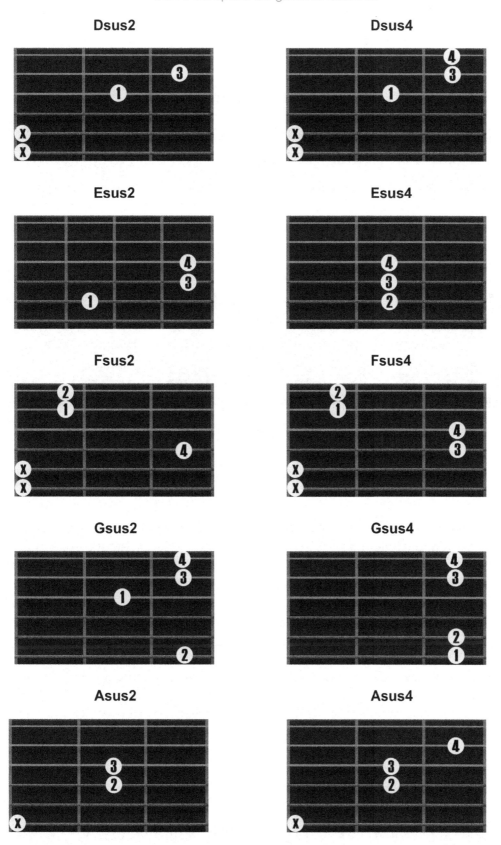

Como sucede con todos los tipos de acorde, el concepto de posición móvil puede aplicarse a los suspendidos. A continuación, se muestran las posiciones móviles para los acordes suspendidos en sus diferentes raíces.

sus2

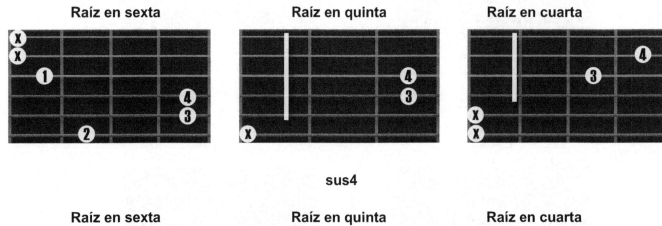

| Raíz en sexta | Raíz en quinta | Raíz en cuarta |

sus4

| Raíz en sexta | Raíz en quinta | Raíz en cuarta |

A diferencia de otros tipos de acorde, los suspendidos pueden aplicarse de forma libre, en cualquier momento y sobre cualquier tipo de acorde, no existen reglas que limiten su uso en forma alguna; es común encontrar acordes dominantes sus4, puesto que es una forma de conseguir una dominante suave y que no genere demasiada tensión.

Los ejercicios de esta lección muestran una nueva acentuación, en este caso es un *legato*, donde se toca la cejilla del acorde, posteriormente, se coloca el resto sin hacer un ataque en la mano derecha, es un *legato* a varias cuerdas. Adicionalmente, estos ejercicios combinan diferentes figuras de ritmo, sobre cada compás se trabaja una figura diferente.

Ejercicio 167

El siguiente ejercicio muestra una acentuación en *legato* sobre el acorde de Em; en este caso, se hace la cejilla y la nota G se pone aprovechando la vibración de las cuerdas, para el segundo compás aparece una variación para el acorde de D, este usa sus notas en inversión. Como reto se deben vigilar los ataques de la mano derecha para que solo suenen las cuerdas que son requeridas por el acorde.

Secuencia de acordes: Em7 D

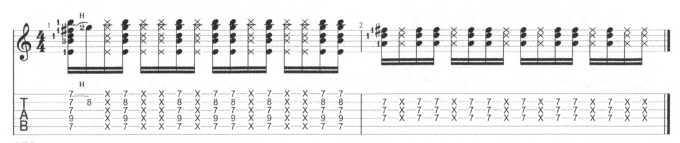

Ejercicio 168

El siguiente ejercicio muestra la misma acentuación, pero sobre un acorde dominante; en este caso, se debe tocar la cejilla y luego añadir las tres notas restantes aprovechando la vibración de las cuerdas. Adicionalmente, se implementa un acorde de tipo sus2 sobre la quinta cuerda.

Secuencia de acordes: G7 Csus2

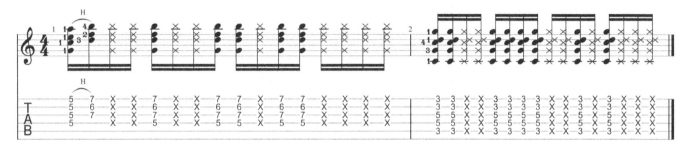

Ejercicio 169

El siguiente ejercicio muestra nuevamente la acentuación por *legato*; en este caso, sobre un acorde sus2 y termina realizando un patrón de ritmo sobre un acorde de tipo sus4.

Secuencia de acordes: Bsus2 F#sus4

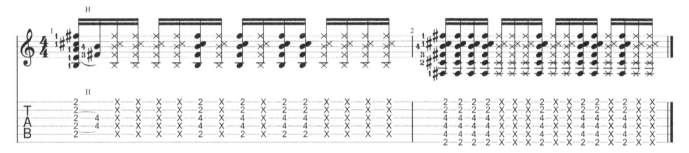

33 Los acordes con sexta

Los acordes con sexta constituyen una variación para los acordes de cuatro notas, este tipo de acorde rompe el patrón estudiado de terceras consecutivas usando una segunda mayor para encontrar el sexto grado.

Como acordes son comunes en su forma mayor; por su parte, el acorde menor, aunque es una posibilidad no es usado con frecuencia. Este tipo de acorde puede remplazar cualquier acorde de tipo mayor y se convierte en una buena alternativa para remplazar un Maj7 cuando este no funciona dentro de la progresión.

Un acorde con sexta es ideal cuando dentro de un acompañamiento la nota de la melodía, interpretada por la voz u otro instrumento de tipo melódico, se encuentra haciendo la tónica del acorde, en estos casos si se usa un Maj7 la séptima del acorde creará una disonancia con la tónica, haciendo que en muchos casos el cantante tenga problemas para mantener la afinación.

Al usar un acorde con sexta se crea un intervalo de tercera entre la sexta y la tónica, al ser una consonancia puede resultar más efectiva, de modo que, según esto, un acorde con sexta se usa para remplazar un acorde de tipo mayor cuando la melodía se encuentra en la tónica del acorde.

A continuación, se muestra un ejemplo de esta situación:

Un cantante o instrumento melódico se encuentra ejecutando la nota "C", si se aplica un acorde de C mayor se logra una armonización correcta.

Si se aplica un acorde de CMaj7, la séptima del acorde (B) hace una disonancia (2m) con respecto a la nota que está ejecutando el instrumento melódico, esto se considera como un error, más al ser una segunda de tipo menor.

Al aplicar un acorde de C6, la sexta del acorde (A) genera una consonancia (3m) con la nota que está ejecutando el cantante o instrumento melódico (C), el acorde con sexta da una alternativa para mejorar un acorde cuando el instrumento melódico se encuentra sobre la fundamental del acorde y se quiere evitar un sonido muy disonante.

En cuanto a su construcción, un acorde con sexta puede verse de dos formas: como una tercera mayor, una menor y una segunda mayor o como un acorde mayor al cual se le agrega una sexta mayor, es importante recordar que un acorde con sexta no usa séptima.

Método 1: terceras consecutivas

Un acorde con sexta se construye al tener una tercera mayor, una tercera menor y una segunda mayor de forma consecutiva, como este acorde rompe el patrón de terceras no es común que se extienda más, sin embargo, existe una variación donde se le agrega novena creando un acorde de tipo 6/9.

A continuación, se muestra un acorde con sexta desde la nota D:

D F#, se tiene una tercera mayor de dos tonos.

F# A, se tiene una tercera menor de tono y medio.

A B, se tiene una segunda mayor de un tono.

El acorde de D6 está compuesto por las notas D F# A B.

Al igual que como se ha hecho durante este curso, la fórmula puede ser aplicada a cualquier nota natural o alterada. A continuación, se muestra un ejemplo desde la nota Ab:

Ab C, se tiene una tercera mayor de dos tonos.

C Eb, se tiene una tercera menor de tono y medio.

Eb F, se tiene una segunda mayor de un tono.

El acorde de Ab6 está compuesto por las notas Ab C Eb F.

Método 2: añadir el sexto grado

La forma más sencilla de llegar a este acorde es tener presente la estructura de un acorde mayor y agregar el sexto grado. A continuación, se muestra un ejemplo desde la nota E:

En este caso, al acorde de E se le puede agregar una sexta mayor:

E + C# = E6

Desde cualquier nota alterada se puede conseguir el mismo resultado, a continuación, se muestra un ejemplo desde la nota F#:

En este caso se agrega una sexta mayor de F#.

F# + D# = F#6

A continuación, se muestran las diferentes posibilidades en primera posición para estos acordes:

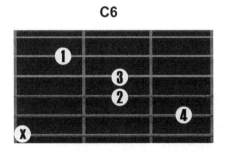

C6

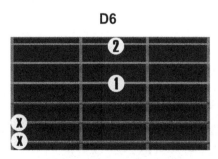

D6

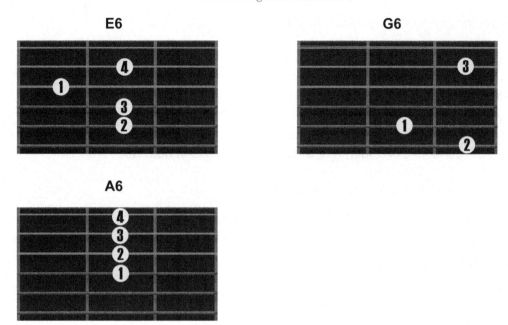

Al igual que con cualquier otro acorde es posible usar digitaciones de tipo móvil; a continuación, se muestran las digitaciones más comunes para este acorde en sus diferentes raíces. Tienen como característica que ubican la sexta en la voz superior.

6

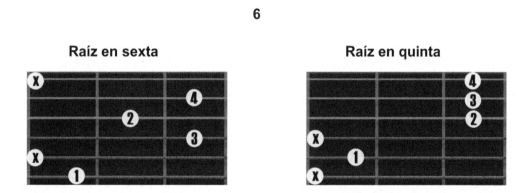

Existe una variación para este acorde que consiste en agregar una novena, el acorde pasa a ser de tipo 6/9, este acorde tiene un sonido más pop y su aplicación es la misma, puede remplazar cualquier acorde de tipo mayor; en este caso, se estudiarán las posiciones móviles.

6/9

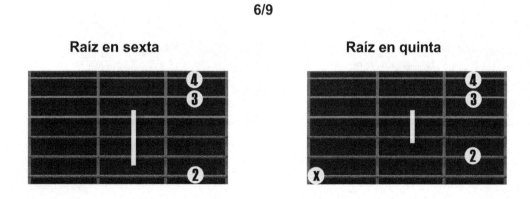

Los ejercicios para esta lección continúan el trabajo rítmico realizado hasta el momento, añaden una técnica nueva y se aplican los acordes con sexta.

Ejercicio 170

El siguiente ejercicio muestra la aplicación de un acorde 6/9 dentro de una progresión armónica, la técnica es la misma que se ha venido manejando hasta el momento.

Secuencia de acordes: Dm7 Bb6/9 Gm7 A7

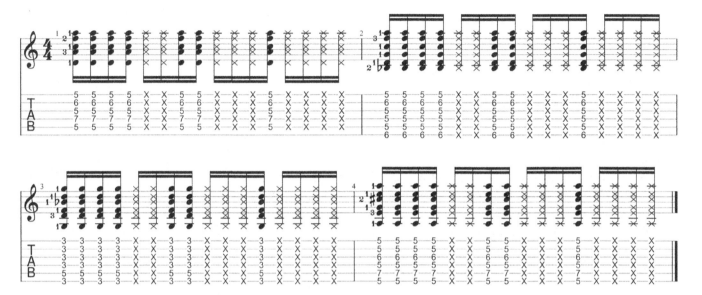

Ejercicio 171

El siguiente ejercicio muestra la aplicación de un acorde 6 dentro de una progresión armónica y añade una de las acentuaciones vistas en las lecciones anteriores.

Secuencia de acordes: C6 Dm7 Am7 G7

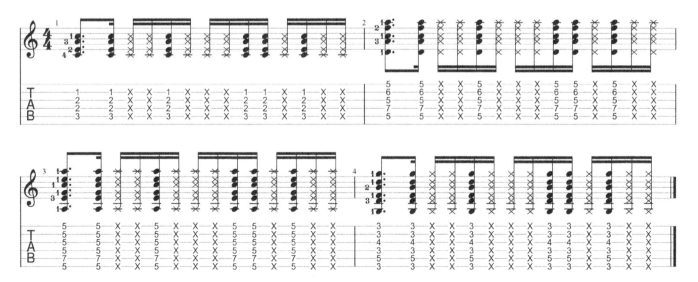

34 Los acordes oncena

Los acordes con oncena constituyen la última evolución para los acordes mayores y menores, normalmente se utilizan para remplazar los acordes de tipo Maj7 y m7 dentro de una progresión. Al ser acordes con tantos parciales son un poco difíciles de implementar.

Aun cuando las posibilidades dentro de las terceras y los intervalos son bastante amplias, el uso de estos acordes se reduce a dos alternativas, los Maj7#11 y los m7 11, de este tipo de acordes no se usan para las dominantes.

Nuevamente se mostrarán los dos procedimientos para construir estos acordes, por terceras e intervalos; el segundo método es el más recomendado para este tipo de acorde.

Método 1: terceras consecutivas

Acorde Maj7 #11

Los acordes de este tipo se usan para sustituir acordes mayores que no sean el quinto grado de la escala. Manejan una estructura por terceras intercaladas de terceras mayores y menores: se tiene una tercera mayor, una menor, una mayor, una menor y una mayor; con esta fórmula se puede llegar fácilmente a este acorde desde cualquier nota.

Para este ejemplo se usa la nota G:

G B, se tiene una tercera mayor de dos tonos.

B D, se tiene una tercera menor de tono y medio.

D F#, se tiene una tercera mayor de dos tonos.

F# A, se tiene una tercera menor de tono y medio.

A C#, se tiene una tercera mayor de dos tonos.

El acorde de GMaj7 #11 está compuesto por las notas G B D F# A C#.

Con esta fórmula es posible llegar a un acorde de este tipo desde cualquier nota natural o alterada, a continuación, se muestra un ejemplo sobre la nota Eb:

Eb G, se tiene una tercera mayor de dos tonos.

G Bb, se tiene una tercera menor de tono y medio.

Bb D, se tiene una tercera mayor de dos tonos.

D F, se tiene una tercera menor de tono y medio.

F A, se tiene una tercera mayor de dos tonos.

El acorde de EbMaj7 #11 está compuesto por las notas Eb G Bb D F A.

Acorde m7 11

El acorde m7 11 sirve para remplazar los acordes menores, maneja una estructura de terceras menores y mayores alternadas de la siguiente forma: tercera menor, tercera mayor, tercera menor, tercera mayor y tercera menor.

A continuación, se muestra un ejemplo desde la nota C:

C Eb, se tiene una tercera menor de tono y medio.

Eb G, se tiene una tercera mayor de dos tonos.

G Bb, se tiene una tercera menor de tono y medio.

Bb D, se tiene una tercera mayor de dos tonos.

D F, se tiene una tercera menor de tono y medio.

El acorde de Cm7 11 está compuesto por las notas C Eb G Bb D F.

Este procedimiento puede aplicarse a cualquier nota, sea natural o alterada, a continuación, se muestra un ejemplo desde la nota F#:

F# A, se tiene una tercera menor de tono y medio.

A C#, se tiene una tercera mayor de dos tonos.

C# E, se tiene una tercera menor de tono y medio.

E G#, se tiene una tercera mayor de dos tonos.

G# B, se tiene una tercera menor de tono y medio.

El acorde de F#m7 11 está compuesto por las notas F# A C# E G# B.

Para estos acordes es más sencillo usar el método de intervalos, si se inicia tomando el acorde con séptima como punto de partida, solo se deben agregar la novena y la oncena para conseguir el acorde.

Método 2: intervalos

Acorde Maj7 #11

El acorde Maj7 #11 está compuesto por una tercera mayor, una quinta justa, una séptima mayor, una novena mayor y una oncena aumentada; con esta estructura de intervalos se puede llegar a este acorde desde cualquier nota.

Para el siguiente ejemplo se tomará la nota A:

A C#, se tiene una tercera mayor de dos tonos.

A E, se tiene una quinta justa de tres tonos y medio.

A G#, se tiene una séptima mayor de cinco tonos y medio.

A B, se tiene una novena mayor de siete tonos.

A D#, se tiene una oncena aumentada de nueve tonos.

El acorde de AMaj7 #11 está compuesto por las notas A C# E G# B D#.

Esto puede aplicarse a cualquier nota. Algo importante a tener presente es el que #11 indica que se trata de una oncena aumentada, no necesariamente que la nota sea #, tal y como sucede con el acorde de Db:

Db F, se tiene una tercera mayor de dos tonos.

Db Ab, se tiene una quinta justa de tres tonos y medio.

Db C, se tiene una séptima mayor de cinco tonos y medio.

Db Eb, se tiene una novena mayor de siete tonos.

Db G, se tiene una oncena aumentada de nueve tonos.

El acorde de DbMaj7 #11 está compuesto por las notas Db F Ab C Eb G.

Acorde m7 11

El acorde m7 11 está compuesto por una tercera menor, una quinta justa, una séptima menor, una novena mayor y una oncena justa; con esta fórmula se puede llegar a cualquier acorde desde cualquier nota.

Para el siguiente ejemplo se usa la nota D:

D F, se tiene una tercera menor de tono y medio.

D A, se tiene una quinta justa de tres tonos y medio.

D C, se tiene una séptima menor de cinco tonos.

D E, se tiene una novena mayor de siete tonos.

D G, se tiene una oncena justa de ocho tonos y medio.

El acorde de Dm7 11 está compuesto por las notas D F A C E G.

Esto aplica para cualquier nota natural o alterada; con esta fórmula se puede llegar fácilmente a este tipo de acorde. El siguiente ejemplo se realiza desde la nota Bb:

Bb Db, Se tiene una tercera menor de tono y medio.

Bb F, se tiene una quinta justa de tres tonos y medio.

Bb Ab, se tiene una séptima menor de cinco tonos.

Bb C, se tiene una novena mayor de siete tonos.

Bb Eb, se tiene una oncena justa de ocho tonos y medio.

El acorde de Bbm7 11 está compuesto por las notas Bb Db F Ab C Eb.

A continuación, se presenta este concepto dentro de la armonía de las escalas; se verá la aplicación de estos acordes dentro de la escalas mayor y menor.

Escala mayor:

	I	ii	iii	IV	V	vi	vii
	C	D	E	F	G	A	B
Tríadas	+	-	-	+	+	-	°
Séptimas	Maj7	m7	m7	Maj7	7	m7	m7b5
Novenas	Maj9	m9	m9	Maj9	9	m9	No
Oncena	Maj#11	m11	m11	Maj7#11	No	m11	No

La aplicación es bastante simple, permite ver cómo los acordes van añadiendo notas y evolucionando gradualmente. Es importante recalcar que los acordes de tipo dominante no usan oncena dentro de su construcción, estos acordes tendrán como tensión exclusiva la trecena, la cual se estudiará en la siguiente lección.

A continuación, se muestra la aplicación de estos acordes dentro de la escala menor.

Escala menor:

	i	ii	III	iv	v	VI	VII
	A	B	C	D	E	F	G
Tríadas	-	°	+	-	-	+	+
Séptimas	m7	m7b5	Maj7	m7	m7 **+** **7**	Maj7	7
Novenas	m9	No	Maj9	m9	m9 **+** **b9 / #9**	Maj9	9
Oncena	m11	No	Maj7#11	No	m11	Maj7#11	No

Digitaciones para los acordes con oncena

Para usar este acorde en la guitarra es necesario suprimir dos de sus notas, pues se busca mantener un patrón de cuatro notas en la digitación. Para esto, se suprimen la quinta y la novena del acorde, estos parciales son los que menos influyen en el sonido del acorde.

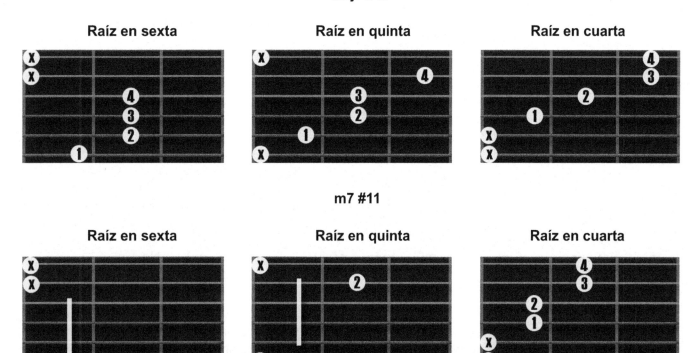

Maj7 #11

| Raíz en sexta | Raíz en quinta | Raíz en cuarta |

m7 #11

| Raíz en sexta | Raíz en quinta | Raíz en cuarta |

Cuando se usan acordes con este tipo de colores resulta útil usar una digitación donde la nota característica, en este caso la oncena, se encuentre en la voz superior del acorde. Existe una técnica llamada *drop* donde se pasan notas del acorde una octava arriba, usando las digitaciones móviles vistas anteriormente, se puede mandar la once una octava arriba encontrando nuevas posibilidades.

Maj7 #11 (*drop*)

Raíz en sexta   **Raíz en quinta**

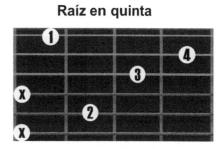

En estas digitaciones se toma la segunda nota y se pasa a la voz superior del acorde, con esto la oncena queda en la nota más aguda y no en una intermedia. Cuando un color o tensión se encuentra en la nota más aguda es más notorio y hace que el acorde sea más fácil de distinguir.

m7 11 (*drop*)

Raíz en sexta   **Raíz en quinta**

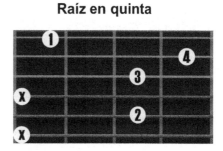

En esta lección se inicia el trabajo de ritmos pulsados, en estos ritmos los dedos de la mano derecha deben trabajar a dos planos, el pulgar se encarga de los bajos, los dedos índice, medio y anular trabajan un grupo de tres cuerdas que puede ser uno, dos y tres o dos, tres y cuatro.

En los ritmos pulsados, las cuerdas se deben halar para producir el sonido, el movimiento se hace con los dedos, no con la muñeca como sucedía con los ritmos rasgados estudiados hasta ahora.

En esta lección se estudia el ritmo de swing, en este estilo todas las cuerdas se pulsan de forma simultánea, tanto el bajo como el grupo de tres cuerdas.

Ejercicio 172

El primer ejercicio de esta lección muestra un ritmo de *swing* aplicando acordes 11.

Secuencia de acordes: Am7 Dm7 11 G7 CMaj7 #11

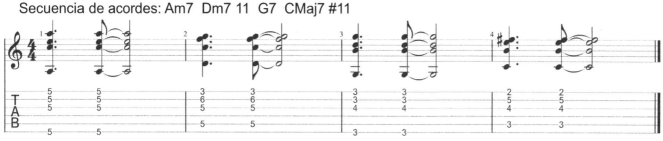

Ejercicio 173

El siguiente ejercicio muestra la aplicación de los acordes 11 en *drop*, se hace sobre un patrón de ritmo en *swing*.

Secuencia de acordes: Bm7 11 DMaj7 Am7 DMaj7 #11

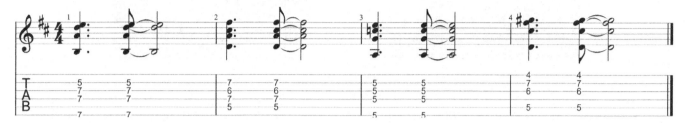

Ejercicio 174

El siguiente ejercicio muestra una nueva aplicación de los acordes vistos en este nivel en ritmo de *swing*.

Secuencia de acordes: GMaj7(#11) Em7 Am7 11   D7

Ejercicio 175

El último ejercicio de esta lección continúa la aplicación de los acordes con oncena en ritmo de swing.

Secuencia de acordes: Am711   E7 FMaj7(#11) E7

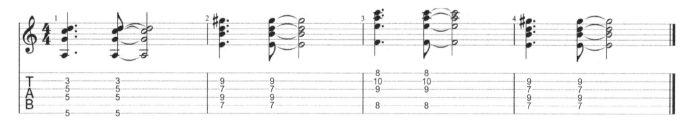

Los acordes con trecena

El acorde con trecena es la última evolución para el acorde de tipo dominante, como ya se ha mencionado anteriormente, existe una posibilidad para el acorde dentro de la escala mayor y otra para el acorde dentro de la escala menor.

Las posibilidades combinando terceras para este tipo de acorde son bastante amplias; sin embargo, se usan únicamente dos: el 13 y el b9 b13. Estos tipos de acorde serán estudiados a continuación usando el método por terceras y el método de intervalos.

Método 1: terceras consecutivas

Acorde 13

Los acordes de este tipo se usan para sustituir acordes dominantes, remplazan el quinto grado de un tono mayor. Los dominantes funcionan mejor al añadir tensiones, por esta razón, los acordes con trecena son comunes y efectivos.

Estos acordes están compuestos por una tercera mayor, dos terceras menores, una tercera mayor, una tercera menor y una tercera mayor.

Para este ejemplo se usa la nota B:

B D#, se tiene una tercera mayor de dos tonos.

D# F#, se tiene una tercera menor de tono y medio.

F# A, se tiene una tercera menor de tono y medio.

A C#, se tiene una tercera mayor de dos tonos.

C# E, se tiene una tercera menor de tonos y medio.

E G#, se tiene una tercera mayor de dos tonos.

El acorde de B7(13) está compuesto por las notas B D# F# A C# E G#.

Estos acordes pueden construirse desde cualquier nota usando esta fórmula, no importa si se trata de una nota natural o alterada. A continuación, se muestra un ejemplo desde la nota Db.

Db F, se tiene una tercera mayor de dos tonos.

F Ab, se tiene una tercera menor de tono y medio.

Ab Cb, se tiene una tercera menor de tono y medio.

Cb Eb, se tiene una tercera mayor de dos tonos.

Eb Gb, se tiene una tercera menor de tonos y medio.

Gb Bb, se tiene una tercera mayor de dos tonos.

El acorde de Db7(13) está compuesto por las notas Db F Ab Cb Eb Gb Bb.

Acorde b9 b13

Esta es una excelente alternativa para sustituir acordes dominantes dentro de la tonalidad menor, aun cuando es un acorde completo y lleno de tensiones, funciona bien cuando se aplica sobre diferentes tipos de lenguaje.

Este acorde está compuesto por una tercera mayor, dos terceras menores, una tercera menor, una tercera mayor y una tercera menor.

Para el siguiente ejemplo se usa la nota A:

A C#, se tiene una tercera mayor de dos tonos.

C# E, se tiene una tercera menor de tono y medio.

E G, se tiene una tercera menor de tono y medio.

G Bb, se tiene una tercera menor de tono y medio.

Bb D, se tiene una tercera mayor de dos tonos.

D F, se tiene una tercera menor de tono y medio.

El acorde de A7 (b9 b13) está compuesto por las notas A C# E G Bb D F.

Este acorde se puede encontrar cifrado de varias formas, si aparece únicamente el símbolo (b13) se asumen el resto de las notas; comúnmente se especifican las notas que vienen alteradas (b9 b13). A continuación, se muestra un ejemplo desde la nota Bb:

Bb D, se tiene una tercera mayor de dos tonos.

D F, se tiene una tercera menor de tono y medio.

F Ab, se tiene una tercera menor de tono y medio.

Ab Cb, se tiene una tercera menor de tono y medio.

Cb Eb, se tiene una tercera mayor de dos tonos.

Eb Gb, se tiene una tercera menor de tono y medio.

El acorde de Bb7 (b9 b13) está compuesto por las notas Bb D F Ab Cb Eb Gb.

Método 2: intervalos

Acorde 13

Para estos acordes que incluyen tantos parciales es preferible la utilización del sistema de intervalos. Un acorde 13 puede verse como un acorde 7 con tensiones añadidas, 9-13.

Un acorde de este tipo está compuesto por una tercera mayor, una quinta justa, una séptima menor, una novena mayor, una oncena justa y una trecena mayor.

Para el siguiente ejemplo se usa la nota D:

D F#, se tiene una tercera mayor de dos tonos.

D A, se tiene una quinta justa de tres tonos y medio.

D C, se tiene una séptima menor de cinco tonos.

D E, se tiene una novena mayor de siete tonos.

D G, se tiene una oncena justa de ocho tonos y medio.

D B, se tiene una trecena mayor de diez tonos y medio.

El acorde de D13 está compuesto por las notas D F# A C E G B.

En el cifrado, este acorde puede aparecer como 13, 7 (13) o 7 (9 13), siendo la primera la más común de sus grafías, a continuación, se muestra un ejemplo sobre la nota Eb:

Eb G, se tiene una tercera mayor de dos tonos.

Eb Bb, se tiene una quinta justa de tres tonos y medio.

Eb Db, se tiene una séptima menor de cinco tonos.

Eb F, se tiene una novena mayor de siete tonos.

Eb Ab, se tiene una oncena justa de ocho tonos y medio.

Eb C, se tiene una trecena mayor de diez tonos y medio.

El acorde de Eb13 está compuesto por las notas Eb G Bb Db F Ab C.

Acorde b9 b13

Un acorde de este tipo está compuesto por una tercera mayor, una quinta justa, una séptima menor, una novena menor, una oncena justa y una trecena menor.

A continuación, se muestra un ejemplo desde la nota G:

G B, se tiene una tercera mayor de dos tonos.

G D, se tiene una quinta justa de tres tonos y medio.

G F, se tiene una séptima menor de cinco tonos.

G Ab, se tiene una novena menor de seis tonos y medio.

G C, se tiene una oncena justa de ocho tonos y medio.

G Eb, se tiene una trecena menor de diez tonos.

El acorde de G7 (b9 b13), está compuesto por las notas G B D F Ab C Eb.

Este acorde puede aparecer en el cifrado como b13, b9 b13 o 7 b13, la fórmula puede aplicarse a cualquier nota natural o alterada, a continuación, se muestra un ejemplo desde la nota F#.

F# A#, se tiene una tercera mayor de dos tonos.

F# C#, se tiene una quinta justa de tres tonos y medio.

F# E, se tiene una séptima menor de cinco tonos.

F# G, se tiene una novena menor de seis tonos y medio.

F# B, se tiene una oncena justa de ocho tonos y medio.

F# D, se tiene una trecena menor de diez tonos.

El acorde de F#7 (b9 b13) está compuesto por las notas F# A# C# E G B D.

Otra forma de llegar a estos acordes es, si se dominan los acordes con séptima y los intervalos compuestos, partiendo del acorde 7 se suman las tensiones correspondientes según se esté en tono mayor o menor. A continuación, se muestra un ejemplo desde la nota D.

D7 + 9 y 13

El acorde de D7 incluye las siguientes notas, D F# A C, se deben sumar las dos tensiones del acorde, la novena mayor (E) y la trecena mayor (B), lo que indica que el acorde de D13 está compuesto por las siguientes notas:

D F# A C E B (oncena no incluida).

A continuación, se muestra un ejemplo dentro de tonalidad menor para la nota A.

A7 + b9 y b13

El acorde de A7 incluye las notas A C# E G, se suman las dos tensiones, la novena menor (Bb) y la trecena menor (F), lo que indica que el acorde de A7 (b9 b13) está compuesto por las siguientes notas:

A C# E G Bb F (oncena no incluida).

Ahora se procederá a mirar esto desde la armonía de las escalas:

Escala mayor:

	I	ii	iii	IV	V	vi	vii
	C	D	E	F	G	A	B
Tríadas	+	-	-	+	+	-	°
Séptimas	Maj7	m7	m7	Maj7	7	m7	m7b5
Novenas	Maj9	m9	m9	Maj9	9	m9	No
Oncena	Maj#11	m11	m11	Maj7#11	No	m11	No
Trecena					9 13		

Escala menor:

	i	ii	III	iv	v	VI	VII
	A	B	C	D	E	F	G
Tríadas	-	°	+	-	-	+	+
Séptimas	m7	m7b5	Maj7	m7	m7 + 7	Maj7	7
Novenas	m9	No	Maj9	m9	m9 + b9 / #9	Maj9	9
Oncena	m11	No	Maj7#11	No	m11	Maj7#11	No
Trecena					+ b9b13		9 13

El acorde de séptimo grado puede llegar a usar trecena por ser un acorde de tipo dominante, si se usa esta tensión el acorde debe ser 13.

Digitaciones para los acordes con trecena

Para aplicar estos acordes a la guitarra y mantener el patrón de cuatro notas usado hasta ahora, es necesario realizar algunos ajustes, primero se eliminan tres notas del acorde: el primer grado, el quinto y la oncena.

Al no tener primer grado estos acordes se deben digitar desde el tercer grado, por ejemplo, si se tiene un acorde de G13 este debe hacerse desde la nota B, su tercer grado.

Los tonos guía

La razón por la cual es posible quitar el primer grado del acorde es por tener lo que se considera tonos guía, los grados tres y siete de los acordes definen si este es mayor, menor, Maj o 7, son grados que no se pueden suprimir y armónicamente constituyen la estructura del acorde. Teniendo estas notas es posible quitar cualquier otra sin afectar demasiado la estructura del acorde.

Este principio de los tonos guía puede ser usado sobre cualquier tipo de acorde para encontrar *voicings* o posiciones diferentes, siempre que los tonos guía estén en la estructura, se puede asumir que el acorde se encuentra completo, que aun cuando se excluyan notas, estas pueden llegar a sentirse dentro de la estructura por los armónicos generados por las notas que sí se encuentran presentes del acorde.

Recuerde, estos acordes se construyen desde la tercera del acorde que se quiera digitar.

7 13

Raíz en sexta	Raíz en quinta	Raíz en cuarta

7 b9 b13

Raíz en sexta	Raíz en quinta	Raíz en cuarta

Ejercicio 176

El siguiente ejercicio muestra la aplicación de los acordes 13 en una progresión armónica, adicionalmente, usa el patrón de bolero, lo que obliga a prestar atención a los planos de la mano derecha; el bajo debe alternarse entre el principal y el secundario para cada acorde.

Secuencia de acordes: CMaj7 FMaj7 Cmaj7 G7(13)

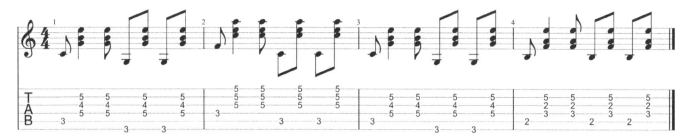

Ejercicio 177

El siguiente ejercicio muestra aplicaciones para los acordes 13 y continúa trabajando sobre el patrón de bolero.

Secuencia de acordes: Gm7 D7(13) EbMaj7 D7(b9 b13)

Ejercicio 178

El siguiente ejercicio muestra aplicaciones para los acordes 13, también trabajando sobre el patrón de bolero.

Secuencia de acordes: AMaj7 F#m7 C#m7 E7(13)

Ejercicio 179

El último ejercicio de esta lección muestra una aplicación de los acordes 13. Adicionalmente se cierra el trabajo con el patrón de bolero, este debe estudiarse dando énfasis a la coordinación con los bajos.

Secuencia de acordes: Dm7 BbMaj7 Em7b5 A7(b9 b13)

Los acordes disminuidos

El acorde disminuido es un acorde de tipo simétrico, es un acorde que en realidad equivale a cuatro y según la aplicación que se le haga tiene una gran cantidad de posibilidades a nivel armónico. Debe su simetría a su construcción constante de terceras.

Para construir un acorde disminuido con séptima se usan únicamente terceras de tipo menor. En el siguiente ejemplo se usa la nota B:

B D, se tiene una tercera menor de tono y medio.

D F, se tiene una tercera menor de tono y medio.

F Ab, se tiene una tercera menor de tono y medio.

El acorde de B°7 está compuesto por las notas B D F Ab.

En un acorde disminuido no es posible llegar a las tensiones por medio de terceras, al ser su construcción exclusiva de terceras menores el acorde se convierte en cíclico, tomando como ejemplo el acorde anterior, se puede ver que una tercera menor desde Ab llevaría nuevamente a B.

Ab Cb, (B), se tiene una tercera menor de tono y medio.

Al ser un acorde simétrico se puede iniciar desde cualquier nota del acorde y encontrar nuevamente el mismo ciclo, las mismas notas:

B°7 = B D F Ab

D°7 = D F Ab Cb

En este caso se usa Cb para la nota B, se hace para mantener la secuencia de terceras.

F°7 = F Ab Cb Ebb

En este caso Cb remplaza la nota B y el Ebb a la nota D para mantener la secuencia de terceras.

G#°7 = G# B D F

En este caso se ha tomado el acorde desde G# para simplificar su escritura, desde Ab, siendo la misma nota tendría varias notas con doble alteración.

Se puede observar que los cuatro acordes tienen exactamente las mismas notas, esto indica que los acordes de B, D, F y Ab o G# disminuidos son prácticamente iguales, indica que se pueden sustituir entre sí. Al ser un acorde de tipo simétrico, el disminuido realmente equivale a cuatro acordes lo que da dentro de la escala cromática la posibilidad de tener únicamente tres disminuidos para cubrir las doce notas del sistema.

Funciones del acorde disminuido

El acorde de tipo disminuido tiene dos funciones básicas, puede ser usado como acorde de paso entre dos notas consecutivas o como sustituto del acorde dominante, sea cual sea la aplicación que se le dé vale la pena recordar que cada disminuido equivale a cuatro acordes.

Disminuido como acorde de paso

Como su nombre lo indica, el acorde de paso se usa para pasar entre dos notas consecutivas, se usa para conectar dos acordes que se encuentran por grado conjunto, por ejemplo:

CMaj7 Dm7

Al ser notas consecutivas es viable usar un acorde disminuido entre los dos acordes:

CMaj7 C#°7 Dm7

Esto también puede hacerse de forma descendente.

Dm7 C#°7 CMaj7

Este recurso aplica siempre que se tengan notas consecutivas, combinaciones como G A, D E, F G pueden ser útiles, mientras que combinaciones como C E, G B, A E, no sirven por los diferentes espacios entre las notas.

Disminuido como sustituto del acorde dominante

Existen dos formas de conseguir la sustitución del acorde dominante a partir del acorde disminuido, en la primera situación se puede sustituir un acorde dominante usando un disminuido medio tono adelante; por ejemplo, si se está en tonalidad de Cm, el quinto grado G7, puede sustituirse por un Ab°7, esta nota se encuentra medio tono por delante del acorde dominante.

Cm7 G7 Cm7

Puede sustituirse por:

Cm7 Ab°7 Cm7

La razón por la cual esto funciona es porque los acordes de G7 y Ab°7 comparten varias de sus notas, incluido el tritono de la escala.

G7 = G B D F

Ab°7= Ab Cb Ebb Gbb o G# B D F

Estos acordes comparten tres de sus notas y el Ab, la nota que los hace diferentes puede verse como b9 para el acorde de G.

Otra forma de llegar a este acorde es sustituir el acorde dominante por un disminuido partiendo desde su tercer grado, por ejemplo, si se está en tono de Em, el B7, dominante de la escala puede sustituirse por un D#°.

Em7 B7 Em7

Puede sustituirse por:

Em7 D#°7 Em7

Como los acordes de tipo disminuido son simétricos, sin importar la sustitución que se haga, el acorde disminuido puede remplazarse por cualquiera de sus cuatro posibilidades, según esto, la progresión anterior puede tener cuatro versiones diferentes usando el mismo acorde disminuido.

Se debe recordar que, en este caso, el D#° es equivalente a F#°, A y C.

Em7 B7 Em7

Puede sustituirse por:

Em7 D#°7 Em7

Em7 F#°7 Em7

Em7 A°7 Em7

Em7 C°7 Em7

Este principio también puede aplicarse a los acordes de paso, aunque es claro que dejarían de ser acordes "de paso" dan cuatro alternativas para jugar con la progresión armónica.

En esta lección se continúa el trabajo sobre ritmos pulsados, la *bossa nova* es un patrón de ritmo de dos compases, en este siempre se están alternado los bajos principal y secundario de los acordes, se debe estudiar lento al inicio mientras se coordinan las sincopas con los bajos para cada acorde.

Ejercicio 180

El siguiente ejercicio muestra la aplicación del acorde disminuido como sustituto del dominante. Para ello, se usa medio tono por delante del acorde dominante.

Secuencia de acordes: Bm7 GMaj7 F#7 G°7

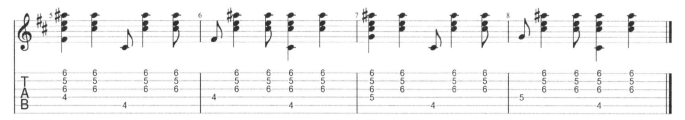

Ejercicio 181

El siguiente ejercicio muestra la aplicación del acorde disminuido como acorde de paso.

Secuencia de acordes: Dm7 C#°7 CMaj7 A7

Ejercicio 182

En este ejercicio se continúa el trabajo con acordes disminuidos y con el ritmo de *bossa nova*. Se recomienda trabajar este patrón lento mientras se dominan los bajos y las sincopas dentro de cada acorde.

Este ejercicio muestra la aplicación del sustituto del dominante, pero usando directamente una de las diferentes alternativas que da el acorde.

Secuencia de acordes: Am7   E7   FMaj7   F°7

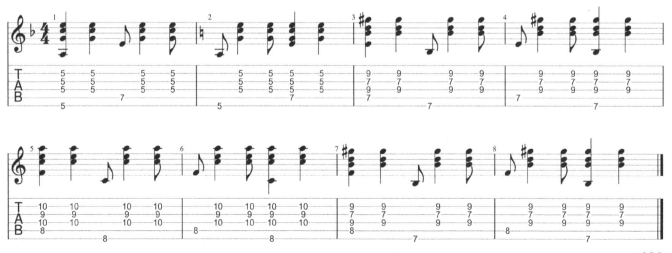

Ejercicio 183

En este ejercicio también se mantiene el trabajo con acordes disminuidos y con el ritmo de *bossa nova*. Se recomienda trabajar este patrón lento mientras se dominan los bajos y las sincopas dentro de cada acorde.

Secuencia de acordes: Gm7 BbMaj7   B°7 Cm7

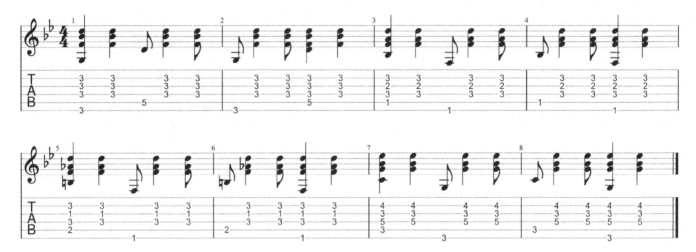

37 Sustituciones diatónicas

Una de las preocupaciones de los compositores es cómo conseguir variedad armónica en una pieza musical, sin afectar la dinámica o la estructura de la obra; las sustituciones armónicas son una gran herramienta para enriquecer, acompañar o incluso remplazar acordes dentro de una progresión.

El término diatónico se refiere a la forma de agrupar elementos en un sistema musical, por ejemplo, se hace referencia a las notas que hacen parte de una escala. Se les considera diatónicas por hacer parte del sistema, cualquier otra nota que no haga parte de la escala, se considera como no diatónica.

Es común encontrar piezas musicales cuyo material armónico es insuficiente, canciones de tres o cuatro acordes en una secuencia constante, el uso de sustituciones armónicas permitiría crear variaciones a la progresión, esto, sin alejarse de la idea principal, abriendo la opción de conseguir sonoridades diferentes, lejos de la monotonía, sin abandonar el concepto y la sonoridad general de la canción.

Para hacer sustituciones de este tipo es necesario dominar las funciones armónicas. En un principio básico, una sustitución armónica consiste en cambiar un acorde de la escala por otro que haga parte del mismo sistema musical y tenga la misma función. A continuación, se expone nuevamente la tabla de funciones armónicas en tonalidad mayor y menor, estos conceptos se estudiaron en el nivel dos de este curso.

Escala mayor:

Tónicas	Subdominantes	Dominantes
1	4	5
3m	2m	7°
6m		

Escala menor:

Tónicas	Subdominantes	Dominantes
1m	4m	5
3b	2Dis	7°
6b	5m	
	7b	

Los acordes de 5 y 7° que aparecen dentro de la escala menor natural han sido derivados de la escala menor armónica, debe recordarse que la escala natural no tiene acordes de función dominante.

Al tener una progresión armónica con funciones claras, es fácil proceder a realizar sustituciones armónicas, a continuación, se realiza un ejemplo de este procedimiento.

Se tiene una canción con una progresión armónica que se repite desde el inicio hasta el final, en esta pieza musical, todas las secciones, introducción, versos, coros y puente manejan la misma progresión armónica:

C Dm Am G

Esta progresión armónica se encuentra en escala de C, se tienen dos acordes con función de tónica: C y Am (I y vi) grados de la escala

Aparece un acorde con función de subdominante: Dm (ii) grado de la escala.

Por último, se tiene una dominante: G (V) grado de la escala.

Ahora se sustituirán algunos acordes por otros que tengan la misma función:

Como primer ejemplo se va a sustituir la subdominante, en la progresión armónica la subdominante presente es el acorde de Dm, segundo grado de la escala, es posible sustituir este acorde por F, este nuevo acorde es el cuarto grado de la escala de C:

C Dm Am G = C F Am G

Al cambiar el Dm por F se obtiene una variación a la progresión básica, podría usarse para diferenciar las secciones o para generar un ciclo armónico ligeramente diferente, este puede ser usado dentro de una misma sección.

Ahora se hará una nueva sustitución, pero sobre la dominante, dentro de la progresión. Esta función está representada por el acorde de G, se puede usar otra dominante, en este caso, el séptimo grado de la escala:

C Dm Am G = C Dm Am B°

También puede cambiarse alguno de los acordes de tónica por otro de la misma función, que no haya sido usado aún, el acorde de Em (iii) grado de la escala puede añadir variedad.

C Dm Am G = C Dm Em G

En los tres ejemplos anteriores se ha cambiado únicamente un acorde, esto no indica que no puedan cambiarse varios:

C Dm Am G = C F Em B°

Las sustituciones son una buena forma de ganar variedad dentro de las canciones que repiten el ciclo armónico, son una gran herramienta para componer y darle un toque personal a las piezas musicales.

El legato

En la parte de técnica de esta lección se estudiará el *legato*, el objetivo de esta técnica es permitir el paso de una nota a otra reduciendo al mínimo el espacio entre ellas, es una técnica que se trabaja exclusivamente en mano izquierda. Se debe practicar con precaución, pues su uso excesivo puede llegar a causar una lesión.

Para realizar de forma correcta el *legato* es necesario aprender a realizar dos movimientos:

Hammer

El *hammer* se produce cuando se toca una nota y se usa otro de los dedos de la mano izquierda sobre una misma cuerda, para generar un nuevo sonido. A diferencia de los ejercicios realizados previamente, con el *legato* es posible tocar varias notas con un solo ataque de mano derecha.

El *hammer* habitualmente se encuentra en las tablaturas indicado con la letra H, su escritura es similar a la de la ligadura de prolongación. El símbolo ayuda a indicar que se trata de una ligadura de interpretación y no de una de tipo rítmico.

A continuación, se muestra un ejemplo de esta técnica, donde se toca una de las notas y con el movimiento de otro de los dedos de la mano izquierda se logra el siguiente sonido:

Pull off

Este movimiento es la versión contraria al *hammer*, en él, nuevamente se toca una nota; en este caso se hala la cuerda para lograr el siguiente sonido, al combinarse con el *hammer* es posible lograr varias notas con un solo ataque en mano derecha.

El *pull off* normalmente aparece en las partituras indicado con la letra P, su escritura es muy similar a la de la ligadura de prolongación; el símbolo indica que se trata de una técnica diferente.

Ejercicio 184

El primer ejercicio de esta lección sirve para aprender el movimiento del *hammer*, como se puede observar está trabajando en grupos de dos notas; la primera de ellas se toca con la mano derecha, la segunda se produce con el *hammer* en la mano izquierda.

Para este ejercicio se recomienda usar los dedos uno y tres, aunque se encuentra escrito para los primeros trastes de la guitarra resulta útil probarlo en diferentes posiciones.

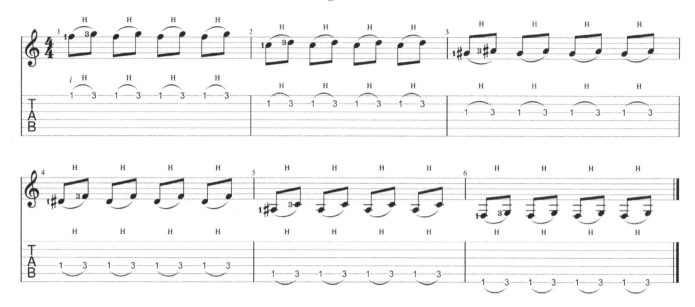

Ejercicio 185

El segundo ejercicio de esta lección se enfoca en el desarrollo del *pull off*, como se puede observar la primera nota se produce con un ataque de la mano derecha, la segunda nota se produce al halar la cuerda con el dedo tres de la mano izquierda; para este ejercicio se sugiere usar los dedos uno y tres. El ejercicio se encuentra escrito para los primeros trastes del instrumento, pero bien se puede probar en diferentes zonas.

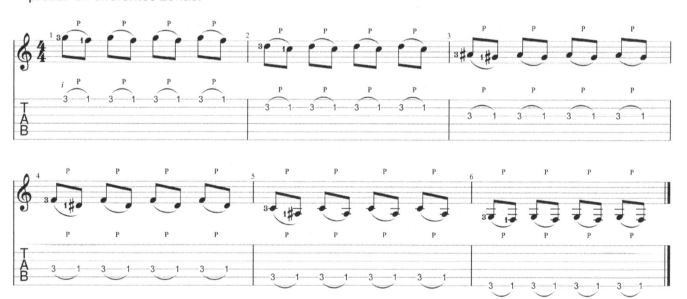

Ejercicio 186

El tercer ejercicio de esta lección ayuda a desarrollar la técnica del *legato* en todos los dedos de la mano izquierda; adicionalmente, es un ejercicio de resistencia, tiene como finalidad desarrollar fortaleza. Como se puede observar los dedos se trabajan en parejas: inicialmente dedos uno y dos; posteriormente, los dedos uno y tres, uno y cuatro, dos y tres, dos y cuatro; finalmente, tres y cuatro.

Cada una de estas parejas realiza un movimiento de *hammer* y *pull off*, al hacer este movimiento continuo el sonido puede prolongarse de manera indefinida.

Para desarrollar resistencia, cada pareja de dedos debe ejecutarse por 30 segundos. Es necesario descansar el mismo periodo de tiempo antes de comenzar a trabajar una segunda pareja de dedos.

El ejercicio se encuentra escrito sobre la primera cuerda y sobre los primeros trastes del instrumento, resulta útil realizarlo en diferentes cuerdas y en diferentes trastes.

No se debe olvidar la pausa antes de pasar a la siguiente pareja de dedos, en este caso, 30 segundos por pareja, 30 segundos de descanso.

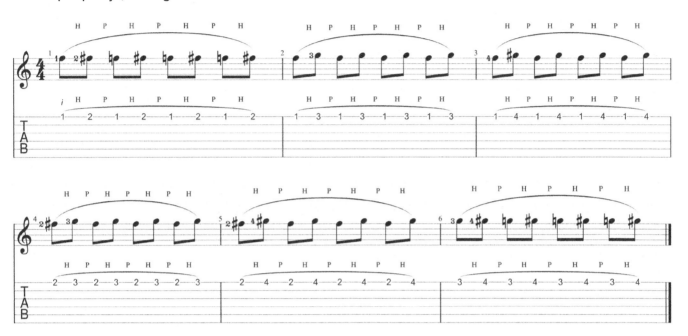

 **Dominantes secundarias**

Uno de los acordes más importantes dentro de un sistema musical mayor o menor es la dominante, este es el acorde encargado de generar tensión y dar movimiento a la música, por esta razón, una de las progresiones armónicas más comunes es I V; esta progresión define la tensión y el equilibrio en una pieza musical.

Es común encontrar acordes de tipo dominante que no pertenecen a la escala, estos acordes muchas veces se usan para resaltar otros o para generar una modulación, si estos acordes cumplen ciertas reglas se les conoce como dominantes secundarias.

Antes de entrar a explicar este recurso, vale recordar una de las reglas básicas para rearmonizar una pieza musical:

"Antes de cualquier acorde puede usarse su quinto grado".

Esto indica que dentro de una progresión armónica pueden usarse acordes para complementar, ampliar o dar variedad, a continuación, se muestra un ejemplo de este principio sobre una progresión armónica básica:

Dm | Am | F | G

Ahora la misma progresión aplicando la regla de armonía sobre cada uno de los acordes:

A7   Dm | E7   Am | C7   F | D7   G

Se puede observar que la relación existente entre cada pareja de acordes es de V I, en este caso, el recurso se usa para resaltar cada uno de los acordes de la progresión armónica. Para hacer un cambio de tono deben cumplirse algunos requisitos que serán explicados más adelante en este curso.

Este tipo de dominantes usualmente se conocen como dominantes secundarias. Para ser parte de esta categoría los acordes deben cumplir dos reglas de armonía:

1. El acorde dominante debe hacerse para uno de los grados de la escala.

2. La nota sobre la cual se construye la dominante debe hacer parte de la escala.

La siguiente progresión armónica se encuentra en escala de C; servirá para explicar las dos reglas de armonía:

Am | Dm | G | Bb | B° | C

Dentro de la progresión es posible aplicar algunas dominantes secundarias, para esto se analizará el procedimiento sobre cada uno de los acordes:

E7   Am | Dm | G | Bb | B° | C

El acorde de E7 puede usarse como dominante secundaria para el Am, el acorde de Am hace parte de la escala de C, esto cumple la primera regla; el acorde de E7 está construido sobre la nota "E", esta nota hace parte de la escala, se cumple la segunda regla.

Am | A7 Dm | G | . Bb | B° | C

El acorde de A7 puede usarse como dominante secundaria para el Dm, el acorde de Dm hace parte de la escala de C, esto cumple la primera regla; el acorde de A7 está construido sobre la nota "A", esta nota hace parte de la escala, se cumple la segunda regla.

Am | Dm | D7 G | Bb | B° | C

El acorde de D7 puede usarse como dominante secundaria para el G, el acorde de G hace parte de la escala de C, esto cumple la primera regla; el acorde de D7 está construido sobre la nota "D", esta nota hace parte de la escala, se cumple la segunda regla.

Am | Dm | G | F7 Bb | B° | C

Antes de cualquier acorde puede usarse su quinto grado, esto no necesariamente indica que este acorde sea una dominante secundaria, simplemente es un acorde dominante para otro acorde.

En este caso, la nota Bb no hace parte de la escala de C, esto no cumple la primera regla, el acorde de F7, aun cuando está construido sobre una nota de la escala que es el F, no puede considerarse dominante secundaria por no cumplir una de las normas.

Am | Dm | G | Bb | F#7 B° | C

En este caso, el acorde de F#7, no puede considerarse como dominante secundaria, está construido sobre la nota F# la cual no hace parte de la escala de C.

Am | Dm | G | Bb | B° | G7 C

En este caso, el acorde de G7 no puede considerarse como dominante secundaria, ya que el acorde de G es la dominante principal de la tonalidad, es su quinto grado.

La progresión armónica expuso diferentes situaciones donde se explicó cuándo un acorde se considera dominante secundaria y cuándo no puede serlo.

Resumiendo: una dominante secundaria es un acorde que se usa para resaltar otro o para realizar una modulación o cambio de tono, es una dominante que se usa para cada uno de los grados de la escala y debe crearse sobre las notas del sistema musical que se esté usando.

La siguiente tabla muestra cómo funcionan las dominantes secundarias para la escala de C:

C	Dm	Em	F	G	Am	B
	A7	B7	C7	D7	E7	

El acorde de C no tiene dominante secundaria, ya que es la tónica de la escala y el quinto grado, en este caso, G funciona como dominante principal de la tonalidad.

El acorde de B no usa dominante secundaria, esta se construiría sobre la nota F#, que no hace parte del sistema de C mayor.

Dentro del cifrado clásico es normal encontrar estos acordes cifrados con números romanos de la siguiente forma:

A7 = V / ii   (quinto del segundo)
B7 = V / iii   (quinto del tercero)
C7 = V / IV   (quinto del cuarto)
D7 = V / V   (quinto del quinto)
E7 = V / vi   (quinto del sexto).

Aplicación del legato

Durante la lección anterior se ha estudiado la técnica del *legato*, se han visto los fundamentos, los dos movimientos básicos, el *hammer* y el *pull off*. Esta técnica tiende a favorecer más a unos guitarristas que a otros, es común encontrar intérpretes donde la mano derecha es su fortaleza, en otros la mano izquierda y el *legato* les permite desarrollar su técnica, por eso puede que esta técnica resulte cómoda o compleja para algunos estudiantes. El siguiente es un ejemplo de como se ve esta técnica en una partitura para guitarra:

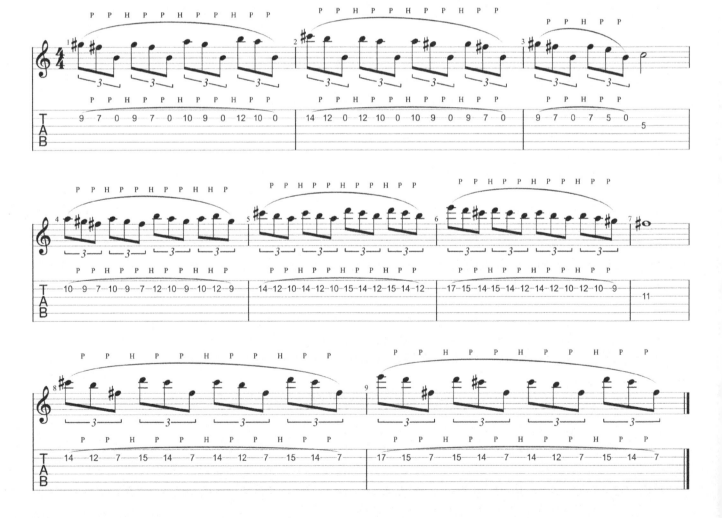

Ejercicio 187

El primer ejercicio de esta lección muestra tres retos diferentes. Inicialmente, alterna el *legato* usando notas pisadas y cuerda al aire, la diferencia de tensión en las dos situaciones hace que el ejercicio requiera de una buena coordinación.

El segundo reto es que las notas pisadas se van moviendo por una escala, esto permite, como es lógico, la aplicación sobre cualquier otra escala que el estudiante desee trabajar, por último, el movimiento descendente del ejercicio es de tipo secuencial, realiza cuatro corcheas antes de retomar la secuencia un tono abajo de donde se inició.

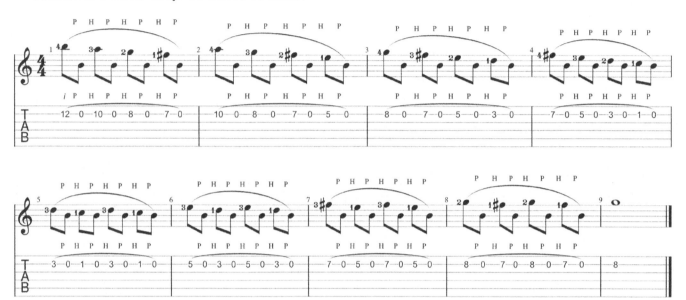

Ejercicio 188

El segundo ejercicio de esta lección muestra una aplicación del *legato* con tres retos diferentes: en primera instancia, se deben lograr tres notas con un solo ataque, las notas dos y tres de cada figura se logran usando un *hammer*.

El ejercicio se aplica sobre la digitación de una escala mayor, esto abre la puerta para que se aplique a cualquier escala, en cualquier digitación, ademas se desarrolla en figuración de tresillos lo que lo hace un poco complicado.

Por último, el ejercicio mantiene una secuencia constante en movimientos por cuartas, aun cuando termina en la segunda cuerda se puede mantener la secuencia aumentado el registro si se desea.

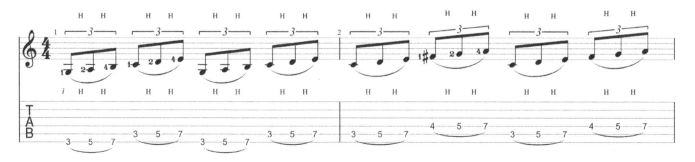

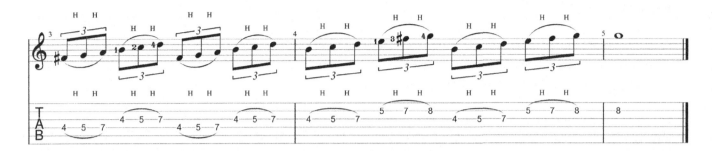

Ejercicio 189

El tercer y último ejercicio de esta lección está construido sobre una escala pentatónica, maneja grupos de dos notas por cuerda y se desarrolla todo en *pull off*.

Mantiene un patrón secuencial donde cada tres grupos vuelve al anterior, así hasta llegar a la sexta cuerda. Es posible, si el estudiante lo desea, realizar el ejercicio de forma descendente con *hammer*.

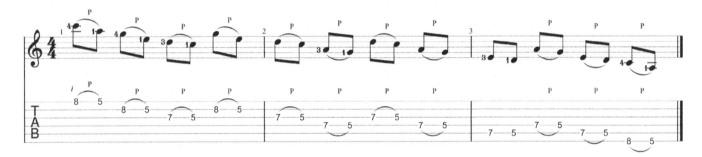

39 El ii relativo

En música existen dos conceptos que son útiles para comprender las progresiones armónicas, la progresión y la regresión armónica.

Progresión

A los movimientos armónicos que son de fácil percepción para el oído y que generan movimiento se les conoce como progresiones, es una forma consonante para realizar cambios de acorde.

Para tener una progresión el movimiento armónico debe ser en números pares, movimientos por segunda, cuarta o sexta son los que conforman las progresiones, por ejemplo:

C Dm = movimiento de segunda.

C F = movimiento de cuarta.

C Am = movimiento de sextas.

De todas las progresiones armónicas, el movimiento por cuartas es el más aceptado, común y aplicado. Se considera como agradable al oído y por eso siempre es favorecido; en algunos estilos como el *jazz* las progresiones por cuartas son muy comunes.

Regresión

A los movimientos armónicos que detienen el movimiento en la música se les conoce como regresiones, son poco efectivos y agradables al oído, se pueden considerar como una forma disonante de hacer cambios entre acordes.

Para tener una regresión, el movimiento armónico debe ser en números impares; los movimientos por terceras, quintas y séptimas conforman las regresiones, por ejemplo:

C Em = movimiento de tercera.

C G = movimiento de quinta.

C B°= movimiento de séptima.

Para que un cambio entre acordes resulte balanceado es ideal que tenga más progresiones que regresiones, idealmente debe contener los dos elementos.

Cuando se habla de progresiones armónicas, idealmente estas deben contener acordes de las tres funciones, tónica, subdominante y dominante, y estar construidas a partir de progresiones, evitando las regresiones.

La progresión básica I IV V es un ejemplo claro de esto:

La progresión tiene acordes de las tres funciones, el grado I que es una tónica, el IV que funciona como subdominante y el V que funciona como dominante, adicionalmente, está construida toda con progresiones. A continuación, se muestra un ejemplo en C:

C F G

De C a F se tiene un movimiento por cuarta.

De F a G se tiene un movimiento de segunda.

De G a C se tiene un movimiento de cuarta.

Nótese que todos los movimientos se miden de forma ascendente, no descendente.

Otra progresión común es la compuesta por los grados ii V I, está constituida en su totalidad por movimientos de cuarta y contiene acordes de las tres funciones armónicas. A continuación, se muestra un ejemplo en C:

Dm G C

De Dm a G se tiene un movimiento por cuarta.

De G a C se tiene un movimiento por cuarta.

Esta es una de las progresiones armónicas más usadas, en estilos como el *jazz* se le considera la progresión reina y está presente en la mayoría del repertorio.

Al acorde de segundo grado se le considera relativo, porque este acorde varía en la escala mayor y en la escala menor: dentro del tono mayor el segundo grado es un acorde de tipo m o m7; dentro del tono menor, el segundo grado es un acorde de tipo disminuido o m7b5.

El acorde es relativo al tono en el cual se esté desarrollando la progresión, cambia su tipo si se está en tono mayor o menor:

Dm G C

En esta progresión aparece como acorde de tipo m, ya que se encuentra dentro del tono de C.

D° G Cm

En esta progresión aparece como disminuido, ya que se encuentra en tono de Cm.

Usando lenguaje de séptimas el resultado es similar:

Dm7 G7 CMaj7

En esta progresión el acorde de segundo grado aparece como m7 porque se encuentra en tono mayor.

Dm7b5 G7 Cm7

En esta progresión el acorde de segundo grado aparece como m7b5 porque se encuentra en tono menor.

Esto crea una segunda regla básica de armonía, antes de cualquier V puede colocarse su segundo relativo, esto aplica para dominantes de cualquier tipo y resulta útil cuando se usan dominantes secundarias. A continuación, se muestra un ejemplo dentro de C:

C | Dm | F | G | C

C | A7 Dm | F | G | C

En este caso se ha usado el A7 como dominante secundaria de Dm

C E° | A7 Dm | F | G | C

En este caso se ha usado el E° como segundo grado de Dm.

A continuación, se muestra otro ejemplo sobre la misma progresión:

C | Dm | C7 F | G | C

En este caso, el C7 aparece como dominante secundaria para el acorde de F.

C | Dm Gm | C7 F | G | C

En este caso, el Gm aparece como segundo grado de F. En ambos ejemplos se crea la progresión ii V I.

Esto puede llevarse a los extremos armonizando cada uno de los acordes enriqueciendo la progresión armónica.

C E° | A7 Dm Gm | C7 F Am | D7 G | C

Lo que nos deja con dos reglas claras de armonía:

1. Antes de cualquier acorde puede ir su quinto grado.
2. Antes de un quinto grado puede ir su segundo relativo.

El Fingerpicking

En esta lección se trabaja sobre la técnica de mano derecha, se busca independizar los dedos para poder atacar las cuerdas con mayor libertad.

El *Fingerpicking* consiste en la habilidad de atacar las cuerdas, sin restricción en mano derecha. Es similar a la técnica usada por los guitarristas clásicos e ideal para aquellos que desarrollan su estilo sin ayuda del *pick* o pluma.

El sonido de esta técnica se caracteriza por ser brillante cuando se usan las uñas. Por el contrario, puede tomar un tono más opaco, si se usan las yemas de los dedos.

Ejercicio 190

El siguiente ejercicio hace un primer reconocimiento de las cuerdas, como se indica, cada dedo tiene una cuerda asignada, al llegar a la primera cuerda se debe seguir la combinación de dedos sugerida.

Los bajos del ejercicio pueden trabajarse en sexta, quinta o cuarta cuerda, es algo que depende del intérprete, se sugiere hacer el ejercicio con una combinación diferente cada vez.

Para hacerlo un poco más musical se puede trabajar sobre progresiones armónicas, combinaciones que usen diferentes raíces como G C y D resultan ideales.

Ejercicio 191

El siguiente ejercicio alterna el pulgar mientras va haciendo combinaciones con los dedos restantes, para este tipo de ejercicios se sugiere quitar la vista de la mano y concentrarse en los diferentes movimientos, de esta forma se consigue independencia.

Si se desea puede trabajarse sobre acordes para conseguir un sonido más musical.

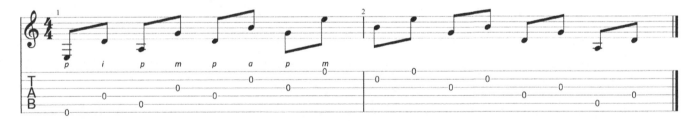

Ejercicio 192

En este ejercicio se hace una aplicación del *Fingerpicking* sobre las escalas, en este caso, se trabajan figuras diferentes en los dedos, por lo que se requiere una gran concentración. Se debe vigilar tanto la digitación de la mano derecha como la de la izquierda.

Este ejercicio puede desarrollarse sobre cualquier escala, de cualquier tipo; las escalas pentatónicas, al ser de dos notas por cuerda resultan un reto interesante a desarrollar.

 **El intercambio modal**

Es común encontrar en piezas musicales acordes que no hacen parte del sistema tonal sobre el cual se ha venido trabajando, ese es el caso de las dominantes secundarias y de algunos de los segundos relativos mencionados en lecciones anteriores.

Muchas veces estos acordes pueden no tener relación alguna con el tono principal, pueden parecer alejados y sin explicación. En la gran mayoría de los casos, estos acordes son importados de otras escalas o modos, a este procedimiento se le llama intercambio modal.

A continuación, se estudiarán algunas de las opciones más frecuentes para importar acordes al sistema musical.

La escala paralela

Se le conoce como escala paralela a la escala contraria, mayor o menor que se crea desde la misma nota en la que se esté trabajando, por ejemplo:

C   D   E   F   G   A   B   C

Su escala paralela es C menor:

C   D   Eb   F   G   Ab   Bb   C

Lo mismo sucede si se está trabajando sobre un tono menor, su escala paralela es la contraria iniciando desde la misma nota en la que se ha estado trabajando:

A   B   C   D   E   F   G   A

La escala paralela para Am es A:

A   B   C#   D   E   F#   G#   A

A diferencia de las escalas relativas, las cuales comparten alteraciones, las escalas paralelas son muy diferentes tanto en notas como en acordes. A continuación, se muestra un ejemplo en la escala de C:

C   Dm   Em   F   G   Am   B°

Cm   D°   Eb   Fm   Gm   Ab   Bb

Los modos griegos

Como se estudiará un poco más adelante en este curso, es posible derivar escalas a partir de una escala mayor; en total se pueden extraer siete escalas, una para cada nota, todas compartiendo las mismas alteraciones, pero con una estructura de tonos y medios tonos completamente diferente.

Cuando se trabaja usando el intercambio modal es necesario importar acordes desde otras escalas, la condición es que todas las estructuras de escala deben iniciar desde la misma nota, por ejemplo:

Mayor =	C	Dm	Em	F	G	Am	B°	C
Dórico =	Cm	Dm	Eb	F	Gm	A°	Bb	C
Mixolidio =	C	Dm	E°	F	Gm	Am	Bb	C

Como se puede observar todas las escalas tienen acordes diferentes, estos acordes pueden importarse al sistema tonal que se esté trabajando, generando de esta forma el intercambio modal.

Estas dos fuentes permiten ampliar el vocabulario armónico de una manera importante, a continuación, se muestran algunos ejemplos de los acordes de intercambio más usados:

VIIb

Estando en tono mayor es común encontrar como subdominante el acorde del VIIb, este acorde viene de la escala paralela.

C   F   G   =   C   Bb   G

Este acorde es común en la música de Carlos Vives y Alejandro Sanz.

ivm

Estando en tono mayor es común encontrar el ivm, este acorde viene de la escala paralela, es una excelente opción como subdominante para generar cadencias si se usa después de la versión mayor del acorde.

C   F   G   =   C   F   Fm   G

Este acorde es muy común dentro del *rock* británico.

VIb

En tono mayor es común encontrar este acorde como grado de atracción al quinto grado de la escala, este acorde viene de la escala paralela.

C   F   G   =   C   Ab   G

V

En tono menor es común encontrar el quinto grado mayor, se ha explicado que este acorde viene de la escala menor armónica, lo cual es correcto; otros músicos teóricos suelen verlo como un intercambio proveniente de la escala paralela, donde este acorde es de tipo mayor.

Cm   Fm   Gm   =   C   Fm   G

vii°

En tono menor se puede encontrar como dominante alternativa el vii°, este acorde viene de la escala menor armónica, también puede considerarse como un intercambio desde la escala paralela.

Cm   Fm   G   =   C   Fm   B°

En este caso, se remplaza el G por B° para mantener la coherencia en lo que a funciones armónicas respecta.

iim

El iim es un acorde usado comúnmente en escala menor, el segundo grado de la escala menor al ser un acorde disminuido tiene una sonoridad un poco fuerte para ser usado como subdominante, por esa razón, es frecuente encontrar este acorde en tipo menor.

Se puede decir que este acorde viene de la escala menor melódica o desde la escala paralela.

Cm   B°   G   =   C   Bm   G

Los acordes de intercambio modal, tal y como se ha visto, pueden tener varias interpretaciones, se puede debatir su origen entre una escala u otra, esto, aunque ambiguo no determina la función del acorde, ya que simplemente se importa vigilando la función armónica para así poder aplicarlo dentro de la progresión armónica.

En algunas escuelas, a los acordes provenientes de las escalas menor armónica y menor melódica se les considera como intercambios modales, esto porque de las variaciones de la escala menor salen los catorce modos restantes para la improvisación *jazz*; por esta razón, se estudian como escalas independientes y no como relacionadas con la menor natural.

El intercambio modal es una herramienta que puede acabar con la monotonía armónica, de paso explica casi la totalidad de los acordes ajenos a la escala, esto obliga a realizar el respectivo análisis armónico a todas las escalas que se conozcan y se trabajen.

Como regla se puede afirmar que los acordes de intercambio modal son importados de otras escalas con estructuras diferentes al lenguaje musical principal que se esté trabajando, las escalas coinciden en la raíz, que para todos los casos debe ser la misma nota.

Ejercicio 193

En esta lección se continúa desarrollando el *Fingerpicking*; en este caso, se trabaja sobre una escala tocada en primera posición, este tipo de figuras resultan complicadas, ya que las dos manos hacen cosas completamente diferentes.

Es tipo de escalas pueden funcionar como ejercicios de ubicación si se trabajan en todas las tonalidades. Se recomienda vigilar las digitaciones en las dos manos, especialmente en la derecha.

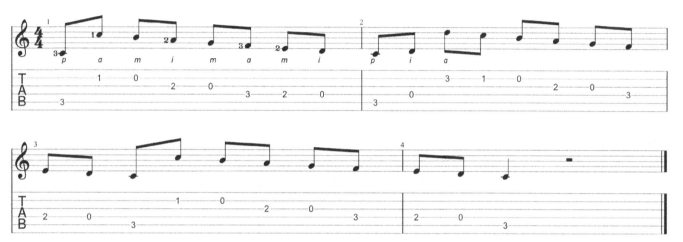

Ejercicio 194

El siguiente ejercicio es una combinación de *Fingerpicking y legato*, el reto consiste en mantener la digitación en la mano derecha y en poder realizarlo sin alterar el tempo, se debe mantener el pulso contante.

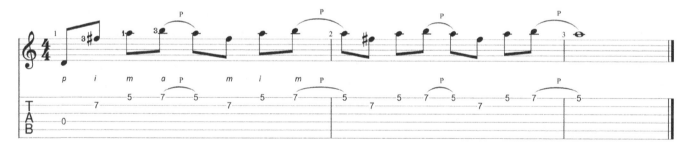

Ejercicio 195

El siguiente ejercicio es una combinación entre el pulgar y los dedos restantes de la mano, ayuda a desarrollar una mejor medida de las distancias en el instrumento y la coordinación. Se debe vigilar la digitación de la mano derecha.

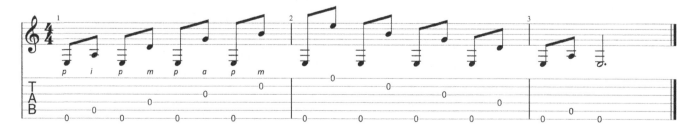

41 Manejo del pick

Algunos guitarristas prefieren desarrollar la técnica de *pick* al momento de tocar la guitarra acústica, una de las ventajas es que con el *pick* puede ser más fácil desarrollar velocidad, sin embargo, y como desventaja, es posible que sea más complicado realizar arpegios al tener que tocar cuerdas diferentes.

Figuras como las estudiadas anteriormente que trabajan saltos grandes entre las cuerdas pueden resultar un gran reto al momento de usar el *pick*, lo mismo sucede con las figuras que pasan por varias cuerdas de forma rápida.

A continuación, se estudian diferentes tipos de ataque y movimientos que ayudan al dominio del *pick*.

Picking alternado

El *picking* alternado es la habilidad de alternar la dirección de los ataques del *pick*, estos deben realizarse, abajo, arriba, abajo, arriba, de forma consecutiva durante el ejercicio, no se deben repetir ataques en una misma dirección, esto aplica cuando se está trabajando sobre una misma cuerda o cuando se están realizando saltos.

Ejercicio 196

En este primer ejercicio se trabaja una figura de tipo cromático. El objetivo es hacer ataques alternados, uno para cada nota, abajo, arriba, abajo, arriba, de esta forma se debe continuar hasta terminar el ejercicio.

Aun cuando está escrito sobre los primeros trastes del instrumento es posible llevarlo hasta los últimos trastes del registro y volver hasta el traste uno.

Ejercicio 197

El siguiente ejercicio se desarrolla sobre una de las digitaciones de la escala mayor; en este caso, se presentan diferentes combinaciones en las cuerdas, a veces se tocará una nota, dos o tres. Es importante mantener los ataques en mano derecha, abajo, arriba, abajo, arriba, de forma constante hasta terminar el ejercicio.

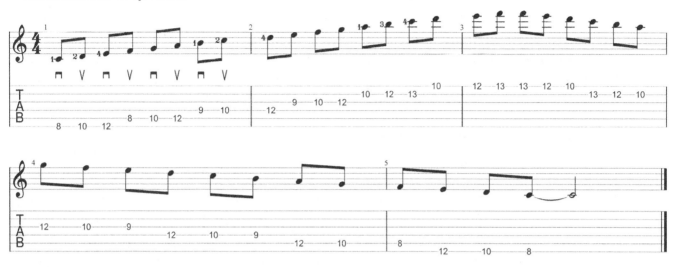

Picking interno

Al trabajar *picking* alternado es posible encontrar situaciones en las que se queda dentro de dos cuerdas, en ese momento la movilidad de la mano se ve un poco limitada, tanto que se considera que la mayoría de errores se cometen en ese tipo de situaciones.

Para entender el *picking* interno se invita al estudiante a realizar el siguiente movimiento:

Tocar la tercera cuerda con ataque descendente.
Tocar la cuarta cuerda con ataque ascendente.
Repetir varias veces este movimiento vigilando los ataques de las manos.

Los ejercicios de esta sección están diseñados para ayudar al estudiante a solucionar este problema técnico.

Ejercicio 198

En este primer ejercicio se trabaja un grupo de dos cuerdas. Para lograr el mayor beneficio del ejercicio es necesario vigilar la dirección de los ataques del *pick*, todo buscando siempre quedar en una situación de *picking* interno.

Ejercicio 199

El siguiente ejercicio hace algo similar al anterior, se mueve en un grupo de dos cuerdas por el registro de la guitarra. Está construido sobre una escala de C, puede usarse el mismo patrón de intervalos de sexta en las voces para trabajar sobre otras escalas en diferentes grupos de cuerda.

De esta forma se trabaja técnica y teoría en un solo ejercicio.

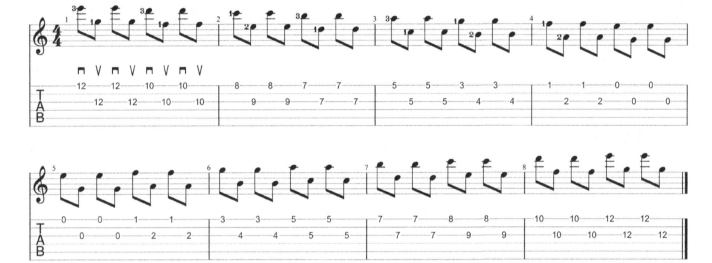

Picking invertido

El *picking* invertido es una variación del *picking* alternado. Cuando se lleva mucho tiempo trabajando esta técnica es común tocar los ejercicios y piezas musicales siempre de la misma manera, mantener un patrón fijo de ataques en mano derecha.

El *picking* invertido consiste en cambiar el patrón de *picking* usado normalmente en los ejercicios y piezas musicales, lo que antes se tocaba hacia abajo, ahora se toca hacia arriba, de esta forma la mano se acostumbra a abordar cualquier cuerda, desde cualquier posición en cualquier momento.

Cuando se trabaja este recurso, aun los ejercicios y piezas musicales simples requieren un alto grado de concentración.

Ejercicio 200

El siguiente ejercicio muestra una escala sobre una misma cuerda, lo ideal en este ejercicio es iniciar en forma contraria a como se trabaja normalmente y mantener el patrón de picking hasta el final del ejercicio.

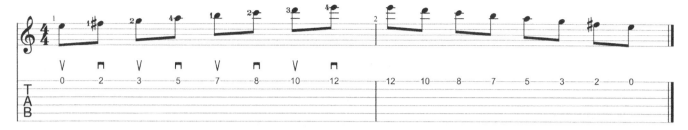

Ejercicio 201

El siguiente ejercicio muestra una escala mayor tocada en una de las tres digitaciones básicas estudiadas en el nivel dos de este curso. Se recomienda al estudiante iniciar la escala con un ataque ascendente y mantener el patrón alternado resultante hasta finalizar el ejercicio, puede trabajarse sobre cualquier otra nota, no necesariamente la que está escrita en el ejercicio.

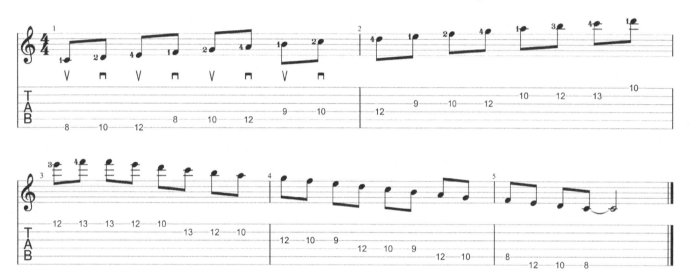

Saltos de cuerda

Los saltos entre cuerdas constituyen uno de los problemas más frecuentes en los guitarristas, se requiere precisión para poder atacar las cuerdas sin cometer errores. Los ejercicios que se explican a continuación ayudan al desarrollo correcto de esta técnica.

Ejercicio 202

El siguiente ejercicio está escrito en la escala de Dm armónica. Se debe mantener una figura constante creada con tres notas de la escala mientras se va ejecutando el resto de la escala nota por nota.

Es un ejercicio con un sonido agradable que se puede usar sobre cualquier otra escala y puede trabajarse usando las seis cuerdas o incluso menos, según lo considere el intérprete.

Ejercicio 203

El siguiente ejercicio toma una escala de Am y la trabaja en grupos de tres notas por todas las cuerdas, es un excelente ejercicio para adquirir velocidad y precisión; puede aplicarse a cualquier tipo de escala, incluso con figuraciones diferentes a las tres notas por cuerda.

Cómo encontrar la digitación de un acorde

Durante este curso se han venido mostrando diferentes tipos de acordes, escalas y sus aplicaciones dentro de la creación musical. En esta lección se busca mostrar un truco que permite llegar a las diferentes digitaciones de acordes de una forma rápida, esto será muy útil para lo que se desarrollará más adelante en el curso.

Existen dos formas para construir las digitaciones de los acordes en la guitarra, básicamente cualquier digitación se puede encontrar dentro de alguno de los siguientes grupos:

Acordes 1-5

Los acordes pueden construirse de acuerdo a la segunda nota que se aplique dentro de su construcción en la guitarra. Un acorde puede iniciar desde la tónica y colocar en la siguiente cuerda el tercer o el quinto grado, esto determinara el resto de la digitación.

Cuando un acorde se inicia con un intervalo de quinta, esta posición determina por comodidad y cercanía la ubicación de las notas restantes, los acordes de E, A y D son ejemplos de este tipo de figuras:

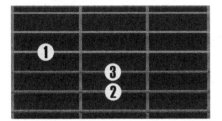 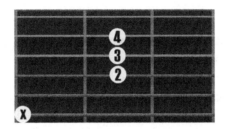 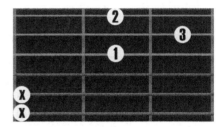

Si se observa con atención se notará que los tres acordes tienen la misma distribución en sus cuatro primeras notas:

E = E B E G#

A = A E A C#

D = D A D F#

Esto quiere decir, a nivel de intervalos, que estos acordes están construidos llevando la siguiente estructura:

Intervalos = 1 5 8 3.

Acordes 1-3

Los acordes también pueden construirse usando como segunda nota la tercera del acorde, no la quinta como se realizó anteriormente. Los acordes de C y G son ejemplos de este tipo de digitaciones:

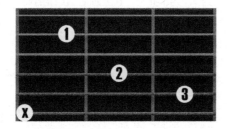 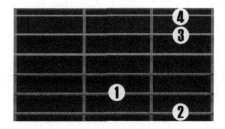

Si se observa con atención se verá que estos acordes distribuyen sus primeras cuatro notas de otra forma, esta distribución también hace que estos acordes no sean muy comunes en posición móvil o cejilla.

C = C E G A

G = G B D G

Esto quiere decir que estos acordes se encuentran construidos de la siguiente forma:

Intervalos = 1 3 5 8.

A nivel de posición móvil, los acordes de tríada, séptima y oncena usan la estructura de 1-5, los acordes con novena usan la estructura 1-3 para llegar a su digitación.

Reconociendo la forma como se han construido las digitaciones de estos acordes en la guitarra, estas se pueden usar para lograr cualquier otra digitación, para esto, se deben mirar las notas que rodean cada una de las notas del acorde. Para facilidad en el siguiente concepto, se trabajará desde los acordes de tipo mayor.

Cómo llegar a una digitación desde un acorde 1-5

Como se explicó anteriormente, los acordes de este tipo se han construido llevando los siguientes intervalos, 1 5 8 3, al tomar como referencia el acorde mayor se asume que la tercera es mayor y la quinta justa.

El procedimiento consiste en observar las notas que rodean cada uno de los parciales del acorde, el diagrama se encuentra invertido, tal y como se vería en la guitarra:

2	3m	**3**	4	#4
7	Maj7	**8**	b9	9
4	b5	**5**	#5	6
		1		

Como se puede observar, a lado y lado de cada una de las notas del acorde se encuentran otras que pueden hacer parte de la estructura en cualquier momento, solo se debe correr la nota uno o dos trastes, adelante o atrás, según la estructura del nuevo acorde. A continuación, se muestran algunos ejemplos:

	Maj7		**m7b5**		**7sus2**
	3		3m		2
Maj7		7		7	
	5		b5		5
	1		1		1

Maj7 = lo que se ha hecho en esta digitación es tomar la nota que se encontraba en el 8 (la duplicación de la tónica del acorde) y se ha desplazado un traste atrás, de esta forma pasa a convertirse en Maj7, que es lo solicitado por el acorde.

m7b5= en esta digitación se han hecho varias cosas, la quinta pasó de ser justa a ser disminuida, se ha movido un traste atrás, la séptima menor del acorde se encuentra dos trastes atrás de la octava; el acorde incluye una tercera menor la cual se encuentra un traste atrás de la tercera mayor.

7sus2= en esta digitación, la quinta no se ha movido, puesto que el cifrado del acorde no lo requiere; para conseguir la séptima la tercera nota del acorde se ha movido dos trastes hacia atrás, la tercera del acorde ha pasado a ser segunda, por lo cual se mueve dos trastes atrás.

El truco en principio puede parecer complicado, aunque la verdad, todo se reduce a tomar el acorde mayor como referencia, luego ver qué notas rodean cada una de las notas de la estructura y desplazar según sea requerido a esa nota.

Es necesario dominar el concepto de la aplicación de los intervalos al cifrado, esto se vio en el módulo dos de este curso; con este concepto es más fácil llegar a las demás notas del acorde.

A continuación, se muestran unos gráficos con las digitaciones aplicadas a las tres raíces principales, sexta, quinta y cuarta cuerda; la estructura básica del acorde se encuentra marcada:

Sexta cuerda

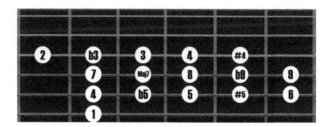

Quinta cuerda

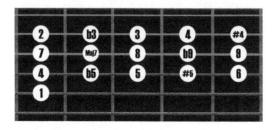

227

Cuarta cuerda

En esta digitación, la extensión entre algunas de las notas hace muy difícil la interpretación.

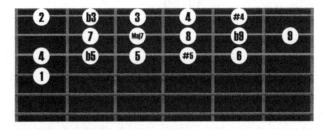

Cómo llegar a una digitación desde un acorde 1-3

Con estos acordes el procedimiento es el mismo, sin embargo, debido a la disposición de las notas algunos acordes son más fáciles de construir que otros. Esta figura es la que se usa para las digitaciones de los acordes con novena.

	Maj7			**Maj9**	
Maj7				9	
	5				Maj7
	3			3	
	1			1	

A continuación, se muestran algunos ejemplos usando esta figura para los acordes:

Maj7 = en esta digitación, la nota que se encuentra sobre la octava se mueve un traste atrás.

Maj9 = esta es la estructura básica para estos acordes en la guitarra, la nota que se tiene en la quinta se mueve hasta lograr la séptima mayor, la nota que se tiene en la octava se sube dos trastes para lograr la novena del acorde.

A continuación, se muestran unos gráficos con las digitaciones aplicadas a las tres raíces principales, sexta, quinta y cuarta cuerda; la estructura básica del acorde se encuentra marcada:

Sexta cuerda

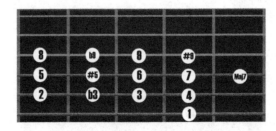

Quinta cuerda

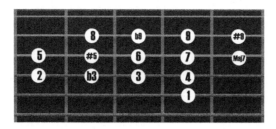

Cuarta cuerda

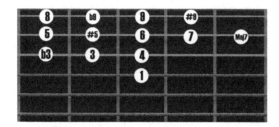

El Sweep picking

Esta técnica es conocida como el *picking* de la economía. Consiste en tocar la mayor cantidad de notas con la menor cantidad de ataques en mano derecha, como técnica resulta útil a la hora de tocar acordes y arpegios. En esta lección se estudiarán los fundamentos de este recurso.

Ejercicio 204

Como técnica, el *Sweep picking* permite trabajar a varias cuerdas de una manera ágil, se logran con facilidad movimientos que con *picking* alternado serían prácticamente imposibles. Para poder realizar esta técnica de forma correcta se debe tener en cuenta lo siguiente:

1. La mano derecha realiza un único ataque, en este caso, desde la sexta hasta la tercera cuerda, desde la quinta a la segunda o desde la cuarta hasta la primera.
2. La mano izquierda debe ir aislando cada uno de los ataques, no se pueden dejar los dedos colocados en el instrumento, puesto que el sonido obtenido sería similar al de un acorde tocado en ritmo. El objetivo es conseguir que cada una de las notas suene de forma individual.

Nótese que la dirección de ataques en mano derecha es constante, no se alterna el *pick*.

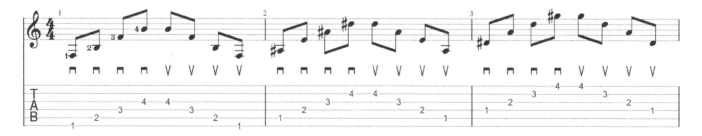

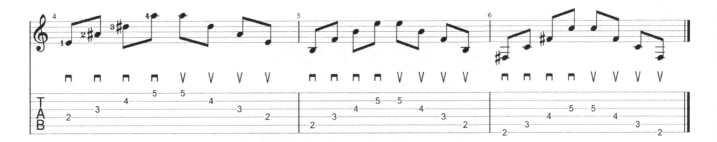

Ejercicio 205

El siguiente ejercicio ofrece una variación al realizado anteriormente; en este caso, se realizan desplazamientos. Aun cuando está escrito en las cuatro primeras cuerdas, puede trabajarse desde la sexta o desde la quinta.

Nuevamente, el ataque en mano derecha debe ser en una misma dirección, se deben aislar cada una de las notas en mano izquierda.

Ejercicio 206

El siguiente ejercicio es una aplicación del *Sweep picking* combinando los dedos de la mano izquierda en parejas. El objetivo es acostumbrar la mano a realizar cualquier combinación en cualquier momento.

Nuevamente, el ataque en mano derecha debe ser en una misma dirección desde la sexta a la primera cuerda y viceversa; las diferentes combinaciones de dedos obligan a aislar las notas.

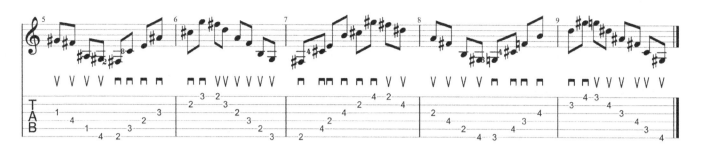

43 Inversiones de acordes

En muchas piezas musicales es común encontrar acordes que usan como bajo una nota diferente a la fundamental, si esta nota hace parte del acorde se dice que el acorde se encuentra invertido. Este procedimiento es frecuente, ya que la inversión puede ayudar a realizar movimientos melódicos en el bajo y en algunos casos puede cambiar la función armónica del acorde dentro de una progresión.

Los acordes se crean usando tres o más notas, como se ha visto en este curso, las diferentes combinaciones producen los distintos tipos de acorde; cada una de las notas del acorde pueden aparecer en el bajo. Cuando esta nota es la tónica se dice que el acorde se encuentra en fundamental.

Al usar la tercera, la quinta o la séptima del acorde como bajo se produce una inversión, a continuación, se muestran algunos ejemplos.

C = C E G

En este caso, el acorde de C se encuentra en fundamental, la nota principal del acorde es la que aparece en el bajo.

C/E = E G C

En este caso, la nota E tercera del acorde aparece en el bajo, se dice que el acorde se encuentra en primera inversión.

C/G = G C E

En este caso, la nota G quinta del acorde aparece en el bajo, se dice que el acorde se encuentra en segunda inversión.

Este principio es aplicable a los acordes con séptima:

CMaj7/B = B C E G

En este caso, la nota B séptima del acorde de CMaj7 se encuentra en el bajo, se dice que el acorde se encuentra en tercera inversión, según esto se puede deducir que:

- Si la tónica del acorde se encuentra en el bajo, el acorde se encuentra en fundamental.
- Si la tercera del acorde se encuentra en el bajo, el acorde se encuentra en primera inversión.
- Si la quinta del acorde se encuentra en el bajo, el acorde se encuentra en segunda inversión.
- Si la séptima del acorde está en el bajo, el acorde se encuentra en tercera inversión.

Es posible encontrar acordes cuyo bajo es una nota que no hace parte de la estructura, por ejemplo, C/D; en este caso, se considera un acorde *slash*, tiene un bajo alternativo.

Cifrado clásico de las inversiones

En la grafía clásica se usan números fraccionarios para indicar una inversión; estos números vienen de los diferentes intervalos presentes entre las notas, el número mayor en el fraccionario siempre se usa como numerador, el menor como denominador.

Los acordes en fundamental se cifran con el fraccionario 5/3, esto se debe a la distancia de tercera y quinta presentes entre las notas del acorde y la tónica:

C = C E G

Se tiene una tercera de C a E y una quinta de C a G, el tipo de intervalo "mayor, menor, disminuido o aumentado" es indiferente en este tipo de cifrado.

Los acordes en primera inversión se cifran con el fraccionario 6/3, esto se debe a la distancia de tercera y sexta entre las notas del acorde y la tónica:

C/E = E G C

Se tiene una tercera de E a G y una sexta de E a C.

Los acordes en segunda inversión se cifran con el fraccionario 6/4, esto por la distancia de cuarta y sexta entre las notas del acorde y la tónica:

C/G = G C E

Se tiene una cuarta de G a C y una sexta de G a E.

Para los acordes con séptima, el cifrado es similar: solo se toman dos de los números disponibles, por lo general, se toman los dos números mayores, siempre y cuando no coincidan con el cifrado de las tríadas.

Los acordes en fundamental se cifran con el fraccionario 7/5, el acorde tiene una tercera, una quinta y una séptima; se toman los dos intervalos mayores:

CMaj7 = C E G B

Se toma la quinta de C a G y la séptima de C a B.

La primera inversión de los acordes con séptima se cifra como 6/5, este acorde está compuesto por una tercera, una quinta y una sexta; se toman los dos intervalos mayores.

CMaj7/E = E G B C

Se toma la quinta de E a B y la sexta de E a C.

La segunda inversión del acorde con séptima se cifra como 4/3, este acorde está compuesto por una tercera, una cuarta y una sexta, los fraccionarios de 6/4 y 6/3 ya se usan en las inversiones de tríada, por esta razón, se usa la única combinación disponible:

CMaj7/G = G B C E

Se toma la tercera de G a B y la cuarta de G a C.

La tercera inversión del acorde con séptima se cifra como 4/2, este acorde está compuesto por una segunda, una cuarta y una sexta, se usa el intervalo de sexta que es el mayor y el de segunda que no se había usado hasta el momento.

CMaj7/B = B C E G

Se toma la segunda de B a C y la sexta de B a G.

Uso de las inversiones

Las inversiones de acordes pueden ser usadas para modificar la función armónica de un acorde, para suavizarlo o para conseguir una conducción de voces correcta, particularmente en el bajo.

Cuando se tiene una progresión, lo común es tocar en el bajo la fundamental de cada uno de los acordes, esto hace que el bajo deba realizar saltos de una nota a otra; dichos saltos pueden ser extensos. Algunas veces puede ser preferible usar una inversión para conseguir un bajo melódico que genere más interés en el escucha.

Si se tiene la siguiente progresión de acordes:

Am Dm G C

El bajo se encuentra realizando saltos de cuarta para llegar de una nota a otra, de A a D, luego de D a G y, por último, de G a C. Usando inversiones es posible conseguir un movimiento melódico diferente, que permita ir por grados conjuntos y evitar de esta forma los saltos.

Se inicia con el acorde de Am en fundamental:

Am = A C E

El acorde de D puede usarse en segunda inversión. Para que el bajo no se mueva se usa la nota en común que tienen los dos acordes:

Dm/A = A D F

Para el acorde de G se usa la primera inversión, de esta forma el bajo sube por grado conjunto a la nota B:

G/B = B D G

Para el acorde de C se puede usar la fundamental, de esta forma el bajo sube por grado conjunto a la nota C.

C = C E G

El bajo ha realizado el siguiente movimiento:

A A B C

Una segunda posibilidad para esta progresión aparece cuando se usa el acorde de G en fundamental y no en inversión:

G= G B D

El acorde de C puede usarse en segunda inversión para mantener la nota común entre los acordes, la nota G.

C/G = G C E

El movimiento del bajo en este caso es mínimo, usa dos notas para cuatro acordes: A A G G.

Un segundo uso de las inversiones consiste en suavizar la sonoridad de los acordes, esto es útil en las dominantes, puesto que, por ejemplo, un acorde de quinto grado con el bajo en el tercer grado o primera inversión tiene una sonoridad más suave y permite un movimiento por grado conjunto al acorde de tónica:

G7 C

G7/B C

La inversión hace la dominante más suave al oído, además, permite el paso por grado conjunto de un acorde a otro; en este caso, se pasa de la nota B a C.

Por último, una inversión puede modificar la función armónica de un acorde. Según como se organicen las notas un acorde puede pasar de tónica a dominante, tal es el caso del acorde de tónica que al ser usado en segunda inversión se le conoce como cadencial:

C/G C

Se omite el quinto grado y se usa el mismo acorde de tónica en segunda inversión.

Algo similar ocurre con el acorde de tercer grado, al ser invertido toma función de dominante:

Em/G C

En este caso, la inversión del acorde hace que sea muy similar al acorde dominante de quinto grado de la tonalidad, por esa razón, puede cambiar de función:

Em/G = G B E (puede verse como un G6)

Puede remplazar al quinto grado dentro de la tonalidad:

G C = Em/G C

Concluyendo, los tres usos de las inversiones son:

1. Permitir un movimiento melódico en el bajo, buscando notas en común o movimientos por grado conjunto.
2. Suavizar los acordes de dominante.
3. Pueden cambiar la función armónica de un acorde.

Sweep picking sobre arpegios

Los arpegios constituyen la aplicación principal de esta técnica, por eso, se hace indispensable conocer las diferentes digitaciones en el instrumento. Los siguientes ejercicios muestran cómo tocar arpegios de tipos disimiles en distintas cuerdas.

Este ejemplo muestra cómo tocar arpegios mayores y menores en diferentes raíces, se inicia por la tercera cuerda con un acorde mayor y luego uno menor, seguidamente, se pasa a la cuarta cuerda, la quinta y finalmente, la sexta.

La dirección de los ataques en mano derecha debe ser constante para la correcta realización del *Sweep picking.*

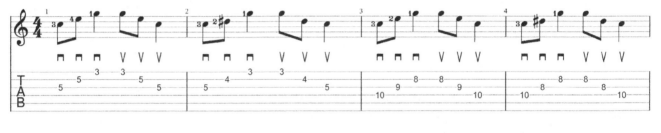

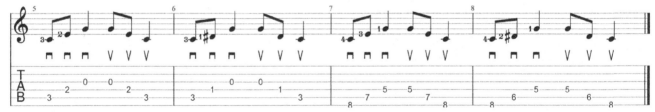

Ejercicio 207

El siguiente ejercicio muestra cómo ejecutar un acorde mayor, un menor y un dominante sobre la cuarta cuerda.

Ejercicio 208

El siguiente ejercicio muestra cómo ejecutar un acorde mayor, un menor y un dominante sobre la quinta cuerda. Este recurso puede extenderse a todos los tipos de acorde en cualquier raíz.

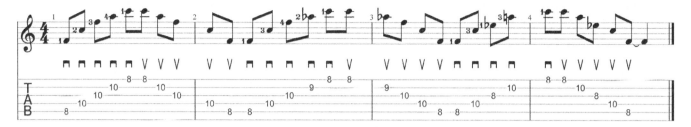

Ejercicio 209

El siguiente ejercicio muestra como ejecutar un acorde mayor, un menor y un dominante sobre la sexta cuerda. Este recurso puede extenderse a todos los tipos de acorde en cualquier raíz.

44 La melodía

La melodía es sin duda alguna la protagonista de cualquier composición musical, es lo que da recordación, lo que pasa fronteras de terreno, idioma y tiempo, es el elemento más importante de la música; por eso, se hace necesario su estudio, para comprender los diferentes tipos de movimientos y los recursos básicos de armonización.

En esta lección se aprenderá a estudiar una melodía, se verá cómo realizar un análisis de tipo melódico, cuáles son los diferentes movimientos, las relaciones con los acordes y cómo armonizar a dos voces.

Movimientos melódicos

A continuación, se mostrarán los tipos de movimientos usados melódicamente.

Grado conjunto

Este tipo de movimiento se genera cuando se pasa de una nota a otra sin saltos, siempre pasando a la nota siguiente de la escala, este movimiento puede ser ascendente o descendente.

Movimiento por salto

En este tipo de movimiento se saltan notas, por lo general, se usa como regla que cuando el salto es igual o superior a una cuarta debe compensarse haciendo un movimiento por grado conjunto en sentido contrario al salto.

Recursos melódicos

Notas de paso

Se les considera notas de paso a las notas que por grado conjunto sirven como conectores para pasar de una nota a otra, tienen como característica estar ubicadas en tiempo débil y ser de duración corta.

Bordado

El bordado a una nota, ya sea ascendente o descendente se mueve por grado conjunto, se usa una nota que se mueve a la siguiente para volver a la nota inicial. El movimiento puede ser doble, por arriba y abajo, a esto se le conoce como doble bordado.

Tipos de movimiento al armonizar una melodía a dos voces

Al interactuar dos melodías de forma simultánea aparecen nuevos recursos en cuanto a los tipos de movimientos que se pueden usar.

Movimiento paralelo

En este tipo de movimiento, las dos voces se mueven de forma paralela, en la misma dirección y con intervalos constantes; usualmente se trabajan consonancias. Los intervalos de tercera y sexta son los más comunes en este tipo de movimiento.

Movimiento contrario

En este tipo de movimiento, las voces van haciendo movimientos contrarios entre sí, al subir una voz la otra baja y viceversa, se da preferencia a las consonancias para este tipo de movimiento.

Movimiento oblicuo

En este tipo de movimiento una de las voces se queda quieta, mientras la otra se mueve; en este caso, se deben trabajar ritmos diferentes en las voces. Aunque se da preferencia a las consonancias es posible que la segunda voz implemente disonancias por medio de notas de paso, mientras la otra está estática en una nota.

Suspensión

Más que un tipo de movimiento es un resultado del movimiento oblicuo, sucede cuando se generan disonancias, estas deben resolver en consonancias y, por lo general, la resolución de estas disonancias se hace de forma descendente.

Cómo armonizar a dos voces

En esta lección se verán diferentes ejemplos y se analizarán los recursos para la correcta realización de una melodía con una segunda voz.

Se debe tener presente que este tipo de armonización se trabaja usando como referencia la armonía de la pieza musical, todo se debe realizar teniendo como principal foco los acordes presentes y su relación con las notas de la melodía.

La armonización a dos voces se hace entre dos instrumentos de tipo melódico, se usa para hacer una armonización simple que es muy usada en fondos musicales.

Los intervalos que se usan, por lo general, deben ser de tipo consonante, las disonancias son permitidas, pero bajo algunas restricciones.

Armonización usando consonancias

Por lo general, se usan intervalos de tercera y sexta, estos pueden usarse de forma casi ilimitada y sin ningún tipo de restricción. Los intervalos de quinta u octava pueden ser usados, pero no de forma consecutiva, es una antigua regla de contrapunto que aún hoy día está vigente.

Para realizar la armonización se deben tener presente los siguientes conceptos:

Si la nota pertenece al acorde esta se debe armonizar con un intervalo consonante hacia abajo, la razón por la cual se armoniza con voces inferiores es para no perder la melodía principal escribiendo notas sobre ella.

A continuación, se muestra un ejemplo de una armonización a dos voces:

En este caso, se encuentran notas del acorde (N) durante toda la melodía; además, todas las notas son armonizadas por otras notas del acorde generando consonancias de tercera y sexta, por esa razón, esta armonización es correcta.

A continuación, se muestra un segundo ejemplo sobre la misma melodía:

En este ejemplo, las notas del acorde están siendo armonizadas por intervalos consonantes, estas notas no siempre hacen parte del acorde; además, se tiene una serie de quintas consecutivas, lo cual hace que esta armonización sea incorrecta.

Para realizar esta armonización es posible usar paralelismos de intervalos consonantes siempre y cuando estos sean terceras y sextas, en cuanto a este aspecto no existe un límite definido sobre cuántas se pueden usar de forma consecutiva.

Manejo de las notas que no hacen parte del acorde

Es común encontrar en la melodía notas que no pertenecen al acorde (T), pueden ser notas de paso, suspensiones, bordados, etc. El procedimiento para armonizar es el mismo, se deben usar notas del acorde buscando consonancias.

A continuación, se muestra un ejemplo de este recurso:

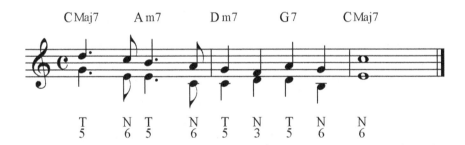

Existe la posibilidad de manejar un paralelismo con las dos voces; sin embargo, la aplicación de este recurso hace que se pierda el efecto de la tensión (nota que no pertenece al acorde), el siguiente ejemplo muestra cómo se debe realizar este procedimiento, no obstante, se usa más cuando el *tempo* es rápido, la nota es corta y no se encuentra sobre un tiempo fuerte del compás.

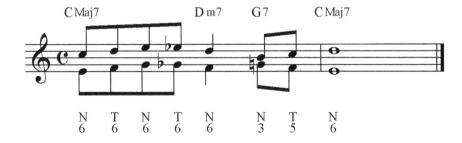

A continuación, se muestran tres ejemplos de armonización aplicados a la guitarra.

Ejercicio 210

El siguiente ejercicio es una armonización de tipo paralelo usando exclusivamente intervalos de tercera, como se puede observar las notas mantienen la dirección y la relación de intervalos, para que esto funcione de forma correcta, se deben respetar las notas de la escala.

Ejercicio 211

Este ejercicio es una armonización hecha sobre movimiento oblicuo, como puede observarse una de las voces se mueve en corcheas, la otra se mueve en blancas.

Las notas usadas en el registro grave comprenden los bajos de los acordes presentes en la armonía de la pieza musical.

Ejercicio 212

El siguiente ejercicio es una armonización que está hecha en movimientos contrarios, se busca mantener las notas de los acordes e intervalos consonantes siempre que sea posible.

Este tipo de armonización constituye un buen reto a nivel de composición y ejecución.

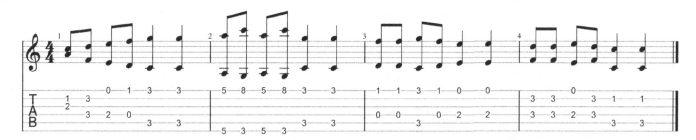

Voice leading

El *voice leading* es una técnica que viene del estilo de interpretación del piano, a grandes rasgos, consiste en cambiar de un acorde a otro realizando el menor movimiento posible en cada una de las voces que forman las estructuras.

Para realizar un *voice leading* de forma correcta es necesario entender el acorde no como un grupo de notas, sino que se entiende como notas independientes que hacen parte de una estructura; por esta razón, al cambiar de un acorde a otro se estudian los movimientos de cada una de las notas como melodías independientes.

Una forma simple de entender el *voice leading* es analizando un cuarteto vocal. Usualmente se componen de cuatro voces diferentes: un bajo, un tenor, una contralto y una soprano, juntos pueden crear acordes, pero al momento de desarrollar una pieza musical cada una de las voces lleva una melodía independiente.

El siguiente es un ejemplo de un cuarteto vocal, se ve que las voces en conjunto forman acordes, pero cada una de ellas lleva su melodía independiente:

En la guitarra, debido a la distribución de las notas, el *voice leading* es algo a lo que no se le presta mucha atención, al usar este recurso es posible que algunas digitaciones no sean cómodas, sin embargo, puede enriquecer la interpretación y conseguir un sonido más agradable a la hora de cambiar de una acorde a otro. A continuación, se analiza un cambio de acordes sin usar *voice leading*:

El cambio entre dos acordes en la guitarra, por lo general, implica saltos, si se cambia de un CMaj7 en la quinta cuerda a un G7 en la sexta las voces tendrán que realizar algunos saltos; adicionalmente, todos los movimientos melódicos son saltos de quinta.

E	B	=	intervalo de quinta justa
B	F	=	intervalo de quinta disminuida
G	D	=	intervalo de quinta justa
C	G	=	intervalo de quinta justa

Ejercicio 213

Más que un ejercicio es una audición, lo que se busca aquí es escuchar la diferencia entre un cambio de acordes con *voice leading* y uno que no usa esta técnica.

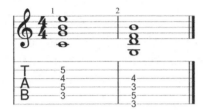

El *voice leading* tiene tres principios básicos que ayudan a su ejecución:

1. Las notas comunes entre los acordes se deben mantener.
2. Se debe buscar movimiento a la nota más cercana del siguiente acorde.
3. En caso de ser requerido un salto este no debe ser mayor a una tercera.

El siguiente cambio de acordes muestra la ejecución de un *voice leading* entre el acorde de CMaj7 y el acorde de G7, se siguen los principios básicos expuestos anteriormente.

E	F	=	intervalo de segunda menor
B	C	=	intervalo de segunda menor
G	G	=	nota común
C	D	=	intervalo de segunda mayor

Se han mantenido las notas en común y las notas restantes se han movido por grado conjunto al siguiente acorde.

A continuación, se muestra otra forma de realizar el mismo cambio entre acordes:

E	D	=	intervalo de segunda mayor (descendente)
B	G	=	intervalo de tercera menor (descendente)
G	F	=	intervalo de segunda mayor (descendente)
C	B	=	intervalo de segunda mayor (descendente)

En este caso, ha sido necesario realizar un pequeño salto de tercera en una de las voces para poder realizar el *voice leading* para estos dos acordes, como se verá en la siguiente lección esto puede aplicarse a progresiones de acordes extensas.

Ejercicio 214

El siguiente ejemplo permite escuchar la progresión armónica aplicando *voice leading*.

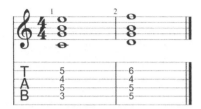

Para la correcta realización de un *voice leading* se hace necesario el estudio de las inversiones de acordes; a continuación, se muestran las inversiones para los acordes con séptima en sus diferentes raíces, el objetivo será usar estas posiciones en la próxima lección donde se aplicará este recurso a diferentes progresiones. Se omiten los acordes en fundamental, puesto que ya se han estudiado anteriormente.

Acordes de tipo Maj7

Raíz 6

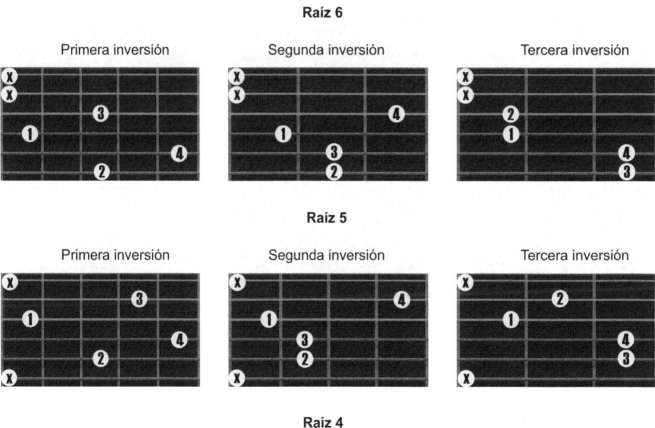

Raíz 5

Raíz 4

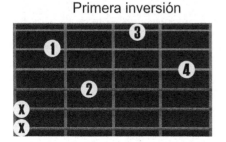
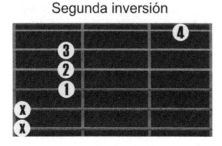
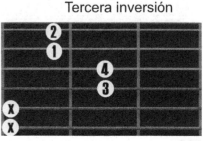

Acordes de tipo m7

Raíz 6

Primera inversión	Segunda inversión	Tercera inversión

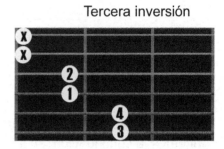

Raíz 5

Primera inversión	Segunda inversión	Tercera inversión

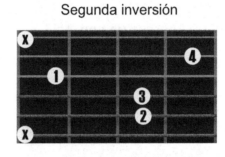
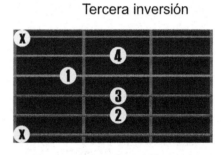

Raíz 4

Primera inversión	Segunda inversión	Tercera inversión

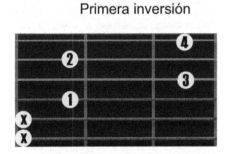

Acordes de tipo 7

Raíz 6

Primera inversión	Segunda inversión	Tercera inversión

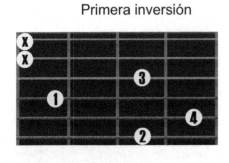
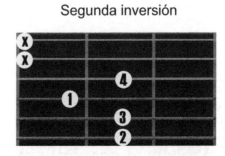
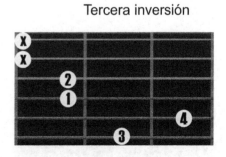

Raíz 5

Primera inversión

Segunda inversión

Tercera inversión

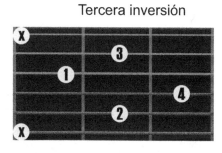

Raíz 4

Primera inversión

Segunda inversión

Tercera inversión

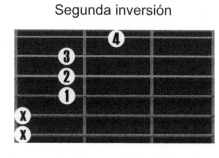

Acordes de tipo m7b5

Raíz 6

Primera inversión

Segunda inversión

Tercera inversión

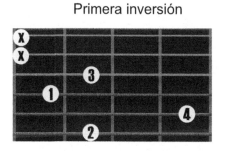 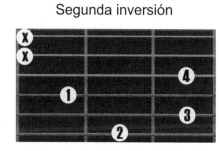 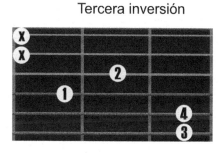

Raíz 5

Primera inversión

Segunda inversión

Tercera inversión

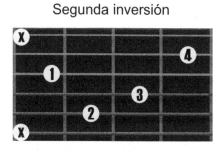 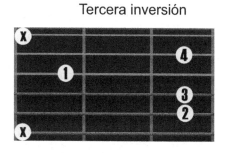

Raíz 4

Primera inversión   Segunda inversión   Tercera inversión

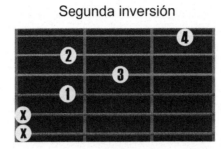

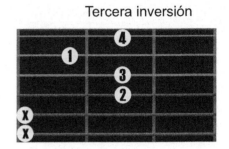

46 Voice leading aplicado

Existen algunas progresiones armónicas que son comunes, cambios entre acordes que resultan frecuentes en las piezas musicales. Estas progresiones constituyen un buen punto de partida para comenzar a desarrollar el *voice leading*, a continuación, se encuentran varias progresiones desarrolladas de dos formas diferentes; adicionalmente, las soluciones se hacen en las diferentes raíces.

Progresión IMaj7 V7 IMaj7

Una de las relaciones armónicas más importantes en la música es la que se presenta entre el primer grado de la escala y el quinto, ya que son el balance entre tensión y equilibrio; por esa razón, es una de las primeras que se estudian en este curso y en esta lección.

Ejercicio 215

El siguiente ejercicio está desarrollado de dos formas, una ascendente y otra descendente, en ambos casos se inicia con el acorde en fundamental y se usa el segundo acorde en inversión.

| GMaj7 | D7/F# | GMaj7 | GMaj7 | D/A | GMaj7 |

Ejercicio 216

El siguiente ejercicio está desarrollado de dos formas, una ascendente y otra descendente, se usa una progresión tomando como raíz la quinta cuerda.

| DMaj7 | A7/C# | DMaj7 | DMaj7 | A7/E | DMaj7 |

Ejercicio 217

El siguiente ejercicio muestra la progresión tomando como raíz la cuarta cuerda, es recomendable estudiar estas progresiones en diferentes tonalidades, puesto que el tener que trabajar diferentes acordes obliga a recordar su estructura y aprender las diferentes notas para cada uno.

| FMaj7 | C7/E | FMaj7 | FMaj7 | C7/G | FMaj7 |

Progresión Im7 ivm7 V7 im7

La progresión basada en las tres funciones armónicas, tónica, subdominante y dominante es una de las más comunes dentro de la composición musical; en este caso, se ha tomado dentro de la tonalidad menor, se sugiere al estudiante trabajarla tanto en tono mayor como en tono menor.

Ejercicio 218

La siguiente progresión está desarrollada con raíz en sexta cuerda, se hacen dos ejemplos, el primero de forma descendente y el segundo de forma ascendente.

| Am7 | Dm7/A | E7/G# | Am7 | Am7 | Dm7/A | E7/B | Am7 |

Ejercicio 219

La siguiente progresión está desarrollada con raíz en quinta cuerda, se hacen dos ejemplos, el primero de forma descendente y el segundo de forma ascendente.

| Cm7 | Fm7/C | G7/B | Cm7 | Cm7 | Fm7/C | G7/D | Cm7 |

Ejercicio 220

La siguiente progresión está desarrollada con raíz en cuarta cuerda, se hacen dos ejemplos, se usan acordes en fundamental e inversión.

Am7   Dm7/A   E7/G#   Am7   Am7   Dm7/A   E7/B   Am7

Progresión iim7 V7 IMaj7

Las progresiones basadas en movimientos por cuarta son muy comunes dentro de la música, la progresión que se trabaja en los siguientes ejemplos es considerada la "progresión reina" dentro del *jazz*, al ser una progresión tan común se hace indispensable su estudio.

Ejercicio 221

La siguiente progresión está desarrollada con raíz en sexta cuerda; en este caso, se llega al primer grado en fundamental y en inversión.

Am7   D7/A   GMaj7   Am7   D7/A   GMaj7/B

Ejercicio 222

La siguiente progresión está desarrollada con raíz en quinta cuerda; en este caso, se llega al primer grado en fundamental y en inversión.

Dm7   G7/D   CMaj7   Dm7   G7/D   CMaj7/E

Ejercicio 223

La siguiente progresión está desarrollada con raíz en cuarta cuerda. Con este recurso se puede experimentar, una de las cosas que se puede hacer es tomar el primer grado en inversión, generando nuevas posibilidades.

Al ser una progresión importante se sugiere el estudio en todas las tonalidades y en tono mayor y menor, con esto se logrará una aplicación adecuada de la técnica al repertorio.

Gm7   C7/G   FMaj7   Gm7   C7/G   FMaj7/A

Progresión VIMaj7 iim7b5 V7 Im7

Las progresiones basadas en movimientos por cuarta son indispensables en la composición; en este caso, se ha complementado la progresión anterior, se ha añadido el sexto grado, con esto se mantiene el movimiento y se manejan las tres funciones armónicas.

En este caso, se está trabajando en tonalidad menor.

Ejercicio 224

La siguiente progresión está desarrollada con raíz en sexta cuerda, nuevamente, se mezclan acordes en fundamental e inversión.

AMaj7   D#m7b5/A   G#7   C#m7/G#   AMaj7   D#m7b5/A   G#7/B#   C#m7

Ejercicio 225

La siguiente progresión está desarrollada con raíz en quinta cuerda, nuevamente, se mezclan acordes en fundamental e inversión.

EbMaj7   Am7b5/Eb   D7   Gm7/D   EbMaj7   Am7b5/Eb   D7/F#   Gm7/D

Ejercicio 226

La siguiente progresión está desarrollada con raíz en cuarta cuerda, nuevamente, se mezclan acordes en fundamental e inversión.

| AbMaj7 | Dm7b5/Ab | G7 | Cm7/G | AbMaj7 | Dm7b5/Ab | G7/B | Cm7/G |

Ejercicio 227

El siguiente ejercicio se desarrolla sobre la canción All the Things You Are, un tema del repertorio tradicional de *jazz*. Muestra el uso del *voice leading* para desarrollar el acompañamiento; el ritmo está escrito en redondas, pero puede aplicarse cualquier patrón.

| Fm7 | Bbm7 | Eb7 | AbMaj7 | DbMaj7 | G7 | CMaj7 |

| Cm7 | Fm7 | Bb7 | EbMaj7 | AbMaj7 | D7 | Gmaj7 |

| Am7 | D7 | Gmaj7 | | F#m7 | B7 | EMaj7 | C7 |

| Fm7 | Bbm7 | Eb7 | AbMaj7 | DbMaj7 | Dbm7 | Cm7 | B°7 |

| Bbm7 | Eb7 | AbMaj7 | |

El tema usado como ejemplo en este ejercicio muestra la aplicación de los recursos estudiados durante la lección, como se puede observar abundan las progresiones de tipo V7 IMaj7; otra relación armónica frecuente es la de vim7 iim7 V7 IMaj7, la progresión reina dentro del *jazz*.

Durante el desarrollo del *voice leading* se ha trabajado a varias cuerdas, se debe tener presente que esta no es la única forma de trabajar el acompañamiento para este tema, se pueden hacer cuantas variaciones sea necesario. Una forma de lograr esto es trabajar los primeros acordes de la progresión en inversión no en fundamental, de esta forma, se obliga a un cambio en la disposición de las notas.

Ejercicio 228

El siguiente ejercicio se desarrolla sobre la canción Stella by Starlight, uno de los temas tradicionales de *jazz*, caracterizado por la complejidad en su armonía. Se ha creado el acompañamiento para el tema en *voice leading*, usando acordes en diferentes posiciones y raíces.

Este tema armónicamente no es tan predecible, sus movimientos armónicos ofrecen varias dominantes sin resolución y cambios constantes de tono, esto muestra que la técnica de *voice leading* se puede aplicar a cualquier tipo de progresión sin importar su complejidad.

Chord melody

La técnica del *Chord melody* consiste en interpretar la melodía y la armonía de una pieza musical de forma simultánea, los dos elementos van de la mano; el principal objetivo es poder tocar la pieza musical sin necesidad de un instrumento complementario, se debe escuchar "completa", melodía y armonía, al ser tocada en la guitarra.

Para desarrollar un *Chord melody* es necesario comprender la relación existente entre las notas de la melodía y los acordes del acompañamiento, poder entender si la nota de la melodía hace parte del acorde o si es una tensión y en cualquiera de los dos casos entender cuál de los parciales del acorde es: tónica, tercera, quinta o séptima; si es tensión comprender si es una novena, oncena o trecena.

Para esto es necesario realizar un análisis melódico, esto consiste en determinar la relación de las notas que se encuentran en la melodía con los acordes que hacen parte de la pieza musical; si la nota de la melodía hace parte del acorde que se encuentra presente en el acompañamiento, se marca con el número correspondiente a su parcial 1, 3, 5 o 7, dependiendo de la relación que exista entre el acorde y la nota, se logra saber qué grado del acorde es la nota de la melodía, esto ayuda a determinar qué inversión es óptima para realizar la armonización.

Si la nota de la melodía no hace parte de las notas del acorde se marca como tensión (T), la tensión puede ser 9, 11 o 13, dependiendo de la relación que tenga con el acorde.

A continuación, se muestran dos ejemplos de análisis melódico:

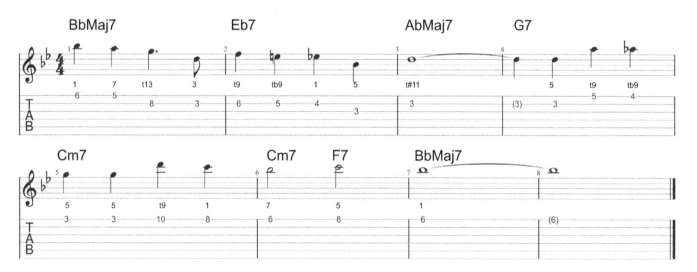

El análisis muestra en el primer compás tres notas del acorde y una tensión, el segundo compás inicia con tensiones y termina con notas del acorde. El tercer compás tiene como nota principal D, que equivale a la 11# del acorde de AMaj7.

El cuarto compás muestra una nota del acorde y dos tensiones, el quinto compás usa tres notas del acorde y una tensión, el sexto y el séptimo compases muestran notas del acorde.

Como se puede observar en este fragmento, son frecuentes las notas de los acordes, las tensiones aparecen, pero no con la misma frecuencia.

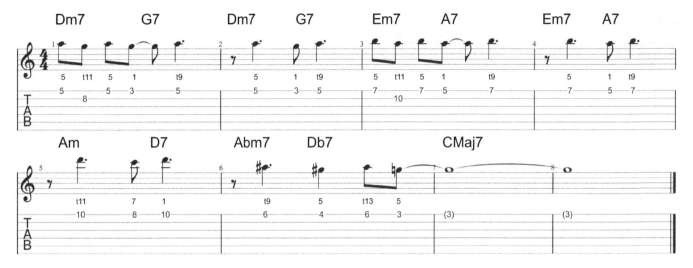

Esta melodía muestra nuevamente cómo las notas del acorde y las tensiones aparecen de forma frecuente, en algunos pasajes las tensiones aparecen como notas de paso o bordado, en otras tienen una duración importante, por lo que se convierten en notas del acorde.

Esta melodía realiza una figura la cual va moviendo de forma ascendente, por diseño, notas del acorde, una tensión por bordado, y finaliza en tensión.

El segundo compás de la frase hace dos notas del acorde y nuevamente termina en tensión. La tercera frase que inicia en el quinto compás inicia con tensión y dos notas del acorde.

La melodía termina alternado tensiones con notas del acorde.

Puede observarse en los dos ejemplos que las notas de la melodía están relacionadas con los acordes según su posición en este 1, 3, 5 y 7, las tensiones están marcadas como T9, T11, T13.

Para armonizar en *Chord melody* es necesario usar las inversiones de los acordes con séptima que se estudiaron en las lecciones anteriores, estas se hacen indispensables, ya que al realizar un *Chord melody* se busca que la melodía siempre se encuentre en la voz superior del acorde (nota más aguda), las inversiones se usan no según el *voice leading*, como se estudió en la lección anterior, sino que se usan según la nota que tengan en la voz superior:

- Un acorde en estado fundamental tiene como nota superior la tercera del acorde.
- Un acorde en primera inversión tiene como nota superior la quinta del acorde.
- Un acorde en segunda inversión tiene como nota superior la séptima del acorde.
- Un acorde en tercera inversión tiene como nota superior la tónica o primer grado del acorde.

Ejercicio 229

Sobre los mismos ejemplos anteriores se va a identificar qué tipo de acorde se debe usar para armonizar correctamente la melodía. Como ritmo armónico se está armonizando únicamente la primera nota del compás, si este tiene solo un acorde; se armonizan dos, si el compás incluye dos acordes:

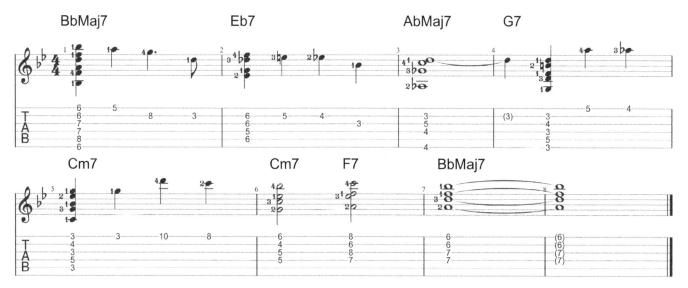

Para el primer compás se ha usado un acorde en fundamental cuya nota superior es la fundamental del acorde.

En el segundo compás aparece una tensión como primera nota del acorde, se usa un Eb9 para poder armonizarla.

En el tercer compás se usa un acorde con oncena en *drop* 2 para poder armonizar de forma correcta la nota.

En el cuarto compás se usa un acorde en fundamental, se toca hasta la segunda cuerda para que la nota del acorde y la nota de la melodía sea la misma.

En el quinto compás, sobre el Cm se usa el acorde en fundamental dejando la nota de la melodía en la voz superior del acorde.

En el siguiente compás se han usado dos inversiones: primero, el Cm7/G para que la nota Bb quede en la voz superior; luego, un F7/A para que la nota C quede en la voz superior.

Se termina usando la tercera inversión del BbMaj7, dejando la fundamental en la voz superior.

Se pueden reconocer tres elementos claros en este *Chord melody*: se usan acordes en fundamental y se tocan hasta la cuerda donde se encuentre la nota de la melodía; se usan acordes con tensión, si es necesario, y se usan inversiones para permitir que la melodía siempre quede en la voz superior.

Ejercicio 230

La siguiente melodía se ha armonizado dando mayor relevancia a las inversiones, así que son constantes dentro del arreglo, permiten el uso del *voice leading* y también mantener la voz de la melodía en la nota más aguda del acorde.

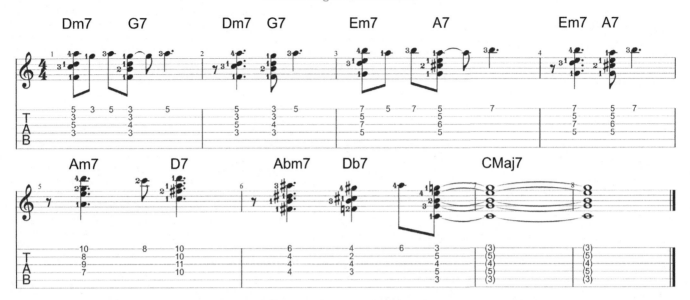

Esta armonización se inicia con dos acordes en inversión, Dm7/F y G7/F, ambos acordes se repiten en el siguiente compás.

En los compases tres y cuatro se usan dos acordes invertidos, Em7/G y A7/G, nótese como la conducción de voces permite hacer los dos acordes desde la misma nota.

El acorde de Am7 en el quinto compás se hace en fundamental, el acorde de D7 se hace en tercera inversión para lograr que la fundamental se encuentre en la melodía.

Finalmente, se usan dos acordes en inversión, un Abm7/Gb y un Db7/F para conseguir que la nota de la melodía se encuentre en la voz superior del acorde.

La armonización termina con un acorde de CMaj7 en fundamental que se toca hasta la primera cuerda para conseguir que la nota G se encuentre en la voz superior.

Ejercicio 231

El siguiente ejercicio muestra un tema del repertorio tradicional de *jazz*, este ha sido analizado melódicamente y posteriormente, se ha arreglado usando como ritmo armónico un acorde por compás. El objetivo es armonizar una de las notas, usualmente, la primera del compás e interpretar el resto de la melodía sin el acompañamiento.

Autum Leaves (análisis melódico)

258

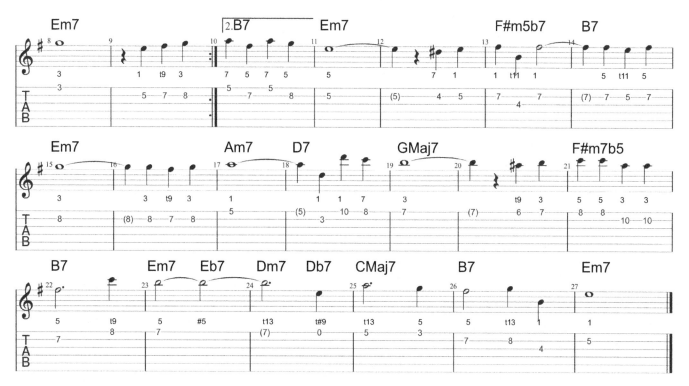

El análisis armónico de este tema muestra que en la mayoría de los casos los compases inician con una nota del acorde, esto obligará a usar el acorde en fundamental o una inversión. También aparecen muchas notas con ligadura que se mantienen, mientras cambia el acorde de fondo, en estos casos se debe modificar el acorde sin modificar la nota.

En algunos casos, las notas se extenderán hasta el siguiente compás, es posible armonizar esta nota así venga ligada, si se desea se puede proceder armonizando la segunda nota del compás. Si se quiere se puede hacer una armonización usando dos acordes por compás, cuando se trabaja de esta forma, se busca armonizar las notas que se encuentren en el primer y el tercer tiempo.

Autum Leaves (*chord melody*)

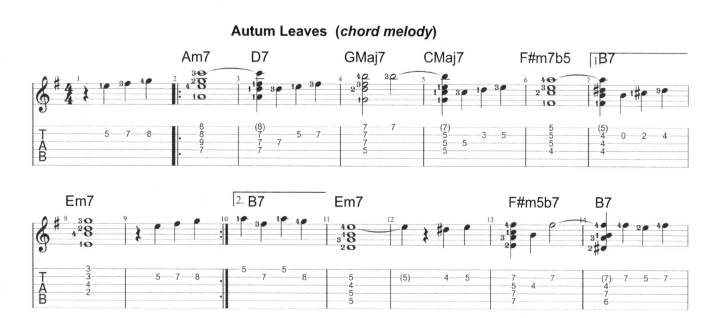

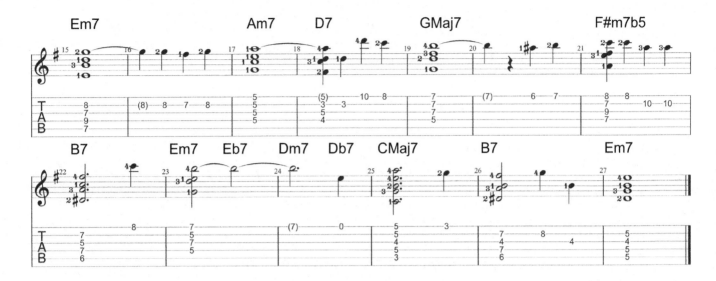

Como se puede observar el tema se ha armonizado de forma sencilla. Puede llevarse al punto de armonizar cada una de las notas, incluso rearmonizando si el intérprete lo desea. Esta técnica da muchas libertades, lo importante es no perder en ningún momento la melodía ni la esencia de la canción.

Chord melody con tensiones

En esta lección se verá cómo resolver las tensiones de los acordes, qué se debe hacer cuando la nota principal del compás es una tensión.

Para esto existen dos procedimientos básicos: el primero, consiste en usar la digitación correspondiente para cada acorde, como se ha visto en niveles anteriores del curso, los acordes con 9, 11 (*drop*) y 13 tienen el color en la voz superior.

Otra opción es tomar una estructura básica del acorde y añadir el color, según el lenguaje que se esté usando puede convenir más usar una digitación u otra, lo importante es vigilar la melodía, cuidar que sus notas siempre se encuentren en la voz superior del acorde.

A continuación, se muestra un ejemplo donde se usan estos dos recursos:

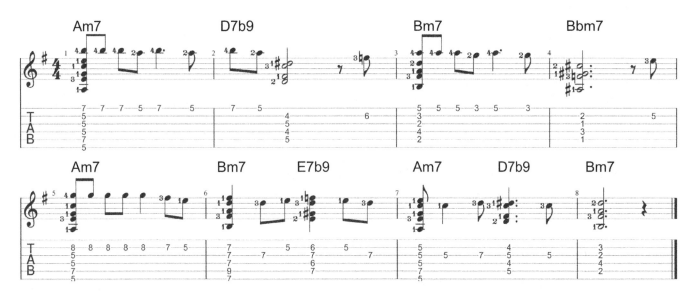

El acorde de Am7 tiene la nota B en la melodía, su novena; en este caso, se ha tomado la digitación del acorde de Am7 desde la sexta cuerda y la nota se ha añadido sobre la primera cuerda en el séptimo traste.

Para el D7b9 se ha usado la digitación estudiada para este tipo de acordes; en este caso, se tomó la nota más larga del compás para armonizar.

El acorde de Bm7 tiene la séptima en la voz superior, se ha usado una digitación normal en la quinta cuerda, pero la nota se ha añadido en el quinto traste de la primera cuerda.

El Bbm7 se ha armonizado usando la digitación corriente para el acorde, esta tiene la tercera en la voz superior.

En el Am7 se ha usado una digitación normal para el acorde, la nota G que se encuentra en la melodía ha sido añadida en el octavo traste de la segunda cuerda. Como se puede ver es posible añadir tensiones y notas del acorde.

El acorde de Bm7 se ha tocado hasta la quinta cuerda para mantener la nota de la melodía, en el E7b9 se ha usado la digitación vista para este tipo de acordes.

Un recurso idéntico se ha usado en el Am7, el cual se tocó hasta la quinta cuerda y el D7b9 el cual se ha tocado con la digitación normal para este tipo de acordes.

El Bm7 usa la digitación corriente para este tipo de acorde.

A continuación, se muestran tres *Chord melody* armonizados usando las técnicas vistas, se usan inversiones de acordes con séptima, acordes con novena, oncena, trecena y la aplicación de acordes con colores añadidos.

Vale la pena recordar que el objetivo principal del *Chord Melody* es hacer sonar la melodía y la armonía de una pieza musical simultáneamente.

Ejercicio 232

Fly Me To The Moon es un tema que hace parte del repertorio tradicional del *jazz*; en este caso, se ha armonizado usando los recursos vistos en las lecciones anteriores:

Fly Me To The Moon (*chord melody*)

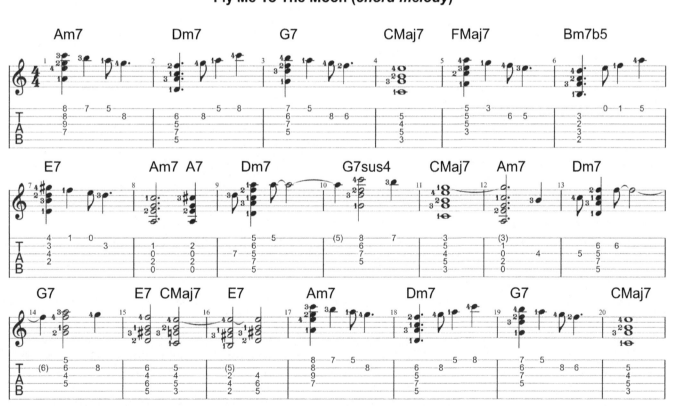

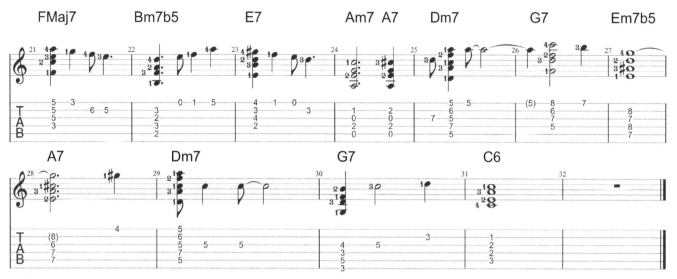

El tema ha sido armonizado a ritmo de un acorde por compás, se les ha dado prioridad a las notas largas dentro del compás, en especial si se encuentran en tiempos fuertes.

En el primer sistema se han usado acordes en fundamental, esta parte del tema trabaja mayormente la melodía en la tercera del acorde.

En el segundo sistema se usa la tercera en la mayoría de los acordes, de modo que, aparecen dos situaciones, una donde la melodía pasa al quinto grado y el acorde se extiende hasta la primera cuerda; en la otra, uno de los acordes pasa a ser sus4, por lo que se logra el color usando la digitación para este tipo de acordes.

El tercer sistema inicia con un color, se ha usado una nota añadida, posteriormente, se usan inversiones para lograr las notas de la melodía, el tema baja de registro lo que obliga a usar acordes incompletos en el compás tres para conseguir las notas de la melodía. El sistema termina usando acordes en fundamental con la tercera en la melodía.

El cuarto sistema vuelve a las terceras en la melodía, salvo dos sitios donde se ha debido usar acordes suspendidos para lograr la melodía. En el quinto y último sistema, se han usado acordes extendidos, en fundamental y un seis para dejar la nota de la melodía en la tónica.

Ejercicio 233

There Will Never Be Another You es un tema que hace parte del repertorio tradicional del *jazz*; en este caso, se ha armonizado usando los recursos vistos en las lecciones anteriores:

There Will Never Be Another You (*chord melody*)

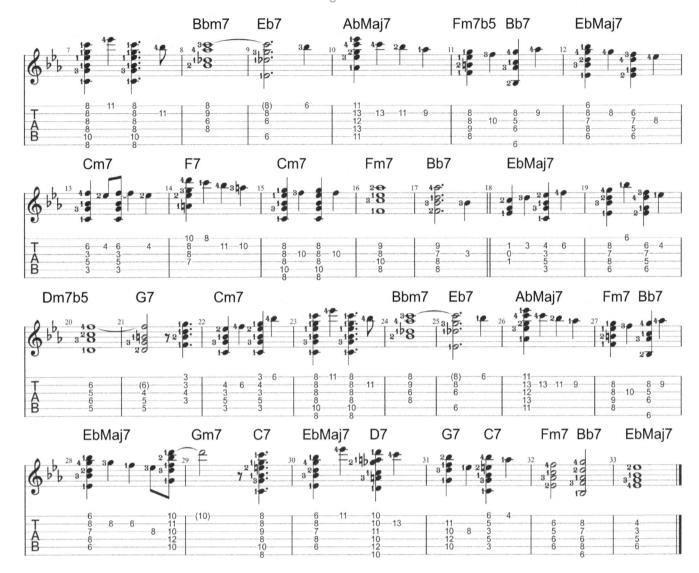

Para este *Chord melody* se usa un ritmo armónico de dos acordes por compás, esto obliga al uso de diferentes recursos para su desarrollo, por ejemplo, en los dos primeros compases, sobre el Eb-Maj7 se hace un voicing para poder iniciar con el C en la melodía, una sustitución armónica (Cm7), también se usa el acorde en fundamental. Posteriormente, se usan acordes en fundamental con la tercera en la melodía.

En el segundo sistema se usan acordes en fundamental con la tercera en la melodía, se usan acordes extendidos para lograr las notas de la melodía y acordes con tensiones en sus respectivas digitaciones.

En el tercer sistema se usan dos acordes con tensión en la voz superior; posteriormente, se vuelve a los acordes en fundamental con la tercera en la melodía y se extienden, el tema vuelve a comenzar al final del sistema.

El cuarto sistema es una repetición de lo que ya se ha desarrollado anteriormente. A gusto del intérprete puede hacerse igual o se pueden hacer modificaciones.

El sexto sistema usa acordes en fundamental, estos se han extendido para lograr que la melodía quede en la voz superior, se usan inversiones de los acordes, posiciones con tensión y notas añadidas.

Al final del tema se han usado acordes en fundamental, uno de ellos con el rango extendido, el acorde Eb al final se hace con una digitación alternativa.

Este tema es mucho más complejo que el anterior, tiene como agravante el hecho que debe interpretarse a *tempo* rápido, su velocidad sugerida de ejecución es a 150 BPM.

Ejercicio 234

Beautiful Love es un tema que hace parte del repertorio tradicional del *jazz*; en este caso, se ha armonizado usando los recursos vistos en las lecciones anteriores:

Beautiful Love (*chord melody*)

En este tema se ha usado un ritmo armónico de acorde por compás, inicia con un color añadido y combina inversiones y acordes en fundamental durante los primeros compases de su desarrollo, el sistema termina con un acorde suspendido.

El segundo sistema usa un acorde 13 al inicio, el mismo acorde funciona como color añadido al Em7b5; se usan acordes con novena y colores añadidos como es el caso del Dm7; el Gm7 obliga a usar un acorde suspendido; el Bb7 debe hacerse con oncena en posición de *drop*.

Los modos griegos

Se le conoce como modos griegos o gregorianos a las diferentes escalas que se pueden derivar de la escala mayor natural.

Como se estudió en lecciones anteriores, la escala menor se deriva desde el sexto grado de una escala mayor, si se mantienen las mismas notas sin usar alteraciones nuevas, se genera una estructura nueva de tonos y medios tonos, lo que en este caso corresponde a la escala menor.

Por ejemplo, se tiene la escala de C mayor con su estructura de tonos y medios tonos:

```
C     D     E     F     G     A     B     C
   T     T     m     T     T     T     m
```

Si se toman estas mismas notas, pero partiendo del sexto grado se encuentra una escala nueva, lo que se conoce como la escala menor natural:

```
A     B     C     D     E     F     G     A
   T     m     T     T     m     T     T
```

Como se puede observar, las dos escalas son a nivel de estructura completamente diferentes:

Mayor: T T m T T T m
Menor: T m T T m T T

Este mismo procedimiento puede realizarse desde cada uno de los grados de una escala mayor, esto da como resultado un total de siete escalas. A continuación, se muestran los diferentes modos y su estructura a nivel de tonos y medios tonos.

Si se deriva una escala desde el segundo grado se encuentra lo que se conoce como el modo dórico:

```
D     E     F     G     A     B     C     D
   T     m     T     T     T     m     T
```

Como se puede observar, es una escala completamente diferente a nivel de tonos a las escalas estudiadas durante el desarrollo de este curso.

Si se deriva una escala desde el tercer grado se encuentra lo que se conoce como el modo frigio:

```
E     F     G     A     B     C     D     E
   m     T     T     T     m     T     T
```

Una escala diferente a todo lo estudiado hasta el momento.

Si se deriva una escala desde el cuarto grado de la escala mayor, se encuentra la escala lidia:

```
F     G     A     B     C     D     E     F
   T     T     T     m     T     T     m
```

Esta escala tiene como particularidad iniciar con un tritono, esto la hace un poco inestable, sin embargo, es una de las escalas más usadas dentro de la improvisación.

Si se deriva una escala desde el quinto grado de una escala mayor se encuentra lo que se conoce como la escala mixolidia:

```
G    A    B    C    D    E    F    G
  T    T    m    T    T    m    T
```

Como se verá más adelante en este curso, la escala mixolidia es una de las más importantes dentro de la improvisación.

Si se deriva una escala desde el séptimo grado de la escala mayor se encuentra lo que se conoce como la escala locria:

```
B    C    D    E    F    G    A    B
  m    T    T    m    T    T    T
```

Esta es la escala menos usada de los siete modos, es necesario su estudio, ya que será la escala a utilizar para improvisar sobre los acordes disminuidos.

Dentro de una escala mayor en realidad existen siete escalas independientes, todas con usos específicos dentro de la improvisación. A continuación, se muestra el nombre y la estructura en tonos de cada una de ellas:

Mayor:	T	T	m	T	T	T	m	(se le conoce como escala jónica)
Dórica:	T	m	T	T	T	m	T	
Frigia:	m	T	T	T	m	T	T	
Lidia:	T	T	T	m	T	T	m	
Mixolidia:	T	T	m	T	T	m	T	
Menor:	T	m	T	T	m	T	T	(se le conoce como escala eólica)
Locria:	m	T	T	m	T	T	T	

Como es lógico, este principio puede aplicarse a cualquier escala mayor, sin importar la nota de inicio, también es posible, como se verá más adelante, manejar cada una de las escalas desde su propia estructura desde cualquier nota.

Durante este módulo se estudiarán las escalas que se pueden derivar de la escala mayor, de la menor armónica y la menor melódica, se estudiarán sus estructuras y su aplicación dentro de la improvisación.

Modo jónico

El modo jónico es el nombre alternativo que se le da a la escala mayor, en este punto esta escala no requiere mayor explicación, pues durante el desarrollo de este curso, en particular en el nivel dos, se han estudiado todas las características de esta escala, su estructura, armonía y funciones armónicas.

Dentro de la improvisación, la escala mayor puede usarse de dos formas, la primera a manera zonal, donde se usa para improvisar sobre los mismos acordes de una tonalidad, cuando varios acordes dentro de una progresión armónica hacen parte de una misma escala mayor.

El otro uso que se le da dentro de la improvisación avanzada es para los acordes de tipo mayor, siempre que no sean el quinto grado de la escala. Como se verá durante el desarrollo de este nivel el objetivo de la improvisación es usar una escala diferente para cada uno de los acordes de la progresión.

Si se tiene la siguiente progresión armónica:

CMaj7   Dm7   FMaj7   G7

Estos acordes hacen parte de la escala de C, se pueden improvisar usando esta escala para toda la progresión.

En improvisación avanzada se busca usar una escala diferente para cada acorde; en este caso, los acordes de CMaj7 y FMaj7, se pueden improvisar cada uno con una escala diferente, de la siguiente manera:

CMaj7 = escala de C jónico.
FMaj7 = escala de F jónico.

La escala jónica se usa para los acordes mayores, pero no es la mejor alternativa. En las próximas lecciones se verá cual es la escala ideal para este tipo de acorde.

Ejercicio 235

La siguiente es una digitación para la escala mayor o modo jónico, se hace partiendo desde la sexta cuerda, se muestra en tablatura iniciando desde la nota C y en diagrama de escala, esta digitación puede ser aplicada a cualquier nota.

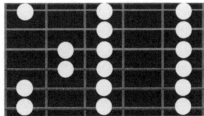

Las digitaciones en diagrama se leen siempre desde la primera nota de la sexta cuerda, se deben leer en orden de izquierda a derecha, cuerda por cuerda, una vez se toquen las notas presentes en un renglón se puede proceder al siguiente.

Modo dórico

El modo dórico es el primero que se puede derivar en una escala mayor, se crea desde la segunda nota de la escala, debe usar las mismas notas de la escala desde la cual se ha derivado y su estructura debe mantenerse tal cual como ha quedado.

Por ejemplo, si se deriva desde la escala de C:

C mayor =	C	D	E	F	G	A	B	C

D dórico =	D	E	F	G	A	B	C	D

Como se puede observar usa las mismas notas. No se usan alteraciones para modificar la estructura de la escala.

Ahora se realiza un ejemplo desde la nota A:

A mayor =	A	B	C#	D	E	F#	G#	A

B dórico =	B	C#	D	E	F#	G#	A	B

Como se puede observar se usan las mismas alteraciones. No se han quitado ni añadido para mantener la estructura de la escala, tal y como se ha derivado.

La escala dórica tiene la siguiente estructura de tonos y medios tonos:

T	m	T	T	T	m	T

Con esta fórmula se puede crear desde cualquier nota.

La escala dórica tiene un uso específico dentro de la improvisación, es la escala ideal para los acordes de tipo m o m7, siempre que uno de estos acordes se encuentre dentro de una progresión armónica debe improvisarse con este modo.

Si se tiene la siguiente progresión armónica:

Am   G   C   Dm

Los acordes de tipo menor se deben improvisar de la siguiente forma:

Am = A dórico.
Dm = D dórico.

Ejercicio 236

La siguiente es una digitación para la escala dórica. Se hace desde la sexta cuerda, se muestra en tablatura desde la nota D, en el traste diez y en diagrama para ser aplicada fácilmente desde cualquier nota.

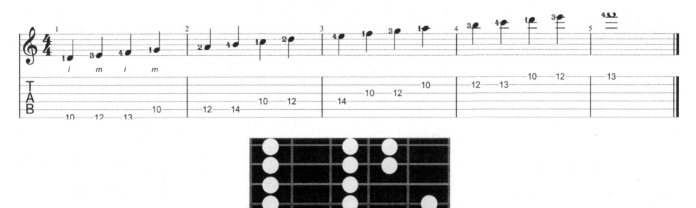

Ejercicio 237

En el siguiente ejemplo (escuchar archivo de audio) se encuentra una demostración de la sonoridad de estas escalas aplicadas dentro de la improvisación.

Progresión armónica:

Cmaj7   Am7   Cmaj7   Am7

Empleo de modos: Cmaj7 = jónico   Am7 = dórico.

 # Tensiones disponibles para los acordes

En esta lección se estudiarán las reglas que existen para asignar escalas a los diferentes acordes en la improvisación, se explicará bajo qué parámetros una escala resulta útil para un acorde y no para otro.

Los acordes tienen una estructura básica de tres notas, lo que se conoce como tríada; en algunos casos esta estructura se extiende hasta la séptima considerando los acordes de esta familia como estructuras simples.

Todos los acordes tienen la posibilidad de extenderse fuera de este rango, para esto se agregan notas a su súperestructura, esta se compone de los intervalos de novena, oncena y trecena; cada una de estas notas ofrece diferentes posibilidades, es por eso que para cada acorde existen diferentes reglas que permiten saber la nota adecuada a aplicar.

Tensiones disponibles para los acordes Maj7

El acorde Maj7 es la evolución natural del acorde mayor, siempre que no sea el quinto grado de una escala. La regla para asignar sus tensiones es:

"Las tensiones para los Maj7 deben estar a un tono por arriba de las notas del acorde".

Esto indica que si se tiene un acorde de CMaj7 sus tensiones son:

```
CMaj7 =    C    E    G    B
                D    F#    A
```

Su novena "D" se encuentra un tono sobre la nota C.
Su oncena "F#" se encuentra un tono sobre la nota E.
Su trecena "A" se encuentra un tono sobre la nota G.

Para un acorde de BMaj7 sus tensiones disponibles son:

```
BMaj7 =    B    D#    F#    A#
                C#    E#    G#
```

Su novena "C#" se encuentra un tono sobre la nota B.
Su oncena "E#" se encuentra un tono sobre la nota D#.
Su trecena "G#" se encuentra un tono sobre la nota F#.

Las tensiones disponibles para estos acordes dan como resultado la siguiente estructura:

1 3 5 7 9 #11 13

Si se observa la escala que se crea al juntar todas las notas en los dos ejemplos, se verá que se forma una escala lidia, es por esta razón, que esta es la mejor escala para improvisar sobre los acordes de este tipo.

Tensiones disponibles para los acordes m7

El acorde m7 es la evolución natural del acorde menor. La regla para asignar sus tensiones es igual a la usada para los Maj7:

"Las tensiones para los m7 deben estar a un tono por arriba de las notas del acorde".

Esto indica que si se tiene un acorde de Am7 sus tensiones son:

```
Am7 =        A      C      E      G
                B      D      F#
```

Su novena "B" se encuentra un tono sobre la nota A.
Su oncena "D" se encuentra un tono sobre la nota C.
Su trecena "F#" se encuentra un tono sobre la nota E.

Para un acorde de Gm7 sus tensiones disponibles son:

```
Gm7 =        G      Bb     D      F
                A      C      E
```

Su novena "A" se encuentra un tono sobre la nota G.
Su oncena "C" se encuentra un tono sobre la nota Bb.
Su trecena "E" se encuentra un tono sobre la nota D.

Las tensiones disponibles para estos acordes los dejan con la siguiente estructura:

1 b3 5 b7 9 11 13

Al juntar todas las notas para formar una escala se crea la escala dórica, es por esta razón, que esta es la mejor alternativa para improvisar sobre este tipo de acordes.

Tensiones disponibles para los acordes 7 en tono mayor

El acorde 7 es la evolución natural del acorde mayor cuando este es el quinto grado de la escala. La regla para asignar sus tensiones es:

"Las tensiones para los 7 son tomadas de la escala destino, la escala sobre la cual resuelve el acorde".

Para los ejemplos de acordes 7 en tono mayor y menor se usarán las mismas notas como base, de esta forma se podrá apreciar fácilmente la diferencia.

Para el siguiente ejemplo se debe tener en cuenta que se está trabajando en escala de C, su quinto grado G7 debe extraer sus tensiones de esta escala:

```
G7 =        G      B      D      F
               A      C      E
```

Su novena "A" hace parte de la escala de C.
Su oncena "C" hace parte de la escala de C.
Su trecena "E" hace parte de la escala de C.

Para un acorde de E7 que resuelve en escala de A sus tensiones disponibles son:

E7 =   E   G#   B   D
                F#   A   C#

Su novena "F#" hace parte de la escala de A.
Su oncena "A" hace parte de la escala de A.
Su trecena "C#" hace parte de la escala de A.

Las tensiones disponibles para estos acordes los dejan con la siguiente estructura:

1 3 5 b7 9 11 13

Al juntar todas las notas se crea la escala mixolidia, la cual es la ideal para este tipo de acordes.

Tensiones disponibles para los acordes 7 en tono menor

El acorde 7 es la evolución natural del acorde mayor cuando este es el quinto grado de la escala. La regla para asignar sus tensiones es:

"Las tensiones para los 7 son tomadas de la escala destino, la escala sobre la cual resuelve el acorde".

Como se mencionó anteriormente, los siguientes ejemplos muestran las mismas dominantes, pero resolviendo a escala menor:

Para el siguiente ejemplo se debe tener en cuenta que se está trabajando en escala de Cm, su quinto grado G7 debe extraer sus tensiones de esta escala:

G7 =   G   B   D   F
           Ab Bb   C   Eb

Su novena "Ab" hace parte de la escala de Cm.
Su novena "A# o Bb" hace parte de la escala de Cm.
Su oncena "C" hace parte de la escala de Cm.
Su trecena "Eb" hace parte de la escala de Cm.

Para un acorde de E7 que resuelve en escala de Am sus tensiones disponibles son:

E7 =   E   G#   B   D
              F G   A   C

Su novena "F" hace parte de la escala de Am.
Su novena "F## o G" hace parte de la escala de Am.

Su oncena "A" hace parte de la escala de Am.
Su trecena "C" hace parte de la escala de Am.

Las tensiones disponibles para estos acordes los dejan con la siguiente estructura:

1 3 5 b7 b9 #9 11 b13

Este es uno de los acordes que más posibilidades ofrece a la hora de la improvisación, como se verá más adelante son muchas las escalas que pueden aplicarse sobre él.

Tensiones disponibles para los acordes m7b5

El acorde m7b5 se caracteriza por su sonido disonante, se encuentra en las escalas mayores en el séptimo grado, en las menores sobre el segundo.

"Las tensiones para los m7b5 deben estar a un tono por arriba de las notas del acorde y deben pertenecer a la escala en la cual se está trabajando".

Esto indica que si se tiene un acorde de Bm7b5 dentro de la escala de C sus tensiones son:

```
Bm7b5 =      B      D      F      A
                        E      G
```

Su novena "C" se encuentra a medio tono sobre la nota C, no puede usarse.
Su oncena "E" se encuentra un tono sobre la nota D y hace parte de la escala de C.
Su trecena "G" se encuentra un tono sobre la nota F y hace parte de la escala de C.

Para un acorde de Dm7b5 dentro de la escala de Cm sus tensiones disponibles son:

```
Dm7b5 =      D      F      Ab     C
                        G      Bb
```

Su novena "Eb" se encuentra a medio tono de D, no puede usarse.
Su oncena "G" se encuentra un tono sobre la nota F y hace parte de la escala de Cm.
Su trecena "Bb" se encuentra un tono sobre la nota Ab y hace parte de la escala de Cm.

Las tensiones disponibles para estos acordes varían según la escala en la que se encuentren, por eso no se dan como fijas. Es común encontrar la escala locria aplicada a este acorde en la improvisación.

Tensiones disponibles para los acordes °7

El acorde °7 se caracteriza por su sonido disonante, no se encuentra en las escalas mayores o menores de forma natural por lo que no pertenece a una escala como tal. Su regla para aplicar tensiones es:

"Las tensiones para los °7 deben estar a un tono por arriba de las notas del acorde y deben pertenecer a la escala en la cual se está trabajando".

Esto indica que si se tiene un acorde de A°7 dentro de la escala de C sus tensiones son:

A°7 =		A		C		Eb		Gb
			B		D		F	

Su novena "B" se encuentra un tono sobre la nota A y hace parte de la escala de C.
Su oncena "D" se encuentra un tono sobre la nota C y hace parte de la escala de C.
Su trecena "F" se encuentra un tono sobre la nota Eb y hace parte de la escala de C.

Para un acorde de C°7 dentro de la escala de Fm sus tensiones disponibles son:

C°7 =		C		Eb		Gb		Bbb
				F		Ab		

Su novena "Db" se encuentra a medio tono de C, no puede usarse.
Su oncena "F" se encuentra un tono sobre la nota Eb y hace parte de la escala de Fm.
Su trecena "Ab" se encuentra un tono sobre la nota Gb y hace parte de la escala de Fm.

Las tensiones disponibles para estos acordes varían según la escala en la que se encuentren, por eso no se dan como fijas; es común encontrar la escala disminuida aplicada a este acorde en la improvisación.

Modo frigio

El modo frigio es el segundo que se puede derivar en una escala mayor, se crea desde la tercera nota de la escala, debe usar las mismas notas de la escala desde la cual se ha derivado y su estructura debe mantenerse tal cual como ha quedado.

Por ejemplo, si se deriva desde la escala de C:

C mayor =	C	D	E	F	G	A	B	C

E frigio =	E	F	G	A	B	C	D	E

Como se puede observar, la escala usa las mismas notas. No se usan alteraciones para modificar la estructura.

Ahora se realiza un ejemplo desde D:

D mayor =	D	E	F#	G	A	B	C#	D

F# frigio =	F#	G	A	B	C#	D	E	F#

Como se puede observar se usan las mismas alteraciones. No se han quitado ni añadido para mantener la estructura, tal y como se ha derivado.

La escala frigia tiene la siguiente estructura de tonos y medios tonos:

m   T   T   T   m   T   T

La escala frigia puede usarse dentro de la improvisación para los acordes dominantes de tono menor, esto por las diferentes tensiones que le aplica al acorde, por ejemplo, si se tiene la siguiente progresión armónica:

Am   C   E7

Sobre el acorde de E7 puede usarse una escala frigia, esta afectaría el acorde de la siguiente forma:

E7=	E		G#		B		D	
E frigio =	E	F	G	A	B	C	D	E

Las notas E, B y D funcionan como notas del acorde, las notas restantes funcionan como tensiones:

F = b9
G = #9 (como se vio en módulos anteriores es una de las tensiones posibles del 7 en tono menor)
A = 11
C = b13

La progresión debe improvisarse:

Am =   A dórico
C =   C jónico
E =   E frigio.

Ejercicio 238

La siguiente es una digitación para la escala frigia, se hace desde la sexta cuerda, se muestra en tablatura desde la nota E y en diagrama para ser aplicada fácilmente a cualquier nota.

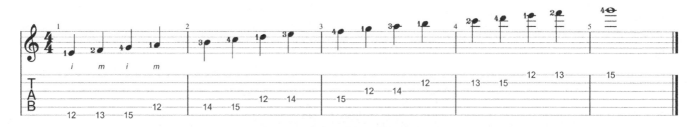

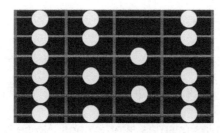

Modo lidio

El modo lidio se puede derivar en una escala mayor desde el cuarto grado, deben usarse exactamente las mismas notas, sin añadir alteraciones; la estructura de la escala debe mantenerse tal cual como se ha derivado.

Por ejemplo, si se deriva desde la escala de C:

C mayor =	C	D	E	F	G	A	B	C

F lidio =	F	G	A	B	C	D	E	F

Como se puede observar, la escala usa las mismas notas. No se usan alteraciones para modificar la estructura.

Ahora se realiza un ejemplo desde F:

F mayor =	F	G	A	Bb	C	D	E	F

Bb lidio =	Bb	C	D	E	F	G	A	Bb

Como se puede observar se usan las mismas alteraciones. No se han quitado ni añadido para mantener la estructura de la escala, tal y como se ha derivado.

La escala lidia tiene la siguiente estructura de tonos y medios tonos:

T	T	T	m	T	T	m

La escala lidia puede usarse dentro de la improvisación para los acordes de tipo Maj7, esto por las diferentes tensiones que le aplica al acorde, por ejemplo, si se tiene la siguiente progresión armónica:

CMaj7   Am

Sobre el acorde de CMaj7 podría usarse una escala lidia. Esta afecta el acorde de la siguiente forma:

CMaj7=	C		E		G		B	
Lidio =	C	D	E	F#	G	A	B	C

Las notas C, E, G y B funcionan como notas del acorde, las notas restantes funcionan como tensiones de la siguiente forma:

D = 9
F# = #11
A = 13

La progresión debe improvisarse:

CMaj7 =   C lidio
Am7 =   A dórico

277

Ejercicio 239

La siguiente es una digitación para la escala lidia. Se hace desde la sexta cuerda, se muestra en tablatura desde la nota F y en diagrama para ser aplicada fácilmente desde cualquier nota.

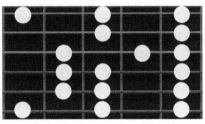

Ejercicio 240

El siguiente ejercicio es una pequeña demostración de la sonoridad de estas escalas aplicadas dentro de la improvisación (escuchar archivo de audio).

Progresión armónica: Em7   GMaj7   CMaj7   B7

Empleo de modos: Em7= dórico   GMaj7 = lidio   CMaj7 = lidio   B7 = frigio.

Estudiando las escalas por raíz

La mejor forma de estudiar escalas en el instrumento es saber sus notas y su respectiva ubicación en la guitarra, este proceso toma tiempo y con la gran cantidad de escalas que se usan dentro de la improvisación resulta algo extenso.

Mientras se desarrolla la habilidad de aprender las notas y su ubicación para cada escala o modo, resulta útil conocer varias formas de tocar una misma escala, es decir, diferentes maneras de ejecutar el mismo grupo de notas en la guitarra. Para esto se pueden estudiar digitaciones en distintas partes, iniciando desde diferentes cuerdas, estudiar las escalas por raíz.

Para esto se debe conocer la ubicación de la nota a estudiar en la guitarra, por ejemplo, la nota C se encuentra en:

Octavo traste sexta cuerda.
Tercer traste quinta cuerda.
Décimo traste cuarta cuerda.
Quinto traste tercera cuerda.
Primer traste segunda cuerda.
Octavo traste primera cuerda.

El siguiente paso es estudiar la digitación de la escala desde la sexta cuerda, esta será usada como referencia para las diferentes digitaciones desde cada una de las cuerdas.

Se toma como ejemplo la escala de C, se muestran diagramas para poder aplicar este principio a cualquier otra nota. En este caso, para la escala de C esta digitación se debe ejecutar desde el octavo traste de la sexta cuerda.

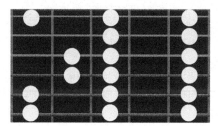

Para tomar la escala desde la quinta cuerda se debe usar esta misma digitación, solo se modifica la ubicación de las notas al llegar a la segunda cuerda, esto debido a la afinación de la guitarra. Al llegar a la segunda cuerda es necesario compensar la digitación avanzando un traste.

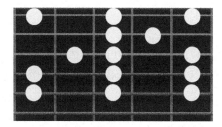

Para hacer la digitación desde la cuarta cuerda, esta debe ubicarse en el décimo traste, punto donde se encuentra la nota C, nuevamente se usa la digitación de raíz en sexta como referencia; la idea sigue siendo mantener la digitación lo más similar posible, solo se mueve un traste adelante al llegar a la segunda cuerda, esto debido a la afinación de la guitarra.

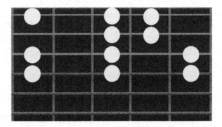

Para hacer la digitación desde la tercera cuerda, esta debe ubicarse en el traste cinco, sitio donde se encuentra la nota C, nuevamente se toma como referencia la digitación de la sexta cuerda y se mueve hacia adelante en la segunda cuerda.

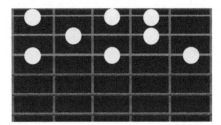

La ultima digitación, desde la segunda cuerda toma como referencia la digitación de la sexta, no es necesario mover nada, esta ya se encuentra en la segunda cuerda y debe ejecutarse desde el primer traste, sitio donde está la nota C.

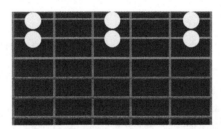

Una vez se conocen las diferentes digitaciones resulta útil probarlas alternado los diferentes sitios, hacer cambios de registro, usar las digitaciones ubicadas en las notas graves y luego las digitaciones ubicadas en las notas altas.

Esto debe aplicarse a todas las escalas que se han visto en el curso y las que están por verse. Manejar este recurso permite ampliar el registro de forma importante para improvisar.

Modo mixolidio

El modo mixolidio se puede derivar en una escala mayor desde el quinto grado, deben usarse exactamente las mismas notas, sin añadir alteraciones. La estructura de la escala debe mantenerse tal cual como ha quedado al derivarse.

Por ejemplo, si se deriva desde la escala de C:

C mayor =   C   D   E   F   G   A   B   C

G mixolidio= G   A   B   C   D   E   F   G

Como se puede observar, la escala usa las mismas notas. No se usan alteraciones para modificar la estructura de la escala.

Ahora se realiza un ejemplo desde E:

E mayor =   E   F#   G#   A   B   C#   D#   E

B mixolidio = B   C#   D#   E   F#   G#   A   B

Como se puede observar se usan las mismas alteraciones. No se han quitado ni añadido para mantener la estructura de la escala, tal y como se ha derivado.

La escala mixolidia tiene la siguiente estructura de tonos y medios tonos:

T   T   m   T   T   m   T

La escala mixolidia se usa para los acordes de tipo 7 que resuelven en tonalidad mayor, dadas las tensiones que coloca sobre el acorde al ser aplicada es la opción ideal al momento de improvisar, por ejemplo, si se tiene la siguiente progresión armónica:

CMaj7   G7

Sobre el acorde de G7 se debe usar una escala mixolidia, esta afecta de la siguiente forma el acorde:

G7=   G   B   D   F
mixolidio = G   A   B   C   D   E   F   G

Las notas G, B, D y F funcionan como notas del acorde, las restantes funcionan como tensiones de la siguiente forma:

A = 9
C = 11
E = 13

La progresión debe improvisarse:

CMaj7 =   C lidio
G7 =   G mixolidio

Ejercicio 241

La siguiente es una digitación para la escala mixolidia. Se hace desde la sexta cuerda, se muestra en tablatura desde la nota G y en diagrama para ser aplicada fácilmente desde cualquier nota.

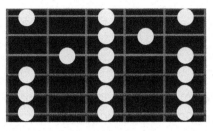

Modo eólico

El modo eólico es el nombre alternativo que se le da a la escala menor, en este punto esta escala no requiere mayor explicación, durante el desarrollo de este curso, en particular en el nivel dos, se han estudiado todas las particularidades de esta escala, su estructura, armonía y funciones armónicas.

Dentro de la improvisación la escala menor puede usarse de dos formas, la primera a manera zonal, donde se usa para improvisar sobre los acordes de una misma tonalidad menor, cuando varios acordes dentro de una progresión armónica hacen parte de una misma escala menor, esta puede usarse para improvisar, salvo que el quinto grado aparezca en forma mayor o 7.

El otro uso que se le da dentro de la improvisación avanzada es para los acordes de tipo menor, puede usarse de forma independiente para cada acorde de este tipo, como se vio la escala adecuada en estos casos es la dórica, sin embargo, la menor ofrece una alternativa diferente, por ejemplo, si se tiene la siguiente progresión armónica:

CMaj7   Am   Dm

Estos acordes hacen parte de la escala de Am, se pueden improvisar usando esta escala para toda la progresión o se pueden usar escalas para cada acorde de la siguiente forma:

CMaj7:   C lidio
Am: A menor
Dm: D menor

Ejercicio 242

La siguiente es una digitación para la escala menor o modo eólico, se hace partiendo desde la sexta cuerda, se muestra en tablatura desde la nota A y en diagrama de escala; esta digitación puede ser aplicada a cualquier nota.

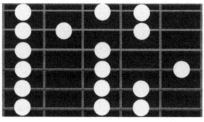

Ejercicio 243

En el siguiente ejemplo se encuentra una pequeña demostración de la sonoridad de esta escala aplicada dentro de la improvisación (escuchar archivo de audio).

Progresión armónica: Bm7   Em7   A7   Dmaj7

Empleo de modos: Bm7 = eólico   Em7 = dórico   A7 = mixolidio   DMaj7 = jónico.

52 El modo locrio

El modo locrio se puede derivar en una escala mayor desde el séptimo grado, deben usarse exactamente las mismas notas, sin añadir alteraciones, la estructura de la escala debe mantenerse tal cual como ha quedado al derivarse.

Por ejemplo, si se deriva desde la escala de C:

C mayor =	C	D	E	F	G	A	B	C

B locrio=	B	C	D	E	F	G	A	B

Como se puede observar, la escala usa las mismas notas. No se usan alteraciones para modificar la estructura.

Ahora se realiza un ejemplo desde G:

G mayor =	G	A	B	C	D	E	F#	G

F# locrio =	F#	G	A	B	C	D	E	F#

Como se puede observar se usan las mismas alteraciones. No se han quitado ni añadido para mantener la estructura de la escala, tal y como se ha derivado.

La escala locria tiene la siguiente estructura de tonos y medios tonos:

m	T	T	m	T	T	T

La escala locria se usa para los acordes de tipo m7b5, aunque no es la escala que aporte todas las tensiones del acorde, ya que estas varían según la escala sobre la cual se encuentre. El hecho de ser de tipo menor y b5 hace esta escala útil para estos acordes, por ejemplo, si se tiene la siguiente progresión:

CMaj7   Bm7b5

Sobre el acorde de Bm7b5 se puede usar una escala locria, esta afecta de la siguiente forma el acorde:

Bm7b5=	B		D		F		A	
Locrio =	B	C	D	E	F	G	A	B

Se puede observar que todas las notas del acorde están presentes en la escala, además, en este caso permite el uso de dos tensiones la 11 y 13.

Las tensiones de la escala afectan el acorde de la siguiente forma:

C = b9 (no apropiada)
E = 11

284

G = 13

La progresión debe improvisarse:

CMaj7 =   C lidio
Bm7b5 =   B locrio.

Ejercicio 244

La siguiente es una digitación para la escala locria. Se hace desde la sexta cuerda, se muestra en tablatura desde la nota B y en diagrama para ser aplicada fácilmente desde cualquier nota.

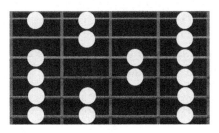

Ejercicio 245

En el siguiente ejemplo se encuentra una pequeña demostración de la sonoridad de esta escala aplicada dentro de la improvisación (escuchar archivo de audio).

Progresión armónica: Fmaj7   Bm7b5   E7   Am7

Empleo de modos: FMaj7 = lidio   Bm7b5 = locrio   E7 = frigio   Am7 = eólico.

Cómo agrupar los modos

Hasta el momento se han estudiado siete escalas diferentes, en la medida que se añaden más al vocabulario se hace más difícil su manejo. Recurrir a las diferentes escalas durante la improvisación, pensado en su derivación puede suponer un gran reto para el intérprete.

Existe una forma simple de trabajar las escalas, se trata de un recurso que permite agruparlas logrando de esta forma una implementación rápida y efectiva, para esto es necesario conocer muy bien las escalas mayor y menor en las diferentes notas.

El recurso consiste en agrupar las escalas en dos familias diferentes, una familia mayor y otra menor, generar dos grupos de escalas donde se comparen las diferencias de los modos con las escalas principales de cada grupo.

Para el primer grupo se usará como escala principal la escala mayor natural, esta, según lo estudiado en lecciones de niveles anteriores de este curso tiene como cifrado numérico:

Escala mayor (cifrado numérico)

1	2	3	4	5	6	7

Dentro de los modos existen otras dos escalas mayores, esto puede determinarse por la distancia que existe entre en primer y el tercer grado, que debe ser de una tercera mayor o dos tonos.

El modo lidio cumple con este principio, ahora se procederá a comparar la escala de C mayor con la escala de C lidia:

La escala de C mayor está compuesta por las notas:

C	D	E	F	G	A	B

La escala de C lidio se deriva de la escala de G mayor, siendo su cuarto grado; si se mantienen las alteraciones la escala resultante tiene las siguientes notas:

C	D	E	F#	G	A	B	C

Como se puede observar, la escala lidia difiere de la mayor en el cuarto grado, este se encuentra medio tono adelante, su cifrado numérico es el siguiente:

1	2	3	#4	5	6	7

Esto aplica para todas las escalas Lidias. Pueden verse como una escala mayor con el cuarto grado medio tono arriba, las escalas solo difieren entre sí en una nota, por ejemplo, si se hace desde la nota Eb:

Eb mayor =	Eb	F	G	Ab	Bb	C	D	Eb
Eb lidio=	Eb	F	G	A	Bb	C	D	Eb

Se observa que la única nota diferente entre las dos escalas es el cuarto grado: Ab en la escala mayor y A en la escala lidia.

La otra escala de tipo mayor es la escala mixolidia, esta también tiene su tercer grado a dos tonos, siendo una tercera de tipo mayor.

La escala de C mayor está compuesta por las notas:

C	D	E	F	G	A	B	C

La escala de C mixolidio se deriva de la escala de F mayor, siendo su quinto grado; si se mantienen las alteraciones la escala resultante tiene las siguientes notas:

C	D	E	F	G	A	Bb	C

Como se puede observar, la escala mixolidia difiere de la mayor en el séptimo grado, este se encuentra medio tono atrás. Su cifrado numérico es el siguiente:

1	2	3	4	5	6	b7

Esto aplica para todas las escalas mixolidias. Pueden verse como una escala mayor con el séptimo grado medio tono abajo, las escalas solo difieren entre sí en una nota, por ejemplo, si se hace desde la nota A:

A mayor =	A	B	C#	D	E	F#	G#	A
A mixo =	A	B	C#	D	E	F#	G	A

Como puede observarse, las escalas solo difieren en el séptimo grado, siendo este medio tono más bajo en la escala mixolidia.

Las tres escalas mayores se pueden cifrar numéricamente de la siguiente forma:

Mayor =	1	2	3	4	5	6	7
Lidia =	1	2	3	#4	5	6	7
Mixolidia=	1	2	3	4	5	6	b7

Agrupando los modos menores

Los modos menores se caracterizan por tener su tercer grado a tono y medio, una tercera menor; en este grupo se encuentran los modos dórico, frigio y locrio.

Para agrupar los modos se toma como referencia la escala menor, esta se cifra numéricamente de la siguiente forma:

Escala menor (cifrado numérico)

1	2	b3	4	5	b6	b7

El modo dórico es de tipo menor, ahora se procederá a comparar la escala de A menor con la escala de A dórico:

La escala de A menor está compuesta por las notas:

A	B	C	D	E	F	G	A

La escala de A dórico se deriva de la escala de G mayor, siendo su segundo grado, si se mantienen las alteraciones la escala resultante tiene las siguientes notas:

A   B   C   D   E   F#   G   A

Como se puede observar, la escala dórica difiere de la menor en el sexto grado, este se encuentra medio tono adelante, su cifrado numérico es el siguiente:

1   2   b3   4   5   6   b7

Esto aplica para todas las escalas dóricas, pueden verse como una escala menor con el sexto grado medio tono arriba, las escalas solo difieren entre sí en una nota, por ejemplo, si se hace desde la nota F:

F menor =	F	G	Ab	Bb	C	Db	Eb	F
F dórico =	F	G	Ab	Bb	C	D	Eb	F

Se observa que la única nota diferente entre las dos escalas es el sexto grado: Db en la escala menor y D en la escala dórica.

Otra escala de tipo menor es la escala frigia, esta también tiene su tercer grado a tono y medio, siendo una tercera de tipo menor.

La escala de A menor está compuesta por las notas:

A   B   C   D   E   F   G   A

La escala de A frigio se deriva de la escala de F mayor, siendo su tercer grado; si se mantienen las alteraciones la escala resultante tiene las siguientes notas:

A   Bb   C   D   E   F   G   A

Como se puede observar, la escala frigia difiere de la menor en el segundo grado, este se encuentra medio tono atrás, su cifrado numérico es el siguiente:

1   b2   b3   4   5   b6   b7

Esto aplica para todas las escalas frigias. Pueden verse como una escala menor con el segundo grado medio tono abajo, las escalas solo difieren entre sí en una nota, por ejemplo, si se hace desde la nota D:

D menor =	D	E	F	G	A	Bb	C	D
D frigio =	D	Eb	F	G	A	Bb	C	D

Como puede observarse, las escalas solo difieren en el segundo grado, siendo E en la escala menor y Eb en la escala frigia.

El tercer modo de tipo menor es la escala locria, esta, también tiene su tercer grado a tono y medio, siendo una tercera de tipo menor.

La escala de A menor está compuesta por las notas:

A   B   C   D   E   F   G   A

La escala de A locrio se deriva de la escala de Bb mayor, siendo su séptimo grado, si se mantienen las alteraciones la escala tendría las siguientes notas:

A   Bb   C   D   Eb   F   G   A

Como se puede observar la escala locria difiere de la escala menor en dos notas, el segundo grado y el quinto, estos se encuentran medio tono más abajo, es la única escala que se diferencia en dos notas con respecto a la menor, su cifrado numérico es el siguiente:

1   b2   b3   4   b5   b6   b7

Esto aplica para todas las escalas locrias. Pueden verse como una escala menor con el segundo y el quinto grados medio tono abajo, las escalas solo difieren entre sí en dos notas, por ejemplo, si se hace desde la nota G:

| G menor = | G | A | Bb | C | D | Eb | F | G |
| G locrio = | G | Ab | Bb | C | Db | Eb | F | G |

Como puede observarse, las escalas solo difieren en el segundo grado y el quinto, siendo A-D en la escala menor y Ab Db en la escala locria.

El cifrado numérico de las escalas menores queda de la siguiente forma:

Menor =	1	2	b3	4	5	b6	b7
Dórica =	1	2	b3	4	5	6	b7
Frigia =	1	b2	b3	4	5	b6	b7
Locria =	1	b2	b3	4	b5	b6	b7

De esta forma es sencillo recurrir a estas escalas cuando se hace necesario, se puede hacer por comparación con las escalas mayor y menor, si estas se dominan desde todas las notas el procedimiento resulta muy simple.

Conexión de escalas

Durante el desarrollo del curso se ha insistido en el aprendizaje de las notas y su ubicación en la guitarra, pues es la forma más práctica de improvisar y la que permite una mayor libertad y musicalidad.

Las digitaciones de las escalas se convierten en un recurso importante, ayudan a resolver situaciones prontamente, permiten abordar tonos complejos con varias alteraciones de una forma rápida y segura.

Las digitaciones tienen como límite el registro; usualmente se está atrapado en un rango de trastes, dependiendo de la digitación este puede ser entre cuatro y seis, es por eso que resulta útil el aumentar el registro a partir de enlazar las digitaciones, para esto se tomará como ejemplo la escala mayor de G.

Lo primero es aprender la digitación de la escala en sus diferentes raíces; en este caso, se limitará el aprendizaje a la primera octava de la escala:

Escala mayor, primera octava, raíz sexta

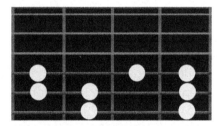

Escala mayor, primera octava, raíz quinta

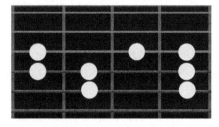

Escala mayor, primera octava, raíz cuarta

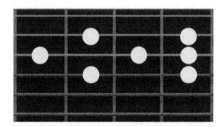

Escala mayor, primera octava, raíz tercera

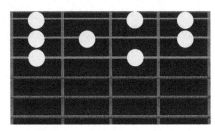

Escala mayor, primera octava, raíz segunda

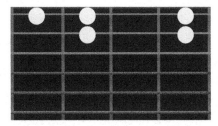

Una vez se estudian las cinco digitaciones, se procede a unir las escalas, para esto se iniciará trabajando desde la sexta cuerda, la escala inicia en el tercer traste, desde la nota G; al hacer toda la digitación se habrá llegado a la nota G de la cuarta cuerda en el quinto traste.

En este momento cuando se está ubicado en la nota G de la cuarta cuerda, se debe reiniciar la escala desde este punto, se procede a tocar la escala raíz cuatro, al terminar esta digitación se habrá llegado al traste ocho de la segunda cuerda.

Ahora desde la nota G de la segunda cuerda se procede a terminar la escala, se tocan las notas hasta donde sea posible; la digitación final, extendida para la escala mayor es la siguiente:

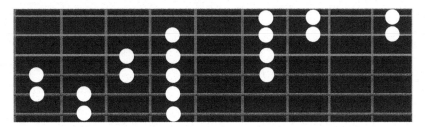

En este recurso se busca que cada vez que se llegue al primer grado de la escala, la digitación se reinicie, cada vez que se tocan ocho notas la digitación inicia nuevamente, de esta forma se aumenta el registro.

Esto es posible hacerlo desde la quinta cuerda; en este caso, la escala empata con la digitación de la tercera cuerda, esa digitación extendida queda de la siguiente forma:

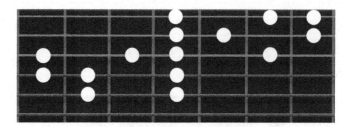

Esto se debe aplicar a todas las escalas, siempre siguiendo el mismo procedimiento, aprender las digitaciones en la primera octava para todas las raíces y luego, proceder a unir. Siempre que se llegue al primer grado se debe volver a iniciar la escala.

Modos de la escala menor armónica

Como se estudió en módulos anteriores, la escala menor tiene dos variaciones, la menor armónica y la menor melódica. Cada una de estas escalas tiene su propia estructura de tonos y medios tonos lo que permite derivar un grupo nuevo de modos.

Los modos de la escala menor armónica se caracterizan por el espacio de tono y medio entre dos de sus notas, son frecuentes dentro del *jazz* y a diferencia de los modos de la escala mayor natural, en la menor armónica no todos los modos tendrán un uso específico.

La escala menor armónica

Se inicia el estudio de los modos de la menor armónica con la escala principal, esta tiene dos usos dentro de la improvisación: el primero para improvisar de forma global dentro del tono menor, el segundo para los acordes de tipo mMaj7.

La escala menor armónica tiene la siguiente estructura de tonos y medios tonos:

T   m   T   T   m   Tm   m

Una de las características principales de la escala menor armónica es el espacio de tono y medio que aparece entre los grados seis y siete, este espacio es en parte responsable del sonido especial que tiene esta escala; en la guitarra obliga, según el sitio donde aparezca, a realizar una ligera extensión en la mano izquierda.

La escala menor armónica se usa para los acordes de tipo mMaj7, estos acordes no son muy comunes, por lo que usualmente la escala se trabaja para la improvisación global o por zonas, si dentro de los acordes de la progresión aparece el quinto grado mayor:

Am   Dm   E   Am

En este caso, se puede improvisar toda la progresión con la escala de Am armónica que es la tonalidad presente.

Ejercicio 246

La siguiente es una digitación para la escala menor armónica. Se hace desde la sexta cuerda, se muestra en tablatura desde la nota A y en diagrama para ser aplicada fácilmente desde cualquier nota.

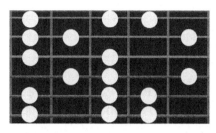

Locrio 6

El modo locrio 6 se puede derivar en una escala menor armónica desde el segundo grado, deben usarse exactamente las mismas notas, sin añadir alteraciones, la estructura de la escala debe mantenerse tal cual como se ha derivado.

Por ejemplo, si se deriva desde la escala de Am armónica:

Am armr =	A	B	C	D	E	F	G#	A
B locrio 6 =	B	C	D	E	F	G#	A	B

Como se puede observar, la escala usa las mismas notas. No se usan alteraciones para modificar la estructura.

Ahora se realiza un ejemplo desde Em armónica:

Em arm:	E	F#	G	A	B	C	D#	E
F# locrio 6:	F#	G	A	B	C	D#	E	F#

Como se puede observar se usan las mismas alteraciones. No se han quitado ni añadido para mantener la estructura de la escala, tal y como se ha derivado.

La escala locrio 6 tiene la siguiente estructura de tonos y medios tonos:

m	T	T	m	Tm	m	T

Con esta fórmula se puede crear desde cualquier nota.

La escala locrio 6 tiene un uso específico dentro de la improvisación, ya que es la escala ideal para los acordes de tipo m7b5, el aplicar esta escala le da una sonoridad "dórica" al acorde. Si se tiene la siguiente progresión armónica:

Am   Bm7b5   Dm   E

Con las escalas disponibles, la progresión se puede improvisar de la siguiente forma:

Am = A dórico.
Bm7b5 = B locrio 6.
Dm = dórico.
E = frigio.

Ejercicio 247

La siguiente es una digitación para la escala locrio 6. Se hace desde la sexta cuerda, se muestra en tablatura desde la nota B y en diagrama para ser aplicada fácilmente desde cualquier nota.

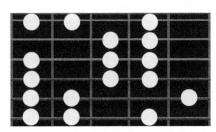

Ejercicio 248

El siguiente ejemplo muestra una pequeña demostración de la sonoridad de esta escala aplicada dentro de la improvisación (escuchar archivo de audio).

Progresión armónica: Gm7   Em7b5   A7   Dm7

Empleo de modos: Gm7 = dórica   Em7b5 = locrio 6   A7 y Dm7= armónica sobre Dm.

La improvisación zonal

El objetivo principal de la improvisación es hacer sentir la armonía, que cada cambio de acorde se sienta dentro de la melodía que se está improvisando, para esto se puede trabajar sobre arpegios o usar una escala diferente para cada acorde, tal y como se está viendo en el desarrollo de este curso.

A veces esto no es del todo posible, pasajes rápidos, con una armonía compleja y cambios de tono frecuentes como ocurre en el *jazz* pueden improvisarse de manera zonal, para esto se requiere un análisis armónico de la progresión a improvisar.

La improvisación zonal consiste en asignar una escala a un grupo de acordes, estos deben hacer parte de la escala y pertenecer a la misma tonalidad. Cuando esto se presenta se pueden improvisar todos los acordes con el mismo recurso.

Para improvisar de manera zonal es necesario reconocer los acordes que hacen parte de una misma escala, que se encuentran en un mismo tono, luego se agrupan y se improvisa toda la progresión con la escala principal de la tonalidad.

Por ejemplo, si se tiene la siguiente progresión:

```
A     |     D     |     F#m   |     E     |
```

Esta progresión se encuentra en tono de A, debe improvisarse con la escala de A mayor, idealmente se pueden marcar los cambios de acorde usando una o la totalidad de sus notas, se improvisa dentro de la escala de A, pero usando notas de los acordes cada vez que se presente un cambio.

Algunas veces puede suceder que el tema que se está improvisando pasa por dos o más tonalidades, la progresión armónica puede hacer una modulación, en este caso, se cambia de centro tonal dentro de la improvisación cuando sea necesario, por ejemplo, si se tiene la siguiente progresión armónica:

```
                  (E)
E     |     F#m   |     C#m   |     B7

                  (F#m)
F#m   |     A     |     Bm    |     C#7
```

Esta progresión tiene dos zonas, una primera que se encuentra en E y una segunda que se encuentra en F#m, es necesario hacer el cambio dentro de la improvisación cuando la escala lo requiera; también se deben marcar los cambios de acorde usando sus notas.

Dentro del *jazz* es muy común encontrar progresiones donde se cambia rápidamente de tono, en este caso es necesario usar improvisación zonal, ya que no habrá el tiempo suficiente para asignar una escala a cada acorde, por ejemplo, si se tiene la siguiente progresión:

```
        (G)                    (C)
Em7  Am7  | D7  GMaj7 | Em7  Am7 | G7        CMaj7 |
```

```
          (F)                    (Em)
Dm7   Gm7  | C7 FMaj7 | Em7 Am7 | B7      Em7 |

          (D)                    (C)
Em7   Bm7  | A7 DMaj7 | Em7 Am7 | G7      CMaj7 |
```

Esta progresión armónica pasa por varios tonos. Idealmente se deben usar las diferentes escalas en la medida que se van presentado, de ser posible se deben marcar los acordes usando una de sus notas cuando se presente un cambio en la armonía.

Este recurso resulta muy útil para la improvisación de piezas difíciles o con una armonía cambiante, sin embargo, siempre que sea posible se debe improvisar por arpegio o asignando una escala a cada uno de los acordes, de esta forma se consigue marcar la armonía de una manera efectiva.

Jónico #5

El modo jónico #5 se puede derivar en una escala menor armónica desde el tercer grado. Deben usarse exactamente las mismas notas, sin añadir alteraciones; la estructura de la escala debe mantenerse tal cual como se ha derivado.

Por ejemplo, si se deriva desde la escala de Am armónica:

Am arm =	A	B	C	D	E	F	G#	A
C jónico #5 =	C	D	E	F	G#	A	B	C

Como se puede observar, la escala usa las mismas notas. No se usan alteraciones para modificar la estructura.

Ahora se realiza un ejemplo desde Bm armónica:

Bm arm =	B	C#	D	E	F#	G	A#	B
D jónico #5=	D	E	F#	G	A#	B	C#	D

Como se puede observar se usan las mismas alteraciones. No se han quitado ni añadido para mantener la estructura de la escala, tal y como se ha derivado.

La escala jónica #5 tiene la siguiente estructura de tonos y medios tonos:

```
T    T    m    Tm    m    T    m
```

Con esta fórmula se puede crear desde cualquier nota.

La escala jónica #5 no tiene un uso dentro de la improvisación. Puede usarse para acordes de tipo Maj7(#5), pero al ser acordes poco comunes no es una escala que se aplique de manera frecuente al improvisar.

Ejercicio 249

La siguiente es una digitación para la escala jónico #5. Se hace desde la sexta cuerda, se muestra en tablatura desde la nota C y en diagrama para ser aplicada fácilmente desde cualquier nota.

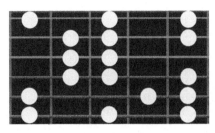

Dórico #4

El modo dórico #4 se puede derivar en una escala menor armónica desde el cuarto grado, deben usarse exactamente las mismas notas, sin añadir alteraciones, la estructura de la escala debe mantenerse tal cual como se ha derivado.

Por ejemplo, si se deriva desde la escala de Am armónica:

Am arm =	A	B	C	D	E	F	G#	A
D dórico #4 =	D	E	F	G#	A	B	C	D

Como se puede observar, la escala usa las mismas notas. No se usan alteraciones para modificar la estructura.

Ahora se realiza un ejemplo desde Cm armónica:

Cm arm =	C	D	Eb	F	G	Ab	B	C
F dórico #4 =	F	G	Ab	B	C	D	Eb	F

Como se puede observar se usan las mismas alteraciones. No se han quitado ni añadido para mantener la estructura de la escala, tal y como se ha derivado.

La escala dórico #4 tiene la siguiente estructura de tonos y medios tonos:

T   m   Tm   m   T   m   T

Con esta fórmula se puede crear desde cualquier nota.

La escala dórica #4 tiene un uso específico dentro de la improvisación. Es la escala ideal para los acordes de tipo m7, también se puede usar de forma global para improvisar dentro de una forma *blues* mayor.

Si se tiene la siguiente progresión armónica:

Dm7   BbMaj7 Gm7 A7

Con las escalas disponibles, la progresión se puede improvisar de la siguiente forma:

Dm7 = D dórico o D dórico #4
BbMaj7 = Bb lidio.
Gm = G dórico o G dórico #4
A7 = A frigio

Ejercicio 250

La siguiente es una digitación para la escala dórico #4. Se hace desde la sexta cuerda, se muestra en tablatura desde la nota D y en diagrama para ser aplicada fácilmente desde cualquier nota.

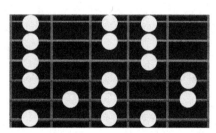

Mixolidio b9 b13

El modo mixolidio b9 b13 se puede derivar en una escala menor armónica desde el quinto grado, deben usarse exactamente las mismas notas, sin añadir alteraciones; la estructura de la escala debe mantenerse tal cual como se ha derivado.

Por ejemplo, si se deriva desde la escala de Am armónica:

Am arm =   A   B   C   D   E   F   G#   A

E mixo b9 =   E   F   G#   A   B   C   D   E

Como se puede observar, la escala usa las mismas notas. No se usan alteraciones para modificar la estructura.

Ahora se realiza un ejemplo desde Dm armónica:

Dm arm =   D   E   F   G   A   Bb   C#   D

A mixo b9 =   A   Bb   C#   D   E   F   G   A

Como se puede observar se usan las mismas alteraciones. No se han quitado ni añadido para mantener la estructura de la escala, tal y como se ha derivado.

La escala mixolidio b9 b13 tiene la siguiente estructura de tonos y medios tonos:

m   Tm   m   T   m   T   T

Con esta fórmula se puede crear desde cualquier nota.

La escala mixolidio b9 b13 tiene un uso específico dentro de la improvisación, es la escala ideal para los acordes dominantes cuando estos se encuentran en tono menor. Si se tiene la siguiente progresión armónica:

Am   Bm7b5   Dm   E7

El acorde de E7 al aplicar la escala mixolidia b9b13 de E quedaría afectado de la siguiente forma:

E mixo b9b13: E   F   G#   A   B   C   D   E

Las notas E, G#, B y D hacen parte del acorde, las notas restantes funcionan como tensiones:

F = b9
A = 11
C = b13

Como se puede observar todas las tensiones son ideales para este acorde, lo que hace de esta escala una de las mejores opciones para improvisar sobre dominantes cuando se está en tono menor.

Ejercicio 251

La siguiente es una digitación para la escala mixolidio b9 b13. Se hace desde la sexta cuerda, se muestra en tablatura desde la nota E y en diagrama para ser aplicada fácilmente desde cualquier nota.

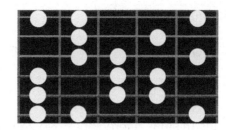

Lidio #2

El modo lidio #2 se puede derivar en una escala menor armónica desde el sexto grado, deben usarse exactamente las mismas notas, sin añadir alteraciones; la estructura de la escala debe mantenerse tal cual como se ha derivado.

Por ejemplo, si se deriva desde la escala de Am armónica:

Am arm =	A	B	C	D	E	F	G#	A

F lidio #2 =	F	G#	A	B	C	D	E	F

Como se puede observar, la escala usa las mismas notas. No se usan alteraciones para modificar la estructura.

Ahora se realiza un ejemplo desde C#m armónica:

C#m arm:	C#	D#	E	F#	G#	A	B#	C#

A lidio #2:	A	B#	C#	D#	E	F#	G#	A

Como se puede observar se usan las mismas alteraciones. No se han quitado ni añadido para mantener la estructura de la escala tal, y como se ha derivado.

La escala lidio #2 tiene la siguiente estructura de tonos y medios tonos:

Tm   m   T   m   T   T   m

Con esta fórmula se puede crear desde cualquier nota.

La escala lidio #2 no tiene un uso específico dentro de la improvisación, su grado característico (#2) no es común en los acordes.

Ejercicio 252

La siguiente es una digitación para la escala lidio #2. Se hace desde la sexta cuerda, se muestra en tablatura desde la nota F y en diagrama para ser aplicada fácilmente desde cualquier nota.

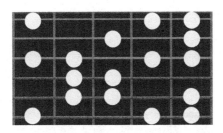

Armónica disminuida

El modo armónico disminuido es el último que se puede derivar en una escala menor armónica, deben usarse exactamente las mismas notas, sin añadir alteraciones; la estructura de la escala debe mantenerse tal cual como se ha derivado.

Por ejemplo, si se deriva desde la escala de Am armónica:

Am arm =	A	B	C	D	E	F	G#	A

G# arm dis =	G#	A	B	C	D	E	F	G#

Como se puede observar, la escala usa las mismas notas. No se usan alteraciones para modificar la estructura.

Ahora se realiza un ejemplo desde Fm armónica:

Fm arm:	F	G	Ab	Bb	C	Db	E	F

E arm dis:	E	F	G	Ab	Bb	C	Db	E

Como se puede observar se usan las mismas alteraciones. No se han quitado ni añadido para mantener la estructura de la escala, tal y como se ha derivado.

La escala armónica disminuida tiene la siguiente estructura de tonos y medios tonos:

m	T	m	T	T	m	Tm

Con esta fórmula se puede crear desde cualquier nota.

La escala armónica disminuida no tiene un uso específico dentro de la improvisación; algunos guitarristas la usan sobre los acordes disminuidos, aunque es posible, no es común.

Ejercicio 253

La siguiente es una digitación para la escala armónica disminuida. Se hace desde la sexta cuerda, se muestra en tablatura desde la nota G# y en diagrama para ser aplicada fácilmente desde cualquier nota.

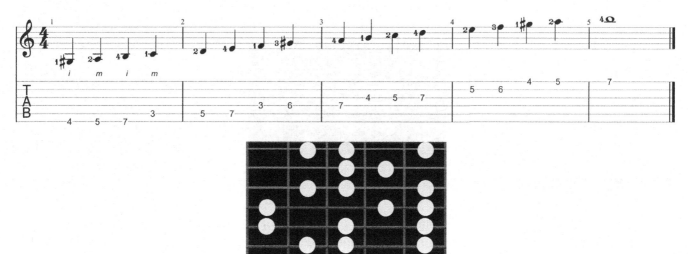

Ejercicio 254

En el siguiente ejemplo se encuentra una pequeña demostración de la sonoridad de las escalas dórico #4 y mixolidia b9 b13 aplicadas dentro de la improvisación (escuchar archivo de audio).

Progresión armónica: Gm7   D7   Cm7   D7

Empleo de modos: Gm7 = dórico #4   D7 = mixolidio b9b13   Cm7 = dórico #4.

Los caminos de improvisación

En la lección anterior se habló acerca de la improvisación por zonas, respecto a la posibilidad de usar una misma escala para improvisar un grupo de acordes cuando estos hacen parte de la misma tonalidad.

También se habló acerca de hacer sentir la armonía, de usar notas de los acordes para conseguir una fusión entre la improvisación y la base rítmica.

Para esto resulta útil hacer caminos de improvisación, esto consiste en identificar dentro de una digitación las notas de los acordes y llegar a ellas, hacer un mapa de las notas a las que se debe llegar cuando se cambia de acorde.

Si se tiene la siguiente progresión:

Am7 | Dm7 | G7 | CMaj7

Se deben seleccionar notas para cada uno de los acordes, estas como es lógico deben hacer parte de la estructura, por ejemplo:

Am7 = C "tercera del acorde"
Dm7 = F "tercera del acorde"
G7 = G "tónica del acorde"
CMaj7 = B "séptima del acorde"

En este caso, la progresión se encuentra en C mayor. Se puede usar cualquier digitación para la escala, lo indispensable es saber la ubicación de las notas seleccionadas, para de esta forma improvisar por la escala con libertad y hacer sentir la armonía en cada cambio armónico.

La siguiente digitación muestra las notas seleccionadas marcadas:

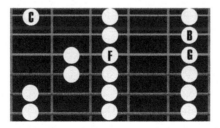

Como se puede observar, las notas se encuentran cerca, es fácil usarlas, improvisar con una escala de forma global y, aun así, hacer sentir la armonía.

Algo interesante de este recurso es la gran cantidad de posibilidades que se pueden crear para una misma progresión armónica, al tener los acordes tres o cuatro notas como mínimo, la cantidad de opciones disponibles para el camino de improvisación ayuda a conseguir variedad.

A continuación, se muestran otros dos caminos de improvisación para la misma progresión armónica:

Am7 = A "tónica del acorde"
Dm7 = C "séptima del acorde"
G7 = B "tercera del acorde"
CMaj7 = C "tónica del acorde"

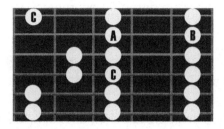

Am7 = G "séptima del acorde"
Dm7 = D "tónica del acorde"
G7 = F "séptima del acorde"
CMaj7 = E "tercera del acorde"

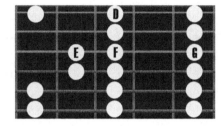

Los caminos de improvisación son útiles para acostumbrar al improvisador a moverse dentro de los acordes. Este principio se aplica a cualquier escala, la idea es siempre hacer sentir la armonía, que el acompañamiento sea una parte importante del solo.

Esto puede aplicarse a cualquier digitación y si el estudiante ya está en capacidad de improvisar libremente por el instrumento sin la necesidad de recurrir a las digitaciones, el principio de los caminos de improvisación también puede y debe ser aplicado.

A continuación, se inicia el estudio del tercer paquete de modos, los de la escala menor melódica.

Modos de la escala menor melódica

A partir de esta lección se inicia el estudio del tercer paquete de modos, los que se derivan de la escala menor melódica, la segunda variación de la escala menor natural.

Los modos de la escala melódica se caracterizan por un espacio seguido de cuatro tonos completos, al igual que en la escala menor armónica no todos los modos tendrán un uso específico.

La escala menor melódica

Se inicia el estudio de los modos de la menor melódica con la escala principal. Esta escala tiene dos usos dentro de la improvisación, se usa para los acordes de tipo m6 y para los dominantes dentro de la tonalidad menor.

La escala menor melódica tiene la siguiente estructura de tonos y medios tonos:

T   m   T   T   T   T   m

Una de las características principales de la escala menor melódica son los cuatro tonos consecutivos, estos le dan su sonido.

La escala menor melódica tiene dos usos, el primero para los acordes m6, estos acordes no son muy comunes por lo que esta no es una práctica muy usual.

El segundo es sobre los acordes 7 dentro de tono menor, se usa aplicando la escala medio tono adelante del acorde dominante.

Si se tiene la siguiente progresión:

Em7   B7

El acorde de B7 puede improvisarse con C menor melódica, esta escala afecta el acorde de la siguiente forma:

B7 =			D#	F#		A	B	
Cm melódica = C	D		Eb	F	G	A	B	C

Las notas B D# (Eb) y A hacen parte de la escala, las otras funcionan de la siguiente forma:

C = b9
D = #9
F = #11
G = b13

Como se puede observar, salvo por la #11, se tienen todas las tensiones adecuadas para el dominante de tono menor.

Ejercicio 255

La siguiente es una digitación para la escala menor melódica. Se hace desde la sexta cuerda, se muestra en tablatura desde la nota A y en diagrama para ser aplicada fácilmente desde cualquier nota.

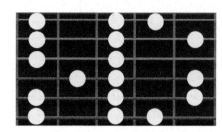

Dórico b2

El modo dórico b2 es el primero que se puede derivar en una escala menor melódica. Deben usarse exactamente las mismas notas, sin añadir alteraciones; la estructura de la escala debe mantenerse tal cual como se ha derivado.

Por ejemplo, si se deriva desde la escala de Am melódica:

Am mel =	A	B	C	D	E	F#	G#	A

B dórico b2 =	B	C	D	E	F#	G#	A	B

Como se puede observar, la escala usa las mismas notas. No se usan alteraciones para modificar la estructura.

Ahora se realiza un ejemplo desde Dm melódica:

Dm mel:	D	E	F	G	A	B	C#	D

E dórico b2:	E	F	G	A	B	C#	D	E

Como se puede observar se usan las mismas alteraciones. No se han quitado ni añadido para mantener la estructura de la escala, tal y como se ha derivado.

La escala dórico b2 tiene la siguiente estructura de tonos y medios tonos:

m   T   T   T   T   m   T

Con esta fórmula se puede crear desde cualquier nota.

La escala dórica b2 tiene un uso específico dentro de la improvisación, es la escala ideal para los acordes dominantes cuando estos se encuentran en tono menor. Si se tiene la siguiente progresión armónica:

Am   Bm7b5   Dm   E7

El acorde de E7 al aplicar la escala dórica b2 de E queda afectado de la siguiente forma:

E7 =	E		G#		B		D	
E dórica b2:	E	F	G	A	B	C#	D	E

Las notas E, B y D hacen parte del acorde, las notas restantes funcionan como tensiones:

F = b9
G = #9
A = 11
C# = 13

Ejercicio 256

La siguiente es una digitación para la escala dórica b2. Se hace desde la sexta cuerda, se muestra en tablatura desde la nota B y en diagrama para ser aplicada fácilmente desde cualquier nota.

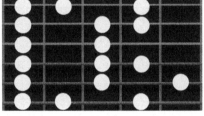

Ejercicio 257

En el siguiente ejemplo se encuentra una pequeña demostración de la sonoridad de estas escalas aplicadas dentro de la improvisación (escuchar archivo de audio).

Progresión armónica: C#m7 G#7   AMaj7 G#7

Empleo de modos: C#m7 = eólica G#7 = melódica AMaj7 = lidia G#7 = dórica b2.

Conexión de acordes

En esta lección se continúa desarrollando el objetivo de hacer sentir la armonía y de marcar cada uno de los acordes de la progresión dentro de la improvisación, para esto se trabaja la conexión de acordes.

Este es un ejercicio académico que tiene como objetivo crear la relación de acompañamiento y melodía en el improvisador, además de la ubicación a nivel rítmico de los diferentes acordes.

El ejercicio es simple: el objetivo es moverse dentro de una escala en improvisación zonal, usando movimiento por grado conjunto o un salto mínimo en caso que sea necesario; el ritmo deberá ser constante. Puede hacerse en negras o corcheas.

El objetivo es conectar siempre la misma nota en los acordes de la progresión, por ejemplo, la tercera, se debe llegar a la tercera de cada acorde a medida que se desarrolla la progresión. A continuación, se muestra un ejemplo en negras:

Este primer ejemplo muestra una conexión de terceras de los diferentes acordes, se busca ir en grados conjuntos y en ritmo de negras, en el paso de Dm a G7 se hace un salto de tercera el cual se resuelve de inmediato en forma descendente, esto para hacer posible la conexión de las notas. Es el único tipo de salto permitido para este ejercicio.

Este tipo de conexiones se debe aplicar a todas las notas de los acordes, tónica, tercera, quinta y séptima, si se desea se puede practicar sobre las tensiones de los acordes. A continuación, se muestra un ejemplo conectando las tónicas de los acordes de la progresión.

Nuevamente se trabaja en negras por grado conjunto, se usa un salto de tercera entre el G7 y el CMaj7 para lograr la conexión de notas.

Este tipo de ejercicio puede ser trabajado con una figuración rítmica constante de corcheas como se muestra en el siguiente ejemplo, donde se conectan las tónicas de los acordes.

Nuevamente se ha trabajado todo en grado conjunto con uno que otro salto ocasional para conseguir la correcta conexión de los acordes.

El último ejemplo muestra una conexión de quintas usando corchea como figuración rítmica.

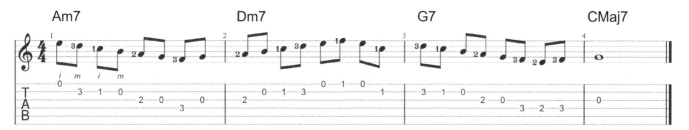

Este ejercicio debe realizarse a diferentes progresiones en diferentes tonalidades. Los requerimientos del ejercicio son mínimos:

1. Mantener la misma figuración rítmica.
2. Conectar siempre las mismas notas entre los acordes (tónica, tercera, quinta o séptima).
3. Las notas se deben mover por grado conjunto, en caso de ser necesario un salto, este debe ser máximo de tercera.

Lidio #5

El modo lidio #5 es el segundo que se puede derivar en una escala menor melódica, deben usarse exactamente las mismas notas, sin añadir alteraciones; la estructura de la escala debe mantenerse tal cual como se ha derivado.

Por ejemplo, si se deriva desde la escala de Am melódica:

Am mel =	A	B	C	D	E	F#	G#	A
C lidio #5 =	C	D	E	F#	G#	A	B	C

Como se puede observar, la escala usa las mismas notas. No se usan alteraciones para modificar la estructura.

Ahora se realiza un ejemplo desde Cm melódica:

Cm mel:	C	D	Eb	F	G	A	B	C
Eb lidio #5:	Eb	F	G	A	B	C	D	Eb

Como se puede observar se usan las mismas alteraciones. No se han quitado ni añadido para mantener la estructura de la escala, tal y como se ha derivado.

La escala lidio #5 tiene la siguiente estructura de tonos y medios tonos:

T   T   T   T   m   T   m

Con esta fórmula se puede crear desde cualquier nota.

La escala lidio #5 no tiene un uso específico dentro de la improvisación, su grado característico (#5) no es común en los acordes de tipo Maj7.

Ejercicio 258

La siguiente es una digitación para la escala lidio #5. Se hace desde la sexta cuerda, se muestra en tablatura desde la nota C y en diagrama para ser aplicada fácilmente desde cualquier nota.

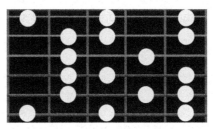

Lidio b7

El modo lidio b7 es el cuarto que se puede derivar en una escala menor melódica. Deben usarse exactamente las mismas notas, sin añadir alteraciones; la estructura de la escala debe mantenerse tal cual como se ha derivado.

Por ejemplo, si se deriva desde la escala de Am melódica:

Am mel =	A	B	C	D	E	F#	G#	A
D lidio b7 =	D	E	F#	G#	A	B	C	D

Como se puede observar, la escala usa las mismas notas. No se usan alteraciones para modificar la estructura.

Ahora se realiza un ejemplo desde Fm melódica:

Fm mel:	F	G	Ab	Bb	C	D	E	F

Bb lidio b7:	Bb	C	D	E	F	G	Ab	Bb

Como se puede observar se usan las mismas alteraciones. No se han quitado ni añadido para mantener la estructura de la escala, tal y como se ha derivado.

La escala lidio b7 tiene la siguiente estructura de tonos y medios tonos:

T   T   T   m   T   m   T

Con esta fórmula se puede crear desde cualquier nota.

La escala lidia b7 se usa para los acordes de tipo dominante que no tienen resolución, es decir, para los dominantes que no resuelven en un acorde mayor o menor.

Si se tiene la siguiente progresión armónica:

Am   D7   FMaj7

El acorde de D7 no resuelve, es un acorde que deja la progresión inconclusa, este acorde debe improvisarse con la escala de D lidio b7.

Am = dórico
D7 = lidio b7
FMaj7 = lidio

Ejercicio 259

La siguiente es una digitación para la escala lidio b7. Se hace desde la sexta cuerda, se muestra en tablatura desde la nota B y en diagrama para ser aplicada fácilmente desde cualquier nota.

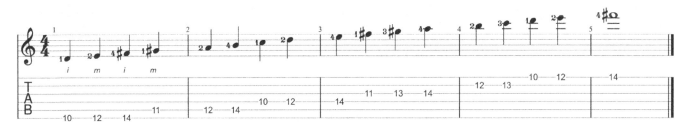

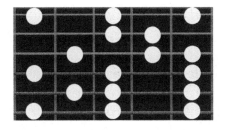

Mixolidio b13

El modo mixolidio b13 es el quinto que se puede derivar en una escala menor melódica, deben usarse exactamente las mismas notas, sin añadir alteraciones; la estructura de la escala debe mantenerse tal cual como se ha derivado.

Por ejemplo, si se deriva desde la escala de Am melódica:

Am mel =	A	B	C	D	E	F#	G#	A

E mixo b13 =	E	F#	G#	A	B	C	D	E

Como se puede observar, la escala usa las mismas notas. No se usan alteraciones para modificar la estructura.

Ahora se realiza un ejemplo desde Gm melódica:

Gm mel =	G	A	Bb	C	D	E	F#	G

D mixo b13 =	D	E	F#	G	A	Bb	C	D

Como se puede observar se usan las mismas alteraciones. No se han quitado ni añadido para mantener la estructura de la escala, tal y como se ha derivado.

La escala mixolidio b13 tiene la siguiente estructura de tonos y medios tonos:

T	T	m	T	m	T	T

Con esta fórmula se puede crear desde cualquier nota.

La escala mixolidia b13 se usa para los dominantes de tono menor. De modo que, no es la mejor alternativa, ya que tiene la novena natural, no alterada; sin embargo, ofrece otra sonoridad para este tipo de acordes.

Si se tiene la siguiente progresión armónica:

Am7b5	D7	Gm7

El acorde de D7 se afecta de la siguiente forma al usar la escala mixolidia b13.

D7 =	D		F#		A		C	
D mixo b13 =	D	E	F#	G	A	Bb	C	D

Las notas D, F#, A y C hacen parte del acorde. Las notas restantes funcionan como tensiones:

E = 9, no es la mejor alternativa para este tipo de acorde.
G = 11
Bb = b13 tensión adecuada para este acorde.

Ejercicio 260

La siguiente es una digitación para la escala mixolidia b13. Se hace desde la sexta cuerda, se muestra en tablatura desde la nota E y en diagrama para ser aplicada fácilmente desde cualquier nota.

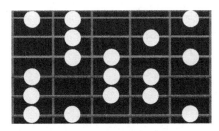

Ejercicio 261

En el siguiente ejemplo se encuentra una pequeña demostración de la sonoridad de estas escalas aplicadas dentro de la improvisación (escuchar archivo de audio).

Progresión armónica: Bm7   D7   Em7   F#7

Empleo de modos: Bm7 = eólica   D7 = lidia b7   Em7 = dórica   F#7 = mixolidia b13.

57 Locrio 2 y Súper locrio

Locrio 2

El modo locrio 2 es el sexto que se puede derivar en una escala menor melódica. Deben usarse exactamente las mismas notas, sin añadir alteraciones; la estructura de la escala debe mantenerse tal cual como se ha derivado.

Por ejemplo, si se deriva desde la escala de Am melódica:

Am melódica =	A	B	C	D	E	F#	G#	A

F# locrio 2 =	F#	G#	A	B	C	D	E	F#

Como se puede observar, la escala usa las mismas notas. No se usan alteraciones para modificar la estructura.

Ahora se realizará un ejemplo desde Bm melódica:

Bm Melódica:	B	C#	D	E	F#	G#	A#	B

G# locrio 2:	G#	A#	B	C#	D	E	F#	G#

Como se puede observar se usan las mismas alteraciones. No se han quitado ni añadido para mantener la estructura de la escala, tal y como se ha derivado.

La escala locrio 2 tiene la siguiente estructura de tonos y medios tonos:

T	m	T	m	T	T	T

Con esta fórmula se puede crear desde cualquier nota.

La escala locria 2 puede usarse para una progresión de acordes compuesta por iim7b5 V7; dentro de un tono menor, la escala funciona para los dos acordes, ya que se ajusta a las notas de cada uno y a sus tensiones.

Por ejemplo, si se tiene la siguiente progresión:

Am7   Bm7b5   E7

La escala locria 2 se puede usar desde la nota B para los dos acordes, esta se usa para progresiones iim7b5 V7, siempre que se haga desde el segundo grado.

La escala de B locrio 2 está compuesta por las siguientes notas:

B	C#	D	E	F	G	A	B

Bm7b5 = B D F A

Se puede observar que las notas del acorde están incluidas en la escala, las notas restantes funcionan como tensiones:

C# = 9
E = 11
A = 13

Dos de las tensiones (E y A) hacen parte de la escala y se encuentran a un tono de las notas del acorde. Se cumple con la regla de los disminuidos.

E7 = E G# B D

Se puede observar que la mayoría de notas hacen parte de la escala (E B D) las notas restantes funcionan como tensiones para el acorde:

F = b9
G = #9
A = 11
C# = 13

Las tensiones b9 y #9 son óptimas para el acorde dominante dentro del tono menor, el C# funciona como 13, una tensión no común para este dominante.

Ejercicio 262

La siguiente es una digitación para la escala locria 2. Se hace desde la sexta cuerda, se muestra en tablatura desde la nota F# y en diagrama para ser aplicada fácilmente desde cualquier nota.

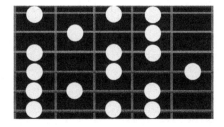

Súper locrio

El modo súper locrio es el último que se puede derivar en una escala menor melódica. Deben usarse exactamente las mismas notas, sin añadir alteraciones, la estructura de la escala debe mantenerse tal cual como se ha derivado.

Por ejemplo, si se deriva desde la escala de Am melódica:

Am melódica =	A	B	C	D	E	F#	G#	A
G# S. locrio =	G#	A	B	C	D	E	F#	G#

Como se puede observar, la escala usa las mismas notas. No se usan alteraciones para modificar la estructura.

Ahora se realiza un ejemplo desde Gm melódica:

Gm melódica:	G	A	Bb	C	D	E	F#	G
F# S. locrio:	F#	G	A	Bb	C	D	E	F#

Como se puede observar se usan las mismas alteraciones. No se han quitado ni añadido para mantener la estructura de la escala, tal y como se ha derivado.

La escala súper locria tiene la siguiente estructura de tonos y medios tonos:

m   T   m   T   T   T   T

Con esta fórmula se puede crear desde cualquier nota.

La escala súper Locria es útil para los acordes dominantes dentro de la tonalidad menor, ya que usan las tensiones correctas para este acorde.

Por ejemplo, si se tiene la siguiente progresión:

C#7   F#m7

La escala se puede usar para el acorde de C#7, el modo súper locrio sobre la nota C# se compone de las siguientes notas:

C#7=	C#		E#		G#		B	
C S. locrio:	C#	D	E	F	G	A	B	C#

El modo afecta el acorde de la siguiente forma: D = b9

E = #9
F = E#, es la tercera del acorde.
G = b5

A = b13

B = 7, séptimo grado del acorde.

Las tensiones son las óptimas para el acorde de quinto grado dentro del tono menor; la nota b5 funciona como un color especial y característico para esta escala.

Ejercicio 263

La siguiente es una digitación para la escala súper locria. Se muestra en tablatura desde la nota G# y en diagrama para ser aplicada fácilmente desde cualquier nota.

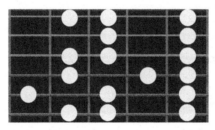

Ejercicio 264

En el siguiente ejemplo se encuentra una pequeña demostración de la sonoridad de estas escalas aplicadas dentro de la improvisación (escuchar archivo de audio).

Progresión armónica: Am7b5   D7   Gm7   D7

Empleo de modos: Am7b5 y D7 = locrio 2   Gm7= eólico   D7 = súper locrio.

Cómo agrupar todos los modos

En lecciones anteriores se mostró cómo agrupar los diferentes modos que se generan de la escala mayor, para esto se formaron dos familias, los modos mayores y los modos menores.

Los modos incluidos en cada una de estas dos familias diferían entre sí en una nota, como máximo dos, como es el caso del modo locrio. Se agruparon tres modos de tipo mayor y cuatro de tipo menor.

En esta lección se harán varias familias adicionales. Estas tienen como finalidad agrupar los modos por parentesco, tal y como se hizo anteriormente, se hará una familia para los modos jónicos, dóricos, lidios, mixolidios, menores o eólicos y locrios.

El objetivo es facilitar el estudio y aprendizaje de los diferentes modos estudiados hasta el momento, si se domina este recurso los modos podrán ser empleados de forma ágil.

Modos jónicos

Los modos jónicos comprenden los modos que tienen un parentesco con esta escala, el cifrado numérico para este modo es:

1   2   3   4   5   6   7

Uno de los modos estudiados en este nivel es el jónico #5. Como su nombre lo indica, este modo es similar al jónico, pero difiere de este en el quinto grado, el cual se encuentra medio tono más arriba, siendo su cifrado numérico:

1   2   3   4   #5   6   7

La familia de modos jónicos está compuesta por los modos:

Jónico
Jónico #5

Modos dóricos

Los modos dóricos comprenden la familia de escalas que tienen un parentesco significativo a este, el modo dórico anteriormente se comparó con la escala menor, teniendo como diferencia el sexto grado, el cual, dentro de este modo, se encuentra medio tono más arriba. El cifrado numérico para este modo es:

1   2   b3   4   5   6   b7

Las escalas que hacen parte de esta familia son de tipo menor con el sexto grado mayor, eso determina que son de sonoridad dórica.

El modo dórico #4 hace parte de esta familia, tiene como grado característico el cuarto, el cual se encuentra medio tono más arriba en comparación al modo dórico natural. El cifrado numérico para este modo es:

1   2   b3   #4   5   6   b7

El modo dórico b2 hace parte de esta familia, se diferencia del modo dórico natural en que su segundo grado se encuentra medio tono más abajo. El cifrado numérico para este modo es:

1   b2   b3   4   5   6   b7

La familia de modos dóricos está compuesta por los modos:

Dórico
Dórico #4
Dórico b2

Modos lidios

Los modos lidios comprenden la familia de escalas que tienen un parentesco significativo a este, el modo lidio anteriormente se comparó con la escala mayor, teniendo como diferencia el cuarto grado, el cual, dentro de este modo, se encuentra medio tono más arriba. El cifrado numérico para este modo es:

1	2	3	#4	5	6	7

Los modos que hacen parte de esta familia son de tipo mayor y tienen el cuarto grado medio tono arriba, característica principal del modo lidio.

El modo lidio #2 hace parte de esta familia, tiene como grado característico el segundo, el cual se encuentra medio tono más arriba en comparación al modo lidio natural. El cifrado numérico para este modo es:

1	#2	3	#4	5	6	7

El modo lidio #5 tiene como grado característico el quinto el cual se encuentra medio tono más arriba en comparación al modo lidio natural. El cifrado numérico para este modo es:

1	2	3	#4	#5	6	7

El modo lidio b7, uno de los más empleados de esta familia, se caracteriza por tener el séptimo grado medio tono abajo en comparación al modo lidio natural. El cifrado numérico para este modo es:

1	2	3	#4	5	6	b7

La familia de modos lidios está compuesta por:

Lidio
Lidio #2
Lidio #5
Lidio b7

Modos mixolidios

Los modos mixolidios comprenden la familia de escalas que tienen un parentesco significativo a este, el modo mixolidio anteriormente se comparó con la escala mayor, teniendo como diferencia el séptimo grado, el cual, dentro de este modo, se encuentra medio tono más abajo. El cifrado numérico para este modo es:

1   2   3   4   5   6   b7

Los modos que hacen parte de esta familia son de tipo mayor y tienen el séptimo grado medio tono abajo, característica principal del modo mixolidio.

El modo mixolidio b9 b13 hace parte de esta familia, se diferencia del mixolidio en que sus grados dos y seis se encuentran medio tono abajo, es uno de los pocos modos que se diferencia en dos notas dentro de su familia. El cifrado numérico para este modo es:

1   b2   3   4   5   b6   b7

El modo mixolidio b13 hace parte de esta familia, se diferencia del mixolidio en que su grado seis se encuentra medio tono abajo, de resto cumple con las reglas para este modo, es una escala mayor y el séptimo grado se encuentra medio tono abajo si se le compara con la escala mayor. El cifrado numérico para este modo es:

1   2   3   4   5   b6   b7

La familia de modos mixolidios está compuesta por los modos:

Mixolidio
Mixolidio b9 b13
Mixolidio b13

Modos menores "eólicos"

Hacen parte de esta familia la escala menor y sus dos variaciones, la escala menor melódica y la escala menor armónica. El cifrado numérico para la escala menor natural es:

1   2   b3   4   5   b6   b7

Las escalas menores se caracterizan por tener el segundo grado mayor, la tercera menor y la quinta justa.

La escala menor armónica hace parte de esta familia, se diferencia de la escala menor natural en su séptimo grado, el cual se encuentra medio tono más arriba. El cifrado numérico para la escala menor armónica es:

1   2   b3   4   5   b6   7

La escala menor melódica hace parte de esta familia, se diferencia de la escala menor natural en que sus grados seis y siete se encuentran medio tono más arriba. Su cifrado numérico es:

1   2   b3   4   5   6   7

La familia de escalas menores o eólicas se encuentra compuesta por:

Escala menor
Escala menor armónica
Escala menor melódica.

Modos locrios

Los modos locrios comprenden la familia de escalas que tienen un parentesco significativo a este, el modo locrio anteriormente se comparó con la escala menor, teniendo como diferencia los grados dos y cinco, los cuales, dentro de este modo, se encuentran medio tono más abajo. El cifrado numérico para este modo es:

1   b2   b3   4   b5   b6   b7

Las escalas locrias se caracterizan por ser de tipo menor y tener los grados dos y cinco medio tono más abajo en comparación con la escala menor natural.

La escala locrio 6 hace parte de esta familia, se diferencia a la escala locria natural en su sexto grado el cual se encuentra medio tono más arriba. El cifrado numérico para este modo es:

1   b2   b3   4   b5   6   b7

La escala locrio 2 hace parte de esta familia, se diferencia a la escala locria natural en su segundo grado el cual se encuentra medio tono más arriba, el cifrado numérico para este modo es:

1   2   b3   4   b5   b6   b7

La escala súper locria hace parte de esta familia, se diferencia a la escala locria natural en su cuarto grado, el cual se encuentra medio tono más abajo. El cifrado numérico para este modo es:

1   b2   b3   b4   b5   b6   b7

La familia de escalas locrias está compuesta por:

Locrio
Locrio 6
Locrio 2
Súper locrio.

Para que este recurso funcione de manera adecuada se hace necesario, como mínimo, conocer las escalas, mayor, menor y las diferencias que existen entre los modos principales.

Nuevas posibilidades para la pentatónica mayor

La escala pentatónica hace parte del lenguaje básico que todo guitarrista debe manejar, sin embargo, trae una serie de posibilidades nuevas para la improvisación, según como se implemente sobre diferentes tipos de acorde.

Como escala, la pentatónica, al tener en su estructura espacios de tono y medio y saltar notas, permite cosas que otras escalas no. Se ha visto durante el desarrollo de este curso que una escala, por lo general, se usa sobre la fundamental del acorde; por ejemplo, un acorde de Dm7 se puede improvisar con D dórico.

La escala pentatónica permite abordar los acordes desde notas diferentes a la tónica, esto depende del tipo de acorde y cómo la escala aplique las tensiones sobre este.

A continuación, se explica cómo la pentatónica mayor puede usarse sobre diferentes tipos de acorde.

Escala pentatónica mayor sobre acordes Maj7

La escala pentatónica mayor puede usarse sobre acordes Maj7 desde tres puntos diferentes: puede usarse sobre el primer grado, el segundo y el quinto.

Para los siguientes ejemplos se usa el acorde de CMaj7.

Para aplicar este concepto es necesario entender las notas de la escala y su relación con el acorde, la escala de C pentatónica mayor está compuesta por las notas:

C   D   E   G   A   C

Al aplicarse sobre un acorde de CMaj7 se tiene que:

C = tónica
D = novena
E = tercera
G = quinta
A = trecena

Como se puede observar, todas son notas aptas para este acorde.

Otra posibilidad es aplicar la escala desde el segundo grado o una segunda mayor sobre el acorde, esto implica que para el acorde de CMaj7 se puede usar la escala de D pentatónica mayor, para ello, lo primero es saber qué notas trabaja esta escala:

D   E   F#   A   B   D

Al aplicarse sobre un acorde de Cmaj7 se tiene que:

D = novena

E = tercera

F# = oncena aumentada

A = trecena

B = séptima

Como se puede observar, todas las tensiones disponibles para el acorde aparecen al usar esta escala, el usar la pentatónica desde el segundo grado da una sonoridad lidia al acorde.

La última posibilidad es aplicar la escala desde el quinto grado o una quinta justa a partir de la tónica, en este caso, desde la nota G, para ello, lo primero es saber qué notas tiene la escala de G pentatónica mayor:

G   A   B   D   E   G

Al aplicarse sobre un acorde de Cmaj7 se tiene que:

G = quinta

A = trecena

B = séptima

D = novena

E = tercera

Esta posición usa dos de las tensiones del acorde, la novena y la trecena, por lo cual es una alternativa adecuada.

Ejercicio 265

En el siguiente ejemplo se muestra la aplicación de la pentatónica desde diferentes puntos. La nota sobre la cual se aplica la escala cambia cada vez que se vuelve al acorde (escuchar archivo de audio).

Progresión armónica: CMaj7   G7

Empleo escalas: primera vuelta C desde grado 1, segunda vuelta C desde grado 2 y tercera vuelta C desde grado 5.

Escala pentatónica mayor sobre acordes m7

Para el acorde de tipo m7, la pentatónica mayor puede aplicarse desde tres puntos, desde la tercera menor, la cuarta y la séptima menor.

Para los siguientes ejemplos se usa el acorde de Cm7.

Al comenzar la escala desde la tercera menor del acorde se estará iniciando desde la nota Eb, para ello, lo primero es conocer las notas que tiene la pentatónica mayor de Eb:

Eb   F   G   Bb   C   Eb

Al aplicar esta escala sobre un acorde de Cm7 se tiene que:

Eb = tercera
F = oncena
G = quinta
Bb = séptima
C = tónica

Como se puede observar en su mayoría son notas del acorde, solo se añade la oncena, la cual es una tensión adecuada para este acorde.

Otra posibilidad es iniciar la escala desde el cuarto grado, desde una cuarta justa, en este caso, la nota F. La pentatónica mayor para F tiene las siguientes notas:

F   G   A   C   D   F

Al aplicar esta escala sobre un acorde de Cm7 se tiene que:

F = oncena
G = quinta
A = sexta mayor
C = tónica
D = novena

En esta se aplican las tres tensiones óptimas para este acorde, la novena mayor, la oncena justa y la trecena mayor, esta última le da una sonoridad dórica al acorde.

La última posibilidad para este acorde es aplicar la escala desde la séptima menor, en este caso, desde la nota Bb. La escala pentatónica mayor de Bb tiene las siguientes notas:

Bb   C   D   F   G   Bb

Al aplicar esta escala al acorde se Cm7 se tiene que:

Bb = séptima
C = tónica
D = novena
F = oncena
G = quinta

Esta alternativa maneja notas del acorde más dos tensiones. Es una opción muy estable.

Ejercicio 266

En el siguiente ejemplo se muestra la aplicación de la pentatónica desde diferentes puntos. La nota sobre la cual se aplica la escala cambia cada vez que se vuelve al acorde (escuchar archivo de audio).

Progresión armónica: Cm7   G7

Empleo escalas: primera vuelta C desde grado 3b, segunda vuelta C desde grado 4 y tercera vuelta
            C desde grado b7.

Escala pentatónica mayor sobre acordes 7 en tono mayor

Para el acorde de tipo 7 dentro de la tonalidad mayor, la pentatónica mayor puede aplicarse desde
tres puntos, desde la tónica, la cuarta y la séptima menor.

Para los siguientes ejemplos se usa el acorde de C7 como si resolviera sobre un acorde de FMaj7.

Al comenzar desde la tónica se inicia la escala desde la nota C, la escala pentatónica mayor de C
tiene las siguientes notas:

C   D   E   G   A   C

Al aplicar esta escala sobre el acorde de C7 se tiene que:

C = tónica
D = novena
E = tercera
G = quinta
A = trecena

Por las notas del acorde y las tensiones que aplica esta es una excelente alternativa.

Al comenzar desde la cuarta justa, se inicia, en este caso, desde la nota F. La escala pentatónica de
F tiene las siguientes notas:

F   G   A   Bb   C   F

Al aplicar esta escala sobre el acorde de C7 se tiene que:

F = oncena
G = quinta
A = trecena
Bb = séptima
C = tónica

Esta posibilidad maneja varias notas del acorde y dos tensiones, la oncena, la cual se trabaja en esta
escala, no es la mejor opción para este tipo de acorde, pero sí puede dar una sonoridad interesante
cuando se trabaja sobre este lenguaje.

La última opción para este tipo de acorde es desde la séptima menor, en este caso, se trabaja desde
la nota Bb, séptima del acorde.

Al aplicar esta escala sobre el acorde de C7 se tiene que:

Bb = séptima
C = tónica
D = novena
F = oncena
G = quinta

Esta alternativa maneja notas del acorde y tensiones. Al iniciar desde la séptima del acorde da una sonoridad interesante.

Ejercicio 267

En el siguiente ejemplo se muestra la aplicación de la pentatónica desde diferentes puntos. La nota sobre la cual se aplica la escala cambia cada vez que se vuelve al acorde (escuchar archivo de audio).

Progresión armónica: C7   FMaj7

Empleo escalas: primera vuelta F desde grado 1, segunda vuelta F desde grado 4 y tercera vuelta F desde grado b7.

Escala pentatónica mayor sobre acordes 7 en tono menor

Para el acorde de tipo 7 dentro de la tonalidad menor, la pentatónica mayor puede aplicarse desde tres puntos, desde la segunda menor, la tercera menor y la sexta menor.

Para los siguientes ejemplos se usa el acorde de C7 como si resolviera sobre un acorde de Fm7.

La primera opción para usar esta escala es desde el segundo grado menor, en este caso, desde la nota Db. La escala de Db pentatónica tiene las siguientes notas:

Db   Eb   F   Ab   Bb   Db

Al aplicar esta escala sobre un acorde de C7 en tono menor se tiene que:

Db = novena menor
Eb = tercera menor (ver como D#, novena aumentada)
F = oncena
Ab = trecena menor
Bb = séptima mayor

De las tres escalas posibles esta es la más cargada y tensa: maneja las dos novenas del acorde, la oncena y la trecena, todas tensiones disponibles para el dominante de tono menor.

La segunda opción es hacer la escala desde la tercera menor, en este caso, desde Eb. La pentatónica mayor para Eb tiene las siguientes notas:

326

Eb   F   G   Bb   C   Eb

Si se aplica esta escala a un acorde de C7 en tono menor se tiene que:

Eb = tercera menor (ver como D# novena aumentada)
F = oncena
G = quinta
Bb = séptima
C = tónica

La tercera y última opción para este acorde consiste en colocar la escala sobre el sexto grado menor, desde la nota Ab. La escala pentatónica de Ab tiene las siguientes notas:

Ab   Bb   C   Eb   F   Ab

Si se aplica sobre el acorde de C7 se tiene que:

Ab = trecena menor
Bb = séptima
C = tónica
Eb = tercera menor (ver como D# novena aumentada)
F = oncena

Esta es una excelente alternativa para el acorde, puesto que usa tensiones y notas de este.

Ejercicio 268

En el siguiente ejemplo se muestra la aplicación de la pentatónica desde diferentes puntos, la nota sobre la cual se aplica la escala cambia cada vez que se vuelve al acorde (escuchar archivo de audio).

Progresión armónica: C7   Fm7

Empleo escalas: primera vuelta F desde grado 1, segunda vuelta F desde grado 4 y tercera vuelta F desde grado b7.

 **Nuevas posibilidades para la pentatónica menor**

Durante esta lección se estudiará el uso alterno para la escala pentatónica menor sobre diferentes tipos de acorde. Esta es una de las escalas más simples de interpretar y de mayor uso a nivel mundial. Tener varias opciones para implementarla en la improvisación resultará de gran ayuda.

Escala pentatónica menor sobre acordes Maj7

La escala pentatónica menor puede usarse sobre acordes Maj7 desde tres puntos diferentes: sobre el tercer grado, el sexto y el séptimo.

Para los siguientes ejemplos se usa el acorde de CMaj7.

La escala pentatónica menor desde el tercer grado se crea en la nota E. Esta tiene las siguientes notas:

E   G   A   B   D   E

Al aplicarse sobre un acorde de CMaj7 se tiene que:

E = tercera
G = quinta
A = trecena
B = séptima
D = novena

Como se puede observar, todas son notas aptas para este acorde.

Otra posibilidad es aplicar la escala desde el sexto grado o a una sexta mayor sobre el acorde, esto implica que para el acorde de CMaj7 se puede usar la escala de A pentatónica menor, para ello, lo primero es saber qué notas trabaja esta escala:

A   C   D   E   G   A

Al aplicarse sobre un acorde de Cmaj7 se tiene que:

A = trecena
C = tónica
D = novena
E = tercera
G = quinta

Como se puede observar, con esta posibilidad se logran notas del acorde y dos tensiones que funcionan con el acorde Maj7.

La última posibilidad es aplicar la escala desde el séptimo grado o una séptima mayor a partir de la tónica, en este caso, desde la nota B:

B   D   E   F#   A   B

Al aplicarse sobre un acorde de Cmaj7 se tiene que:

B = séptima
D = novena
E = tercera
F# = oncena aumentada
A = trecena

De las tres posiciones esta es la más adecuada, ya que toca las tres tensiones disponibles para el acorde Maj7, la novena mayor, oncena aumentada y trecena mayor.

Ejercicio 269

En el siguiente ejemplo se muestra la aplicación de la pentatónica desde diferentes puntos. La nota sobre la cual se aplica la escala cambia cada vez que se vuelve al acorde (escuchar archivo de audio).

Progresión armónica: CMaj7   G7

Empleo escalas: primera vuelta C desde grado 3, segunda vuelta C desde grado 6 y tercera vuelta
                  C desde grado 7.

Escala pentatónica menor sobre acordes m7

Para el acorde de tipo m7 la pentatónica menor puede aplicarse desde tres puntos, desde la tónica, el segundo grado y el quinto.

Para los siguientes ejemplos se usa el acorde de Cm7.

Al comenzar la escala desde la tónica o primer grado del acorde se estará iniciando desde la nota C. Esta escala está compuesta por las notas:

C   Eb   F   G   Bb   C

Al aplicar esta escala sobre un acorde de Cm7 se tiene que:
C = tónica
Eb = tercera
F = oncena
G = quinta
Bb = séptima

Como se puede observar en su mayoría son notas del acorde, solo se añade la oncena, la cual es una tensión adecuada.

Otra posibilidad es iniciar la escala desde el segundo grado, desde una segunda mayor, en este caso, la nota D. La pentatónica menor de D tiene las siguientes notas:

D   F   G   A   C   D

Al aplicar esta escala sobre un acorde de Cm7 se tiene que:

D = novena
F = oncena
G = quinta
A = sexta mayor
C = tónica

En esta se aplican las tres tensiones óptimas para este acorde, la novena mayor, la oncena justa y la trecena mayor, esta última le da una sonoridad dórica al acorde.

La última posibilidad para este acorde es aplicar la escala desde la quinta justa, en este caso, desde la nota G. La escala pentatónica menor de G tiene las siguientes notas:

G   Bb   C   D   F   G

Al aplicar esta escala al acorde se Cm7 se tiene que:

G = quinta
Bb = séptima
C = tónica
D = novena
F = oncena

Esta alternativa maneja notas del acorde más dos tensiones.

Ejercicio 270

En el siguiente ejemplo se muestra la aplicación de la pentatónica desde diferentes puntos. La nota sobre la cual se aplica la escala cambia cada vez que se vuelve al acorde (escuchar archivo de audio).

Progresión armónica: Cm7   G7

Empleo escalas: primera vuelta C desde grado 1, segunda vuelta C desde grado 2 y tercera vuelta C desde grado 5.

Escala pentatónica menor sobre acordes 7 en tono mayor

Para el acorde de tipo 7 dentro de la tonalidad mayor, la pentatónica menor puede aplicarse desde tres puntos, desde el segundo grado, el quinto grado y desde el sexto.

Para los siguientes ejemplos se usa el acorde de C7 como si resolviera sobre un acorde de FMaj7.

Al empezar desde el segundo grado se inicia la escala desde la nota D. La escala pentatónica menor de D tiene las siguientes notas:

D   F   G   A   C   D

Al aplicar esta escala sobre el acorde de C7 se tiene que:

D = novena
F = oncena
G = quinta
A = trecena
C = tónica

Por las notas del acorde que trabaja la escala y tener las tres tensiones disponibles para el acorde, esta es una excelente alternativa.

Al comenzar desde la quinta justa se inicia, en este caso, desde la nota G. La escala pentatónica de G tiene las siguientes notas:

G   Bb   C   D   F   G

Al aplicar esta escala sobre el acorde de C7 se tiene que:

G = quinta
Bb = séptima
C = tónica
D = novena
F = oncena

Esta posibilidad maneja varias notas del acorde y dos tensiones, la oncena, la cual se trabaja en esta escala no es la mejor opción para este tipo de acorde, pero sí puede dar una sonoridad interesante cuando se trabaja sobre este lenguaje.

La última opción para este tipo de acorde es desde la sexta mayor, en este caso, se trabaja desde la nota A, sexta del acorde. Esta escala está compuesta por:

A   C   D   E   G   A

Al aplicar esta escala sobre el acorde de C7 se tiene que:

A = trecena
C = tónica
D = novena
E = tercera
G = quinta

Esta alternativa maneja notas del acorde y tensiones.

Ejercicio 271

En el siguiente ejemplo se muestra la aplicación de la pentatónica desde diferentes puntos, la nota sobre la cual se aplica la escala cambia cada vez que se vuelve al acorde (escuchar archivo de audio).

Progresión armónica: C7   FMaj7

Empleo escalas: primera vuelta C desde grado 2, segunda vuelta C desde grado 5 y tercera vuelta C desde grado 6.

Escala pentatónica menor sobre acordes 7 en tono menor

Para el acorde de tipo 7 dentro de la tonalidad menor, la pentatónica menor puede aplicarse desde tres puntos, desde la tónica, la cuarta justa y la séptima menor.

Para los siguientes ejemplos se usa el acorde de C7 como si resolviera sobre un acorde de Fm7.

La primera opción para usar esta escala es desde la tónica, en este caso, desde la nota C. La escala de C pentatónica menor tiene las siguientes notas:

C   Eb   F   G   Bb   C

Al aplicar esta escala sobre un acorde de C7 en tono menor se tiene que:

C = tónica
Eb = tercera menor, ver como D# a novena aumentada
F = oncena
G = quinta
Bb = séptima

Esta posibilidad usa en su mayoría notas del acorde, por lo que resulta muy estable y fácil de aplicar.

La segunda opción es hacer la escala desde la cuarta justa, en este caso, desde F. La pentatónica menor de F tiene las siguientes notas:

F   Ab   Bb   C   Eb   C

Si se aplica esta escala a un acorde de C7 en tono menor se tiene que:

F = oncena
Ab = trecena menor
Bb = séptima
C = tónica
Eb = tercera menor ver como D# a novena aumentada

Esta es una alternativa interesante para el acorde, ya que usa tres tensiones da una sonoridad fuerte dentro de la improvisación.

La tercera y última opción para este acorde consiste en colocar la escala sobre el séptimo grado menor, desde la nota Bb. La escala pentatónica de Bb tiene las siguientes notas:

Bb   Db   Eb   F   Ab   Bb

Si se aplica sobre el acorde de C7 se tiene que:

Bb = séptima
Db = novena menor
Eb = tercera menor, ver como D# novena aumentada
F = oncena
Ab = trecena menor

Esta posibilidad usa todas las tensiones del acorde. Es tal vez la mejor entre las tres, ya que es la que genera una mayor tensión.

Ejercicio 272

En el siguiente ejemplo se muestra la aplicación de la pentatónica desde diferentes puntos, la nota sobre la cual se aplica la escala cambia cada vez que se vuelve al acorde (escuchar archivo de audio).

Progresión armónica: C7   Fm7

Empleo escalas: primera vuelta C desde grado 1, segunda vuelta C desde grado 4 y tercera vuelta C desde grado b7.

 **Escalas simétricas**

Las escalas simétricas se caracterizan por tener un patrón constante de tonos y medios tonos. Dada su estructura resultan útiles para los acordes que presentan situaciones similares en su construcción, como es el caso de los disminuidos y aumentados.

La escala aumentada

La escala aumentada se caracteriza por tener un patrón constante de tonos dentro de su estructura, mantiene una distancia de tono entre cada una de sus notas.

Al construir la escala desde C queda con las siguientes notas:

C   D   E   F#   G#   Bb   C

Si se construye desde F, la escala queda con las siguientes notas:

F   G   A   B   C#   Eb   F

La escala aumentada tiene el siguiente patrón de tonos:

T   T   T   T   T   T

Con esta fórmula se puede crear desde cualquier nota.

La escala aumentada es útil para los acordes aumentados de tipo dominante (7#5), ya que usa varias de las notas del acorde y algunas tensiones. Para el siguiente ejemplo se aplica a un acorde de C7(#5).

La escala de C aumentado tiene las siguientes notas:

C   D   E   F#   G#   Bb   C

Al aplicarla sobre el acorde este se afecta de la siguiente forma:

C = tónica
D = novena
E = tercera
G# = quinta aumentada
Bb = séptima

Como se puede ver la escala usa en su mayoría notas del acorde.

Ejercicio 273

La siguiente es una digitación para la escala aumentada. Se hace desde la sexta cuerda, se muestra en tablatura desde la nota C y en diagrama para ser aplicada fácilmente desde cualquier nota.

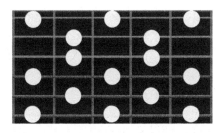

La escala disminuida m T

La escala disminuida se caracteriza por tener un patrón constante de tonos y medios tonos, en este caso, se inicia con medio tono seguido de un tono completo.

Al construir esta escala desde C queda con las siguientes notas:

C   Db   Eb   E   F#   G   A   Bb   C

Si la escala se construye desde G queda con las siguientes notas:

G   Ab   Bb   B   C#   D   E   F   G

La escala aumentada tiene el siguiente patrón de tonos:

m   T   m   T   m   T   m   T

Con esta fórmula se puede crear desde cualquier nota.

La escala disminuida de m T es útil para los acordes dominantes dentro de la tonalidad menor, ya que usa las notas del acorde y añade la mayoría de tensiones disponibles. Para el siguiente ejemplo se aplica a un acorde de A7 como si resolviera en Dm7.

A7   Dm7

La escala de A disminuido m T tiene las siguientes notas:

A   Bb   C   Db   Eb   E   F#   G   A

Al ser aplicada al acorde de A7 lo afecta de la siguiente forma:

A = tónica
Bb = novena menor
C = tercera menor, ver como novena aumentada #9
Db = ver como C# tercera del acorde
Eb = ver como cuarta aumentada #11
E = quinta justa
F# = trecena
G = séptima

Como se puede ver usa las notas del acorde y dos de sus tensiones más importantes, las dos novenas, la oncena aumentada y trecena mayor se encargan de dar una sonoridad diferente al acorde.

Ejercicio 274

La siguiente es una digitación para la escala disminuda m T. Se hace desde la sexta cuerda, se muestra en tablatura desde la nota C y en diagrama para ser aplicada fácilmente desde cualquier nota.

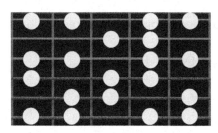

La escala disminuida T m

Esta escala disminuida se caracteriza por tener un patrón constante de tono y medio tono, al construir esta escala desde C queda con las siguientes notas:

C   D   Eb   F   Gb Ab   A   B   C

Si la escala se construye desde D queda con las siguientes notas:

D   E   F   G   Ab   Bb   B   C#   D

La escala disminuida T m tiene el siguiente patrón de tonos:

T   m   T   m   T   m   T   m

336

Con esta fórmula se puede crear desde cualquier nota.

Este tipo de escala disminuida no tiene un uso específico dentro de la improvisación.

Ejercicio 275

La siguiente es una digitación para la escala disminuida T m. Se hace desde la sexta cuerda, se muestra en tablatura desde la nota C y en diagrama para ser aplicada fácilmente desde cualquier nota.

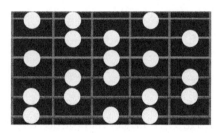

Ejercicio 276

En el siguiente ejemplo se muestra la aplicación de estas escalas dentro de la improvisación, (escuchar archivo de audio).

Progresión armónica: F#m7   C#7   F#m7   C#7

Empleo de modos: F#m7 = eólico   C#7 = aumentada   F#m7 = eólica   C#7 = disminuida 1/2 1.

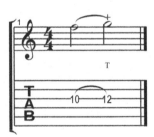

Símbolos comunes para tablatura

Bend

El *bend* indica que se debe tensar la cuerda. De esta forma se puede subir la afinación; por lo general, abarcan desde ¼ de tono hasta 1 ½ tonos, siendo este último difícil de lograr por la tensión que debe dársele a la cuerda.

Legato

El *legato* se produce cuando se produce sonido sin usar la mano derecha, se crea por medio de dos movimientos en la mano izquierda, el primero llamado *pull* (p) y el segundo llamado *hammer* (h).

Scratch

A veces se van a tener que tocar notas, pero apagando el sonido de las mismas con la mano derecha o izquierda. Se busca crear un sonido de tipo percutido.

Tapping

Sonido producido al colocar la mano derecha sobre el diapasón de la guitarra. Esta técnica fue muy usada por Eddie Van Halen.

Vibrato

El vibrato se produce al mover la cuerda hacia arriba y hacia abajo de forma leve pero continua. Genera un sonido en donde la afinación se mueve un poco, es un efecto muy expresivo.

Descarga de contenidos

¡Gracias por su compra!

Para descargar los archivos complementarios del libro puede visitar el siguiente enlace:

https://editorialclasesdeguitarra.com/descargas-cca/

Se le solicitará una contraseña, por favor ingrese:

fce45gh-k

Si presenta algún problema con la descarga puede escribir a:
correo@clasesdeguitarra.com.co

En la página de descargas encontrará también un espacio para solucionar dudas acerca de las lecciones, ejercicios y contenidos generales del curso.

Acerca del autor

Miguel Martínez, es un músico bogotano involucrado en el campo musical desde 1991 cuando inició sus estudios. Su formación académica comenzó en la Sinfónica Juvenil de Colombia en donde cursó cuatro semestres. Posteriormente, realizó el programa de formación musical de la Universidad El Bosque con énfasis en composición y arreglos musicales; durante la segunda mitad de su carrera fue becado por excelencia académica.

A lo largo de su carrera como docente, la cual ha ejercido por más de veinte años, ha dictado más de 15 000 clases a nivel particular e institucional. También ha diseñado planes académicos para diferentes academias de Bogotá, entre ellas, la academia de música Classjam para la que desarrolló un total de 52 planes académicos que cubren guitarra eléctrica, guitarra acústica, bajo eléctrico, armonía, composición, arreglos, solfeo y entrenamiento auditivo, entre otros.

Es el fundador y director de Clasesdeguitarra.com.co, una escuela de música que cuenta a la fecha con más de 20 000 estudiantes de diferentes países y con la que ha publicado siete libros y más de una decena de cursos los cuales cubren todos los aspectos de la formación musical.

Como intérprete fue guitarrista de la banda de *rock* progresivo Altered Symmetry con la que ganó los festivales Rock bajo la séptima y Exporock en sus versiones 2008. Su álbum "Prologue" ha sido considerado por críticos internacionales como uno de los 20 mejores álbumes de *rock* progresivo del 2011 a nivel mundial.

Actualmente, se encuentra desarrollando un proyecto como guitarrista solista.

Adquiera nuestros libros complementarios

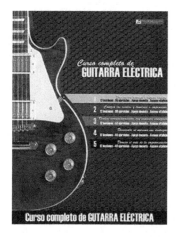

Curso completo de guitarra eléctrica

Al terminar nuestro curso completo de guitarra eléctrica usted habrá recibido la misma formación de un músico profesional, tendrá los recursos suficientes para interpretar la guitarra, comprender la música y comenzar a crear sus propias composiciones.

Al tomar nuestro curso usted encontrará un programa académico que le hará ver resultados en cada sesión, podrá tocar y comprender su música favorita, entenderá el funcionamiento de las escalas y las tonalidades, podrá realizar armonizaciones con acordes avanzados, mejorará su técnica, obtendrá recursos de composición y arreglos y podrá improvisar usando lenguaje avanzado.

Curso completo de teoría musical

Comprenda la música, adquiera recursos de análisis, composición y arreglos con nuestro curso de teoría musical. Este curso esta diseñado para dar una formación completa a nivel musical, abarca desde los conceptos mas sencillos de la teoría musical como la grafía, las escalas, los acordes, técnicas avanzadas de arreglos, armonización a cuatro voces y composición musical.

Este curso está diseñado para dar una formación completa, abarca desde los conceptos más sencillos hasta conceptos propios de la armonía y la armonización dentro del *jazz*.

Curso de Fingerpicking y Chord melody

Para muchos el *Fingerpicking y el Chord Melody* son el gran objetivo de todo guitarrista. Poder interpretar piezas musicales a dos o más planos, donde la armonía, la melodía y los bajos estén presentes, donde sin necesidad de otros instrumentos se pueda identificar una pieza musical y sus diferentes elementos.

Dominar este recurso requiere un profundo estudio de la teoría musical, de las relaciones que puedan existir entre las escalas, la melodía, la armonía y las técnicas de embellecimiento como la rearmonización, los intercambios y la aplicación de tensiones en los acordes.

Al terminar este curso estará en capacidad de interpretar cualquier canción en guitarra solista.

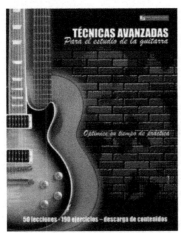

Técnicas avanzadas para el estudio de la guitarra

Técnicas avanzadas para el estudio de la guitarra es un taller de 50 lecciones diseñadas para dominar técnicas específicas, conceptos como la ubicación, los acordes, las escalas, el *Tapping*, el *Sweep picking*, la independencia, entre muchos otros. Cada tema es tratado buscando una optimización de tiempo y recursos para hacer de cada ejercicio algo efectivo que ayude a dominar el instrumento a corto plazo.

Curso de guitarra para aficionados

Nuestro curso para aficionados contiene 55 clases de guitarra diseñadas para todos los profesionales de otras áreas que siempre han soñado con aprender a tocar un instrumento, interpretar su música favorita, adquirir fundamentos de técnica vocal y manejar diferentes estilos musicales.

Su principal objetivo es proveer de herramientas al estudiante para interpretar su música favorita. Adicionalmente, el curso incluye un taller de técnica vocal donde se verán los fundamentos de este instrumento y los ejercicios para mejorar la respiración y potencia en la voz.

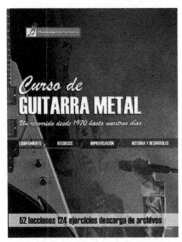

Curso de guitarra metal

Nuestro curso de guitarra *metal* cubre todos los aspectos de este estilo musical, desde el equipamiento, las diferentes técnicas, los recursos, el vocabulario para la improvisación y el análisis de 22 ramas del género desde su contexto histórico, su formato con el rol de cada instrumento, la armonía usada, el vocabulario melódico, las formas musicales y el rol de la guitarra.

Al terminar nuestro curso de guitarra *Metal* usted podrá diferenciar cada uno de los estilos, siendo consciente de los diferentes recursos musicales que se manejan en cada uno de ellos.

Made in the USA
Coppell, TX
02 December 2020

42657778R00188